भारत रत्न

महामना

भारत रत्न

महामना

डॉ. बालमुकुन्द पाण्डेय

डॉ. देवेन्द्र कुमार शर्मा

वाणी प्रकाशन

वाणी प्रकाशन

4695, 21-ए, दरियागंज, नयी दिल्ली 110 002

फ़ोन : +91 11 23273167 फ़ैक्स : +91 11 23275710

शाखाएँ

अशोक राजपथ, पटना 800 004, बिहार

कॉफ़ी हाउस कैम्पस, महात्मा गांधी मार्ग, इलाहाबाद 211 001, उत्तर प्रदेश

महात्मा गांधी अन्तरराष्ट्रीय हिन्दी विश्वविद्यालय, वर्धा 442 001, महाराष्ट्र

सुल्तानिया रोड, मोतिया पार्क, भोपाल 462 001, मध्य प्रदेश

www.vaniprakashan.com
marketing@vaniprakashan.in
sales@vaniprakashan.in

Bharat Ratn Mahamana
by Dr. Balmukund Pandey, Dr. Devendra Kumar Sharma

ISBN : 978-93-5229-007-9
History

पेपरबैक प्रथम संस्करण 2015
पेपरबैक द्वितीय संस्करण 2021

मूल्य : ₹ 250

आर. टेक ऑफ़सेट प्रिंटर्स, दिल्ली-110032 में मुद्रित

वाणी प्रकाशन का लोगो मक़बूल फ़िदा हुसेन की कूची से

अनुक्रम

भूमिका

'मैं धर्म से हिन्दू हूँ किन्तु इसका यह मतलब नहीं है कि मैं अन्य धर्मों का सम्मान नहीं करता या उनके प्रति अनादर भाव है। दुनिया की किसी चीज के लिए मैं अपना धर्म नहीं बदलूँगा और हाँ यदि मैं यह अपेक्षा करूँ कि मुझे उस प्रकार का लाभ मिले जिस प्रकार का देश में मुसलमान, ईसाई तथा अन्य सम्प्रदायों के लिए मिला हुआ है तो न तो मुझे हिन्दू और न ही सच्चा ब्राह्मण कहलाने का अधिकार है'—*मदन मोहन मालवीय का कांग्रेस के लाहोर अधिवेशन (1909) में दिया गया अध्यक्षीय भाषण।*

20वीं शताब्दी के पूर्वार्द्ध में भारतीय राजनीति के पटल पर दो लोग दिखाई देते हैं जिसमें प्रथम हैं मदन मोहन मालवीय और दूसरे हैं मोहन दास कर्मचन्द गाँधी। जब भारतीय राजनीति में गाँधी जी का पदार्पण हुआ उस समय तक मालवीय जी अपने आपको स्थापित कर चुके थे। महात्मा गाँधी स्वयं उन्हें अपना गुरु मानते थे, "मैं तो मालवीय जी का पुजारी हूँ। यौवन काल से आरम्भ करके आज तक उनकी देश भक्ति का प्रवाह अविच्छिन्न चलता आया है। मैं तो उनको सर्वश्रेष्ठ हिन्दू मानता हूँ, जो आचार से बड़े नियमित हैं किन्तु विचार से बड़े उदार है, वे किसी से द्वेष कर ही नहीं सकते, उनके विशाल हृदय में शत्रु भी समा सकते हैं।"

महामना का जीवन एवं जीवन दर्शन हिन्दू धर्म एवं संस्कृति पर आधारित था। यहाँ यह समझने की आवश्यकता है कि मालवीय जी सच्चे अर्थों में धर्म सापेक्ष थे जिसमें अपने धर्म के साथ-साथ दूसरे धर्म का पूर्ण सम्मान था। उनका यह स्पष्ट मत था कि जो व्यक्ति अपने धर्म का सम्मान नहीं करता वह दूसरे के धर्म का भी सम्मान नहीं कर सकता। आजादी के बाद धर्म निरपेक्षता अथवा सेकूलर शब्द के मायने ही बदल दिये गये और यह शब्द राजनीतिक हित साधने के लिए एक प्रतीक बन गया।

मदन मोहन मालवीय दूर-द्रष्टा थे और उन्हें इस बात का पूर्व आभास था कि कांग्रेस और मुस्लिम लीग जैसी पार्टियाँ आगे चलकर ऐसा करेंगी। वह साम्प्रदायिक आधार पर किसी भी प्रकार के प्रतिनिधित्व के खिलाफ थे। 24 जनवरी, 1925 को सभी पार्टियों के सम्मेलन में महामना ने कहा था, "हिन्दू साम्प्रदायिक प्रतिनिधित्व को नहीं मानते, साम्प्रदायिक प्रतिनिधित्व और राष्ट्रीय सरकार साथ-साथ नहीं चल सकते।"

सामाजिक बुराइयों को दूर करने तथा स्वराज की प्राप्ति के लिए शिक्षा को आवश्यक बताया। उनका मानना था कि पराधीनता की जड़ अज्ञानता है। इसके लिए उन्होंने न केवल अपना शिक्षा दर्शन प्रस्तुत किया बल्कि उसको मूर्तरूप भी प्रदान किया। विद्यार्थियों को शिक्षा के साथ-साथ चरित्रवान बनाने पर जोर दिया करते थे। महामना की शैक्षणिक अवधारणा में प्राथमिक शिक्षा का प्रथम स्थान था और वह जीवन भर प्राथमिक शिक्षा को अनिवार्य एवं निःशुल्क बनाने के लिए प्रयास करते रहे। माध्यमिक शिक्षा, स्त्री शिक्षा पर महामना ने सदैव बल दिया।

महामना भारतीय शिक्षा के पटल पर उसी परम्परा के वाहक दिखाई देते हैं जो परम्परा महर्षि भारद्वाज और वशिष्ठ ने स्थापित की थी। प्राथमिक शिक्षक से लेकर विश्वविद्यालय के शिक्षक एवं कुलपति की भूमिका का उन्होंने बखूबी निर्वहन किया। उनकी अवधारणा थी कि विश्वविद्यालय का स्थान ऐसा होना चाहिए जहाँ समस्त ज्ञान उनके विद्यार्थियों को अध्यापकों द्वारा पढ़ाया जाये, विश्वविद्यालय, कॉलेज स्तर की संस्थाओं से घिरा रहे तथा उसके समीप ही विद्यार्थी आवासीय भवनों में रहे। विश्वविद्यालय राष्ट्रीय शिक्षा के केन्द्र बनें जहाँ, इतिहास, संस्कृत के साथ ही आधुनिक वैज्ञानिक शिक्षा का पूरा प्रबन्ध हो।

बनारस हिन्दू विश्वविद्यालय उनके विचारों का मूर्त रूप है जो शिक्षा का प्रकाश सम्पूर्ण विश्व में फैला रहा है। तत्कालीन परिस्थितियों में विश्वविद्यालयी शिक्षा की स्थिति दयनीय थी यद्यपि बॉम्बे, कलकत्ता, मद्रास और इलाहाबाद विश्वविद्यालय की स्थापना हो चुकी थी किन्तु यह विश्वविद्यालय शिक्षा की जरूरत को पूर्ण करने में सक्षम नहीं थे। दूसरे इनके दरवाजे सिर्फ राजा-महाराजाओं और आभिजात्य वर्ग के लिए ही खुले थे। मालवीय जी ने इन्हीं परिस्थितियों में बनारस हिन्दू विश्वविद्यालय की स्थापना की और इसके दरवाजे सबके लिए खोल दिये गये। बनारस हिन्दू विश्वविद्यालय उनके द्वारा चलाये गये ऐसे शिक्षा आन्दोलन का परिणाम था जिसमें राजा और रंक ने कन्धे से कन्धा मिलाकर काम किया। सहयोग देने वालों में अमीर-गरीब सभी ने अपनी भूमिका निभाई और महामना ने इसे मूर्त रूप प्रदान किया।

बनारस हिन्दू विश्वविद्यालय के साथ-साथ महामना ने अनेक सामाजिक, शैक्षणिक संस्थानों को जन्म दिया जिनकी राष्ट्र निर्माण में अपनी महत्त्वपूर्ण भूमिका है। ऐसी लोक कल्याणकारी संस्थाओं के निर्माण के लिए उन्होंने धनाढ्य वर्ग को प्रेरित किया कि वह अपना धन विलासिता के स्थान पर लोक कल्याण के लिए खर्च करें। इन्हीं के सहयोग से हिन्दू छात्रावास, भारती भवन पुस्तकालय तथा हिन्दी साहित्य सम्मेलन को जन्म दिया। इन संस्थाओं की भी राष्ट्र निर्माण में अपनी भूमिका है, हिन्दी साहित्य के विकास में और उसके संवर्धन में हिन्दी साहित्य सम्मेलन ने अपने जन्म से लेकर आज तक महत्त्वपूर्ण भूमिका निभाई है।

उच्चकोटि के पत्रकार, सम्पादक जिन्होंने अपने लेखन को राष्ट्र निर्माण का माध्यम बनाया। हिन्दुस्तान, लीडर और अभ्युदय उनकी अभिव्यक्ति के प्रतीक थे ऐसे विलक्षण प्रतिभा के धनी राष्ट्रनायक को भारत सरकार ने 24 दिसम्बर, 2014 को भारत रत्न देने की घोषणा की। इसीलिए इतिहास का विद्यार्थी होने के कारण एक राष्ट्रीय कृतित्व का निर्धारण करना वस्तुतः एक जटिल कार्य है। यहाँ यह भी उल्लेख करना समीचीन होगा कि भारतीय शास्त्रोक्त परम्परा में संस्कृति व्यक्तित्व और इतिहास कृतित्व का पर्याय है। इसीलिए यहाँ व्यक्तित्व व कृतित्व के अध्ययन को महत्ता प्रदान की गयी है, लेकिन यहाँ इतिहास में उन्हीं कृतित्वों को व्याख्यायित करने का प्रयास किया गया है, जिनकी राष्ट्र व समाज निर्माण या उसके पुनरुत्थान में भूमिका रही हो। निश्चित ही महामना ऐसे ही राष्ट्रनायक, तत्वनिष्ठ समाजोद्धारक थे और उनके जीवन के विभिन्न पहलुओं की सांगोपांग व्याख्या करना हमारे लिए निःसन्देह कठिन कार्य था। यद्यपि पूर्व में महामना के व्यक्तित्व व कृतित्व पर मेरे द्वारा किये गये शोध कार्य ने इस असम्भव से प्रतीत होने वाले कार्य को सम्भव बनाया। यह कृति मेरे सहयोगी लेखक मूर्धन्य विद्वान डॉ. देवेन्द्र कुमार शर्मा के अथक परिश्रम का सुफल है जिन्होंने पाठ्य सामग्री के संकलन से लेकर उसे कृति के रूप में परिणित किया। कृतज्ञता व विनयावत् होना हमारी आचरणीय परम्परा का अंग है इसलिए ग्रन्थ को मूर्त रूप देने में प्रत्यक्ष-अप्रत्यक्ष रूप से जिन मनीषियों, विद्वत्जनों, स्वजनों, आत्मीयजनों, शुभचिन्तकों व निकायों का सहयोग व आशीर्वाद मिलता रहा इन सभी के प्रति विनयावत होकर कृतज्ञता व्यक्त करना हमारा कर्तव्य व सौभाग्य है। सर्वप्रथम इस श्रृंखला में हम प्रो. आनन्द मिश्र, कुलसचिव, जीवाजी विश्वविद्यालय ग्वालियर, प्रो. कुमार रत्नम्, श्री हरिनारायण चारी मिश्रा को सहृदय धन्यवाद ज्ञापित करते हैं जिन्होंने अपने ज्ञानरूपी अमृततुल्य पाथेय से इस कार्य की जटिलता को सुगम बनाया। इसी क्रम में अनुज तुल्य शिष्य डॉ. हर्षवर्धन सिंह तोमर, अनुज तुल्य डॉ. रत्नेश त्रिपाठी सहायक प्राध्यापक दिल्ली विश्वविद्यालय तथा जिन्होंने इस ग्रन्थ के प्रकाशन में अपना सहयोग प्रदान किया। मेरे सहयोगी लेखक डॉ. देवेन्द्र कुमार शर्मा के पिता श्री रामसेवक शर्मा को श्रद्धा सुमन अर्पित करना चाहूँगा, जिनकी प्रेरणा एवं आशीर्वाद से यह कार्य पूर्ण हुआ।

20 अप्रैल 2015

डॉ. बालमुकुन्द पाण्डेय
–डॉ. देवेन्द्र कुमार शर्मा

अध्याय-1

प्रारम्भिक जीवन एवं जीवन दर्शन

मदन मोहन मालवीय जी के विचार और उनके व्यक्तित्व की झलक उनके द्वारा किये गये कार्यों से परिणित होती है। एक महामानव की तरह ही उन्होंने अपने सोच को प्रत्यक्ष में परिवर्तित किया। जिसका परिणाम है कि पं. मदन मोहन मालवीय जी महामना कहलाये और स्वयं को एक आम मनुष्य से पूरी संस्था में परिवर्तित कर दिया। पं. मदन मोहन मालवीय जी का व्यक्तित्व भारतीय राष्ट्र के लिए वरदान स्वरूप था। बाल्यकाल से धर्म आधारित जीवन व नवयुवक आग्रह पंथी धर्म परायण सुधारक थे, सिद्धान्तवादी होकर भी क्रान्तिकारी थे। आपने उस समय जबकि सैकड़ो वर्षों से सो रही राष्ट्रीयता की भावना पुनः आँखें खोल रही थी राष्ट्र को देश-भक्ति का सन्देश दिया था। जिस समय हम पश्चिमीय सभ्यता की चकाचौंध कर देने वाली चमक से प्रभावित हो रहे थे, ऐसे समय में उन्होंने भारतीय अस्मिता के आहारिक सोपानों, धर्म, संस्कृति, भाषा, संस्कृत, हिन्दी अन्यादि विविध विषयों को प्रगाढ़ करते हुए भारतीय जनमानस को वैचारिक आधार स्तम्भ प्रदान किया। शायद इसी लिए जवाहर लाल नेहरू ने कहा था कि जब हम जैसे अंग्रेजी पढ़े-लिखे लोगों की एक जाति सी कायम हो चुकी थी या हो रही थी, और हमारे ऊपर अंग्रेजी संस्कृति और अंग्रेजियत का असर था, उस समय भी मालवीय जी ने हमारा विरोध नहीं किया बल्कि उन्होंने अपना सारा ध्यान भारत और भारतीयता पर केन्द्रित किया। उस समय के विद्वानों में, राजनैतिक नेताओं में मालवीय जी ही सबसे आगे थे। वे रोकते थे अंग्रेजियत की बाढ़ को लेकिन विरोध करके नहीं बल्कि अपने काम से, अपने विचारों से और कोशिश करते थे अपनी संस्कृति को बढ़ाने की।[1] महात्मा गाँधी ने तो अपने को उनका पुजारी बताया था।[2]

महामना मदन मोहन मालवीय जी के जन्म के पूर्व देश, काल व परिवार की स्थिति और मालवा से प्रयाग आने तक का पूरा वृत्तान्त विभिन्न पुस्तकों और विद्वानों के उद्धरण में लगभग एक सा ही है, इन सभी ग्रन्थों की अपनी एक सीमा है। प्रस्तुत पुस्तक को वस्तुनिष्ठ बनाने की दृष्टि से पूर्वोक्त प्रमाणों की तथ्यात्मक समीक्षा करना अपरिहार्य होगा। साथ ही तत्कालीन भारत की सामाजिक, राजनीतिक व सांस्कृतिक स्थिति की भी चर्चा करना आवश्यक है जिससे कि वर्तमान स्थिति स्पष्ट

हो सके कि वह काल भारत के 1857 के महाविप्लव का ही नहीं अपितु महाविप्लव के बाद एक के बाद एक महापुरुषों के जन्म और कर्म का काल भी रहा जिन्होंने न सिर्फ भारत को अंग्रेजों की दासता से मुक्त कराने के संकल्प को पूरा किया। अपितु भारतीय समाज विशेषकर हिन्दू समाज को उस मानसिक परतन्त्रता से मुक्त करने का अद्वितीय कार्य जिसके दंश को हिन्दू समाज पिछले एक हजार वर्षों से झेल रहा था। वस्तुतः यह कालखण्ड भारतीय नवोन्मेष का काल था और पं. मदन मोहन मालवीय इस नवोन्मेष के पुरोधा थे। प्रस्तुत पुस्तक के इस प्रथम अध्याय में पं. मदन मोहन मालवीय के जन्म के समय की परिस्थितियों, तद्नुरूप पारिवारिक परिवेश, बाल्यकाल, शिक्षा एवं मालवीय सम्बोधन की पृष्ठभूमि के सार्थक समाकलन की चेष्टा की गयी है जिससे कि पं. मदन मोहन मालवीय के सम्पूर्ण जीवनवृत्त की तथ्यात्मक गवेषणा की जा सके।

तत्कालीन भारत : राजनीतिक

महामना के जन्म के पूर्व ही भारत की स्वतन्त्रता की आग व समाज परिवर्तन की धारा बह निकली थी जिसका ज्वलन्त उदाहरण था 1857 का स्वतन्त्रता संग्राम। 1857 के संघर्ष के पहले ही ईस्ट इंडिया कम्पनी ने अपनी प्रारम्भिक आर्थिक नीति द्वारा भारत की आर्थिक व्यवस्था को छिन्न-भिन्न कर दिया था। बहुत से पुराने व पारम्परिक उद्योग-धन्धे नष्ट-प्राय हो गये थे।[3] जिस 1857 को मात्र सैनिक विद्रोह मानकर अंग्रेजों के अलावा ब्रिटिश भ्रामकता के शिकार भारतीय-इतिहासकारों, सेकुलर विद्वानों ने इस महासंग्राम के परिणामों का अप्रामाणिक विश्लेषण किया है[4] उसकी सत्यता इससे परे है। सन् 1857 का महासमर न कोई सैनिक विद्रोह[5] या मुस्लिम-षड्यन्त्र[6] या सामन्ती प्रक्रिया[7] थी बल्कि भारत का अंग्रेजों के विरुद्ध 'प्रथम राष्ट्रीय युद्ध'[8] था। इस युद्ध में भारत के किसी एक अंचल या स्थानीय व्यक्तियों ने भाग न लेकर समूचा राष्ट्र, अंग्रेजों की त्रासदी के विरुद्ध खड़ा हो गया था। इस युद्ध में भारत का कोई ऐसा प्रान्त न था जिसने भाग न लिया हो, या कोई क्षेत्र न था जिसका प्रतिनिधित्व न हुआ हो। यह कहना अज्ञानता का परिचय होगा कि इस युद्ध में दक्षिण भारत शान्त रहा। बल्कि यह सत्य है कि दक्षिण भारत ने उत्तर भारत की भाँति भाग लिया।[9]

संक्षेप में 1857 की क्रान्ति का क्षेत्र व्यापक था जिसमें ब्रिटिश भारत की 20 करोड़ जनसंख्या में से लगभग 4 लाख व्यक्तियों का बलिदान हुआ। अकेले दिल्ली में, जहाँ की आबादी कुल 1 लाख 52 हजार थी, 26 हजार व्यक्तियों को फाँसी दे दी गयी। अनेक कन्याओं के साथ बलात्कार किया गया, हजारों गाँव पूर्णतः नष्ट कर दिये गये। अपार जन तथा धन की हानि हुई और इस संघर्ष में अंग्रेजों की विश्वविजयी प्रतिष्ठा भी धूल में मिल गयी। वीर सावरकर ने लिखा है, 'उस

क्रान्ति-युद्ध में केवल दो-तीन वर्षों के घनघोर संग्राम में अंग्रेजों की इतनी भयानक हानि हुई कि हिन्दुस्तान के साम्राज्य के लिए मराठे, सिख और नेपाली- तीनों के साथ हुए युद्धों में जितने ब्रिटिश सैनिक मारे न गये होंगे, उतने ब्रिटिश सैनिकों और गोरों की इन क्रान्तिकारियों ने बलि ले ली। इतने ब्रिटिश शत्रुओं को जान से मार डाला।'[10] इस संघर्ष का परिणाम यह निकला कि ब्रिटेन की महारानी एलिजाबेथ द्वारा स्थापित ईस्ट इंडिया कम्पनी की जगह सीधे भारत का शासन ब्रिटेन की महारानी विक्टोरिया के हाथों में आ गया और भारत ब्रिटिश राज्य का अंग बन गया। जिसका घोषणा पत्र 1 नवम्बर 1858 को महारानी विक्टोरिया की ओर से गवर्नर जनरल लार्ड केनिंग द्वारा प्रयाग में पढ़ा गया।[11]

इस शाही घोषणा के बाद कम्पनी को उसके राजनीतिक अधिकारों से वंचित कर भारत के शासन का सारा उत्तरदायित्व स्वयं ग्रहण कर उसका सारा भार सम्राट के मंत्रिमंडल के सुपुर्द कर दिया गया। भारत के प्रशासन का नियन्त्रण, निर्देशन तथा निरीक्षण ब्रिटिश मंत्रिमंडल के एक सदस्य भारतमन्त्री को हस्तान्तरित करते हुए शासन व्यवस्था इस तरह केन्द्रित कर दी गयी कि शासन का कोई भी नया काम शुरू करना, या कोई नया कानून बनाना उसकी आज्ञा के बिना केन्द्रीय और प्रान्तीय सरकारों के लिए असम्भव हो गया। भारतमन्त्री की सहायता के लिए एक कौंसिल गठित की गयी, जिसके आधे सदस्य अवसर-प्राप्त अंग्रेज प्रशासक थे और आधे भारतीय व्यापार से सम्बन्ध रखने वाले अंग्रेज व्यापारी थे। इस इंडिया कौंसिल की सलाह से ही ब्रिटिश जनता तथा ब्रिटिश पार्लियामेंट और सम्राट के नाम पर सारे भारतीय प्रशासन का संचालन प्रारम्भ हो गया।[12] ब्रिटिश संसद द्वारा निर्मित कानूनों के अन्तर्गत भारतीय शासन व्यवस्था का संचालन होने लगा।[13] सीधे ब्रिटिश क्राउन के अन्तर्गत भारत में ब्रिटिश शासन को बनाये रखने के तथा उसकी सुरक्षा की ओर विशिष्ट ध्यान दिया। अंग्रेजों ने 'बाँटो और राज्य करो' को योजनापूर्वक प्रशासनिक नीति के रूप में अपनाया। अंग्रेज यह न भूले कि 1857 ई. के महासमर में हिन्दुओं-मुसलमानों ने मिलकर भाग लिया था। यह नीति लन्दन के इंडिया ऑफिस से लेकर कलकत्ता और दिल्ली के वायसरायों के भवनों और नीचे के प्रत्येक जिले में जिलाधिकारियों की नीति 1947 ई. तक बनी रही। कनिंघम ने कहा था 'यह परिवर्तन औपचारिक था वास्तविक नहीं'।[14] ब्रिटिश साम्राज्यशाही को अक्षुण्ण बनाये रखने के लिए सन् 1861 में पील कमीशन की संस्तुतियों पर भारत में सेना का नया संगठन किया गया। तोपखाने में हिन्दुस्तानी सिपाहियों की भर्ती बन्द कर दी गयी। हिन्दुस्तानी सिपाहियों की पलटनें जाति, प्रान्त और सम्प्रदाय के आधार पर इस तरह संगठित की गयीं कि जिससे उनमें देशभक्ति की भावना का विकास न हो। फ़ौज में अंग्रेजों की संख्या बढ़ा दी गयी। बहुत-सी अंग्रेज पलटनें आन्तरिक सुरक्षा के लिए नियुक्त कर दी गयीं, ताकि विद्रोह को स्थानीय स्तर पर ही आसानी

से दबाया जा सके। बड़े ओहदे अंग्रेज सैनिकों के लिए ही सुरक्षित रखे गये।[15] कुल मिलाकर भारत प्रत्यक्ष रूप से ब्रिटेन का उपनिवेश बन गया, और भारत के शोषण की दृष्टि से ब्रिटेन ने हर क्षेत्र को अपना निशाना बनाया।

सामाजिक, शैक्षिक एवं धार्मिक स्थिति

1857 के महासमर के पश्चात् भी अंग्रेजों में जातीय उच्चता की भावना तथा अहंकार एवं भारतीयों के प्रति घृणा, तिरस्कार और अलगाव की भावना बढ़ी। ब्रिटिश नौकरशाही मौका मिलने पर भारतीयों को नीचा दिखाने से नहीं चूकती थी। भारतीयों को अब भी 'नैटिव' अथवा निम्न समझा जाता था। अब भी भारतीयों के यूरोपीय-क्लबों, होटलों, पार्कों, स्नानगृहों पर जाने पर पाबन्दी थी। अंग्रेजों ने गोरी चमड़ी की श्रेष्ठता का ढकोसला बनाये रखा। वे यूरोपियों के अलावा समस्त एशियावासियों को अपने से निम्न समझते थे। भारतीयों को असभ्य, असंस्कृत एवं जंगली मानते थे। उनमें शारीरिक संरचना की श्रेष्ठता का भाव भी था। उन्होंने गोरे लोगों का भारतीयों पर स्वाभाविक रूप से अधिकार का सिद्धान्त प्रचलित किया। वे इसे 'ह्वाइट मेन बर्डन' की संज्ञा देते थे। परिणामस्वरूप भारतीयों तथा अंग्रेजों के बीच भारी दरार पैदा हो गयी थी। दोनों के सम्बन्ध और कटु हो गये थे। भारतीय भी अंग्रेजों की क्रूर हत्याओं, काली करतूतों व निर्मम अत्याचारों को न भूले। रसेल ने जो उस समय लन्दन टाइम्स के पत्रकार के रूप में 1858-1859 ई. तक भारत की यात्रा की, उसने अपनी डायरी में लिखा, 'विद्रोह से दो जातियों के बीच घृणा और दुर्भावना पैदा हुई।'[16] अंग्रेजी राज्य के विस्तार के साथ एक शक्तिशाली ब्रिटिश अधिकारी वर्ग का विकास हुआ जो भारतीयों को हर प्रकार से अपमानित करने का प्रयत्न करता था।[17]

भारत की ग्रामीण अर्थव्यवस्था खेतीबाड़ी तथा हस्त-दस्तकारी पर आत्मनिर्भर थी जो कि राजनीतिक हलचल, धार्मिक उथल-पुथल और विनाशकारी युद्धों के पश्चात् भी स्वावलम्बी थी। ग्रामीण समुदाय का स्वरूप स्वशासित सुगंठित था। चार्ल्स मैटकॉफ ने इन्हें एक 'लघु गणराज्य' कहा है। डॉ. राधाकुमुद मुखर्जी ने यहाँ की ग्राम पंचायतों को 'प्रजातंत्र के देवता' कहा है। ग्राम सामाजिक, धार्मिक, सांस्कृतिक कार्यों के साथ आर्थिक तथा प्रशासन कार्य भी करती थी। परन्तु ब्रिटिश शासन से पहले कम्पनी के काल में, जीवन से सम्बन्धित विभिन्न ग्रामीण व्यवस्थाओं को भ्रष्ट किया गया। सरकार ने नयी भू-राजस्व प्रथाओं को लागू कर सभी प्रशासनिक व न्यायिक कार्यों को अपने अधिकार में ले लिया। शासन की केन्द्रीयकरण की नीति से स्थानीय स्वायत्तता नष्ट हो गयी। इनकी आर्थिक नीतियों के फलस्वरूप कृषि के वाणिज्यीकरण, निर्यात आदि से गाँव की आत्मनिर्भरता समाप्त हो गयी तथा ग्राम अब बाहरी समाज पर निर्भर रहने लगे। अंग्रेजों द्वारा प्रचलित तीन

प्रकार की प्रमुख प्रथाएँ भारत की परम्परागत प्रथाओं के अनुकूल न थीं। जमींदारी प्रथा इंग्लैण्ड में प्रचलित सामन्तवादी प्रथा, रैयतवाड़ी प्रथा, फ्रांस में प्रचलित कृषक स्वामित्व प्रथा तथा महालवाड़ी प्रथा। इन सभी व्यवस्थाओं ने भारत में अराजकता तथा अशान्ति पैदा की तथा किसानों की अवस्था असहनीय तथा दयनीय बना दी। 1858 से लेकर 1885 तक के काल में भयंकर अकालों में डेढ़ करोड़ से अधिक व्यक्तियों की अकाल मृत्यु हो गयी।[18] डॉ. आर.सी. मजूमदार के अनुसार अकेले 19वीं शताब्दी में लगभग ढाई करोड़ लोग मारे गये, अनेक महामारियाँ फैलीं। गाँव के दस्तकार बिलकुल नष्ट हो गये। कृषि प्रधान देश होते हुए भी भारत की कृषि से सम्बन्धित अनेक समस्याएँ जैसे—सिंचाई की व्यवस्था, कृषि, भूमिकर, लगान आदि समस्यायें बढ़ती रहीं। कृषि के साथ-साथ परम्परागत उद्योगों की दशा भी शोचनीय थी। कम्पनी के काल में उद्योगों के विकास व संरक्षण के लिए कोई नीति न थी। जिसके परिणामस्वरूप परम्परागत उद्योग-धन्धे लगभग मृतप्राय हो गये। कम्पनी के काल में अंग्रेजों ने उन्हीं उद्योगों पर ध्यान दिया जो इंग्लैण्ड के लाभकारी थे। वे केवल भारत को आर्थिक दृष्टि से शोषित करते हुए केवल कच्चे माल का निर्यात करने वाला देश बनाना चाहते थे। 1850 ई. तक अनेक कानून बनाये गये, जिसने भारतीय उद्योगों की प्रगति को अवरुद्ध कर दिया।

वस्तुतः 19वीं शताब्दी (1815-1914) विश्व के इतिहास में ईसाइयत के प्रचार तथा धर्म परिवर्तन की दृष्टि से ईसाइयत द्वारा विश्व की अन्य धर्म संस्कृतियों के उन्मूलन की शताब्दी मानी जाती है, विशेषकर गैर-यूरोपियन लोगों की दृष्टि से।[19] भारत में भी 1834-1857 तक का काल इस हेतु ईसाइयत का स्वर्णकाल था, जबकि हर तरीके से निष्ठुरता के साथ-साथ प्रलोभन के द्वारा भारत को ईसाई देश बनाने के प्रयास हुए। इसके लिए तत्कालीन इतिहासकारों, प्रशासकों तथा ईसाई मिशनरियों ने संयुक्त प्रयास किये। इतिहासकार जेम्स मिल (1773-1836)[20] ने अपनी प्रसिद्ध पुस्तक 'हिस्ट्री ऑफ ब्रिटिश इंडिया' को तीन भागों में बाँटा। पहले भाग को 'हिन्दूकाल' तथा दूसरे भाग को 'मुस्लिमकाल' कहा तथा तीसरे भाग को 'ब्रिटिशकाल' कहा ताकि ईसाई जगत की सहानुभूति प्राप्त हो सके। जेम्स मिल मूलतः एक स्काटिक प्रेसीबीटेरियन मठ में प्रचार व प्रसार के लिए तैयार किया गया था, ईसाइयत के प्रचार-प्रसार का कट्टर समर्थक था। उसने हिन्दू धर्म तथा संस्कृति का उपहास उड़ाते हुए तथा हिन्दुओं को भद्दी गालियाँ दीं। जॉन मेलकाम (1769-1833) ने लिखा है कि हमारा कर्तव्य है कि हमें भारत को ईसाई राष्ट्र में परिवर्तित करने के लिए, हमें चर्च की सहायता करनी चाहिए।[21] थामस बेबिंगटन मैकाले (1800-1859) मानता है कि भारत में अंग्रेजों का समय ईसाई बनाने में लगाना चाहिए। प्रसिद्ध इतिहासकार बिलियम बिल्सन हण्टर (1840-1900) जो रॉयल एशियाटिक सोसायटी का उपाध्यक्ष तथा 1886 में कलकत्ता विश्वविद्यालय का उपकुलपति भी बना, उसने यथाशक्ति से

ईसाइयत के प्रचार में सहयोग दिया। उसने भारत की मूल जातियों की स्थिति को ईसाइयत के प्रचार तथा धर्म परिवर्तन के लिए वरदान मानते हुए इसे सहज प्राप्त होने वाला लक्ष्य बतलाया। पादरी मैक्स मूलर (1823-1900) ने, जर्मन के प्रसिद्ध विद्वान एवं कूटनीतिज्ञ क्रिश्चियन चार्ल्स जोसिस वॉन बुनसन (1791-1860) को 25 अगस्त 1856 को ऑक्सफोर्ड से पत्र लिखा कि भारतवर्ष में ईसाईकरण के लिए ज्यादा उपयुक्त समय है, इतना उपयुक्त समय तब भी नहीं था जब सेंट पॉल के काल में रोम या ग्रीस था।[22] इसी प्रकार के विचार तत्कालीन अन्य इतिहासकारों/प्रशासकों जे.डब्ल्यू. केयी, बी. मैलीशन, सर अल्फ्रेड लायल (1835-1911) तथा जे. टाल्सबोय ह्वीलर आदि ने दिये हैं।[23] ऐसा माना जाता है कि तभी से सरकारी स्कूलों में बाइबिल का पढ़ाना प्रारम्भ हुआ। पुस्तकों में ईसाइयत से जुड़े प्रश्नों को जोड़ा गया। सरकारी नौकरियों के लिए अंग्रेजी भाषा का ज्ञान तथा ईसाई मत महत्त्वपूर्ण हो गया। एक आँकड़े के अनुसार 1850 तक ईसाइयों के 260 केन्द्र बन गये थे जिसमें 360 विदेशी पादरी तथा लगभग 500 भारतीय प्रचारक हो गये थे, जिन्होंने, 1857 के संघर्ष में अंग्रेजी राज्य के प्रति अटूट भक्ति दिखलाई थी। 1850 के प्रारम्भ में प्रोस्टेण्ट ईसाइयों की संख्या 91,295 हो गयी थी। यहाँ यह उल्लेखनीय है कि प्रायः 1813 के चार्टर ऐक्ट के पश्चात् तथा 1857 तक लिखी अनेक इतिहास तथा ईसाई पादरियों के ग्रन्थों का अन्तिम अध्याय का विषय होता था "ईसाइयत का प्रचार कैसे करें।"

भारतीय नवजागरण के उत्प्रेरक

महामना मदन मोहन मालवीय जी के जन्म के पूर्व और उनके बाद के दशक का समय भारतीय स्वतन्त्रता आन्दोलन और सामाजिक परिवर्तन में मुख्य भूमिका निभाने वाले कई महापुरुषों के जन्म का काल रहा। ये महापुरुष महामना की तरह ही तत्कालीन विशृंखलित होते भारतीय समाज के पुनरुद्धार के उत्प्रेरक रहे। 1857 के स्वतन्त्रता संघर्ष के पश्चात् शान्त प्रतीत होती राष्ट्रीय चेतना एवं संघर्ष को पुनः आन्दोलित करने के सूत्रधार बने। यहाँ इन राष्ट्र मनीषियों का संक्षिप्त वर्णन करना भी विषयानुरूप होगा, जिससे मालवीय के जन्म के समय की समसामयिक पृष्ठभूमि और उनके वैचारिक अवदानों का जिसका प्रभाव मालवीय के जीवन पर परिलक्षित होता है के समाकलन की चेष्टा की गयी है।

स्वामी दयानन्द सरस्वती (1824-1883 ई.)

1857 के महासमर के पश्चात् स्वामी दयानन्द सरस्वती भारत के सांस्कृतिक जागरण के प्रथम सन्देशवाहक थे। सम्भवतः आद्य जगद्गुरु शंकराचार्य के पश्चात् विशृंखलित होते और उसकी अस्मिता को सुरक्षित करने के लिए संघर्ष की एक दीर्घावधि में स्वामी दयानन्द सरस्वती भारत के उन चिन्तक मनिषियों में थे जिन्होंने तत्कालीन भारत

में व्याप्त कुरीतियों पर प्रहार करते हुए राष्ट्र चेतना के जागरण में योगदान दिया। इसके लिए उन्होंने वेदों को जनजागरण का आधार बनाते हुए वैदिक व्यवस्थाओं की ओर लौटने का आग्रह किया। स्वामी जी वेद को अपौरुष्य समझते थे, उसे चार ऋषियों के माध्यम से अवतरित ईश्वरीय ज्ञान स्वीकार करते थे। वे वेदों को पूर्ण ज्ञान का भण्डार मानते थे, और उनकी सत्यता और प्रामाणिकता पर उनको पूर्ण विश्वास था। उन्होंने विशुद्ध वैदिक कर्मकाण्ड, उपासना पद्धति तथा आचार-व्यवहार का समर्थन किया, और उनका अनुसरण आवश्यक बताया। उन्होंने अन्य धर्मों का खण्डन करते हुए उनके अनुयायियों को शुद्धि द्वारा वैदिक धर्म में प्रवेश करने का हिन्दुओं को परामर्श दिया। वे पुरानी गुरुकुल पद्धति को आधुनिक शिक्षा पद्धति से अधिक उपादेय समझते थे, और विद्यार्थी जीवन में ब्रह्मचर्याश्रम के नियमों के पालन की आवश्यकता पर जोर देते थे। अपने गुरु स्वामी विरजानन्द के आदेश के अनुसार उन्होंने देश-देशान्तर में आजीवन घूमकर वैदिक धर्म के प्रचार का सन्देश दिया। तभी से स्वामी दयानन्द का जीवन-दृष्टि तथा मार्ग बदल गया। 1866 ई. से उन्होंने जयपुर से अपने विचारों का प्रचार प्रारम्भ किया। 1869 ई. में हरिद्वार के कुम्भ के मेले में उन्होंने 'पाखण्ड खण्डिनी पताका' फहरायी। इस अवसर पर उन्होंने समाज में व्याप्त बाहरी आडम्बरों, कर्मकाण्ड, पाखण्ड तथा अन्धविश्वासों के खिलाफ आवाज उठाई।[24] स्वामी दयानन्द ने भारत के विभिन्न प्रदेशों की यात्रा की। एक अथक यात्री की भाँति वे 16 दिसम्बर 1872 ई. को ब्रिटिश सरकार की तत्कालीन राजधानी कलकत्ता पहुँचे। जॉर्डन्स का मत है कि उन्होंने बंगालियों को कुछ बताने से पहले उनसे बहुत कुछ सीखा। वहाँ अनेक प्रमुख व्यक्तियों से उन्होंने सम्पर्क किया तथा धर्म से जुड़े अनेक प्रश्नों पर उन्होंने चर्चा की।[25] वे प्रसिद्ध ब्रह्मसमाजी नेता केशवचन्द्र सेन से मिले, शास्त्रार्थ किया तथा केशवचन्द्र सेन को प्रमाणों, तथ्यों तथा तर्कों के आधार पर पुनर्जन्म और वेदों की महत्ता स्वीकार करने को बाध्य किया। केशवचन्द्र सेन उनके विचारों से प्रभावित हुए और कहा कि यदि आप अंग्रेजी भाषा जानते होते तो मै आपको विदेश ले चलता, अच्छा प्रचार होता। स्वामी दयानन्द की स्वदेश, स्वधर्म और भारतीय संस्कृति तथा साहित्य में प्रगाढ़ रुचि थी। उन्होंने केशवचन्द्र सेन को उत्तर दिया कि यदि आप संस्कृत जानते होते तो आप अपने देशवासियों का निस्सन्देह बड़ा कल्याण करते।

सं. 1932 वि. (10 अप्रैल 1875 ई.) को उन्होंने बम्बई (मुम्बई) में 'आर्यसमाज' की स्थापना की। पहले राजकोट में वे उसका शिलान्यास-संस्कार सम्पन्न कर चुके थे। बाद में दिल्ली, पंजाब (हरियाणा सहित) का प्रवास करते हुए उन्होंने लाहौर में आर्य समाज की स्थापना की। 1880 ई. में उन्होंने 'परोपकारिणी सभा' का गठन किया। उन्होंने वैदिक आध्यात्मिक चेतना पर बल देते हुए वेदगत दिव्य और भागवत सत्य के प्रकाश में जन-जीवन को अविद्या अन्धकार से बाहर निकालने के लिए प्रयत्न

किये। विक्रमीय उन्नीसवीं शताब्दी के उत्तरार्ध में अंग्रेजी कम्पनी सरकार ने भारत का अधिकांश लाल रंग से रँग दिया था, डलहौजी की आक्रामक नीति अपनी सफलता की पराकाष्ठा पर थी, विदेशी धर्म-प्रचारक भारतीय संस्कृति, धर्म और आध्यात्मिक चेतना की खिल्ली उड़ा कर गलत ढंग से अपने मत का प्रचार कर रहे थे। देश में अनेक मत-मतान्तर प्रचलन में थे; लोग आदि वैदिक धर्म से विमुख हो रहे थे; सत्य और ज्ञान के प्रकाश का अभाव निरन्तर बढ़ता जा रहा था। ऐसे विषादयुक्त वातावरण में महर्षि दयानन्द ने वैदिक धर्म का प्रचार कर स्वदेश, स्वराज्य और स्वधर्म की प्रतिष्ठा अक्षुण्ण रखी। योगीराज श्री अरविन्द ने उनके बारे में लिखा, 'राममोहन उपनिषद पर ही रुक गये। दयानन्द ने और उसके पीछे देखा और पहचाना कि हमारे यथार्थ का मूल बीज वेदों में है।'[26] स्वामी दयानन्द ने वेदों में अटूट श्रद्धा जतायी। उन्होंने भारतीयों को 'वेदों की ओर लौटने' का आह्वान किया। उन्होंने तथाकथित विदेशी-विद्वानों को लताड़ा, जो वेदों को 'गड़रियों के गीत' कहकर उपहास उड़ा रहे थे। सत्य का साक्षात्कार करते हुए उन्होंने 1874 ई. में 'सत्यार्थ प्रकाश' की रचना की। वास्तव में उनका यह ग्रन्थ 19वीं शताब्दी के उत्तरार्द्ध तथा 20वीं शताब्दी में ईसाई-पादरियों, मुल्ला-मौलवियों तथा कम्युनिस्टों को बिल्कुल रास न आया उन्होंने समय-समय पर न्यायालयों में भी इस ग्रन्थ पर प्रतिबन्ध लगवाने का असफल प्रयास किया। स्वामी दयानन्द का यह ग्रन्थ उनके दार्शनिक चिन्तन के साथ-साथ उनके सामाजिक, धार्मिक, सांस्कृतिक, राष्ट्रीय तथा मानवीय चिन्तन का उद्‍बोधक है। सत्यार्थ प्रकाश, संस्कारविधि, व्यवहारभानु, ऋग्वेदादि भाष्य भूमिका, वेदांग प्रकाश, आर्याभिविनय आदि स्वामी दयानन्द जी की अमर कृति हैं।

स्वामी रामकृष्ण परमहंस (1836-1886)

टी.बी. मैकाले (1800-1859 ई.) भारतीय शिक्षा को पूरी तरह से यूरोपीय बनाने का प्रयास करता है उसका अभिमत था कि "एक ऐसा वर्ग होगा जो हमारे तथा लाखों के बीच ऐसा व्याख्याकार बनेगा जिन्हें हम शासित करते हैं...एक व्यक्तियों का वर्ग, जो रक्त तथा रंग से भारतीय होंगे पर स्वभाव, विचार, नैतिकता तथा बुद्धि से अंग्रेज होंगे।"[27] साथ ही वह 1836 में अपने द्वारा बनायी गयी नयी शिक्षा नीति की जानकारी देते हुए अपने पिता को पत्र लिखता है कि "मेरी बनायी शिक्षा पद्धति से यहाँ (भारत में) यदि शिक्षाक्रम चलता रहा तो आगामी 30 वर्षों में बंगाल में एक भी मूर्तिपूजक नहीं बचेगा। या तो वह ईसाई बन जायेंगे या नाममात्र के हिन्दू बने रहेंगे। धर्म या वेदशास्त्रों पर उनको विश्वास नहीं होगा। स्पष्ट रूप से हिन्दू धर्म में हस्तक्षेप न करते हुए भी, वाह्यरूप से उसकी धार्मिक स्वतन्त्रता कायम रखते हुए भी हमारा उद्दिष्ट सफल होगा।"[28]

भारतीय ऋषि परम्परा का यह अनूठा उदाहरण है कि जब-जब धर्म और संस्कारों

को नष्ट करने का प्रयास होता है उस समय किसी न किसी ऋषि का प्रादुर्भाव होता है। स्वामी रामकृष्ण परमहंस का भी उसी समय प्रादुर्भाव हुआ जब यूरोपियों द्वारा भारतीय शिक्षा और धर्म को नष्ट करने का प्रयास जोरों पर था। बंगाल को लेकर मैकाले का यह स्वप्न कि बंगाल में कोई मूर्तिपूजक शेष नहीं रहेगा और सर्वत्र ईसाई धर्म का प्रभाव व्याप्त होगा। उसी बंगभूमि से उसी वर्ष स्वामी रामकृष्ण परमहंस जी का जन्म हुआ और स्वामी जी सबसे बड़े मूर्तिपूजक हुए।

स्वामी रामकृष्ण परमहंस उन्नीसवीं शताब्दी के आध्यात्मिक चेतना के दिव्य दूत थे, उनके उपदेशों और साधना पद्धति की मौलिकता ने आध्यात्मिक जगत के प्राणियों को मार्ग दिखाया। उनकी शक्ति-भक्ति ने ज्ञानी, योगी, वैरागी, संन्यासी, तान्त्रिक, शाक्त, शैव और वैष्णव सबको समान रूप से प्रभावित किया। स्वामी रामकृष्ण परमहंस स्वभाव से सरल, सहज, निश्छल, विनयशील किन्तु साहसी, कर्मठ, उदात्त तथा भक्त थे। वे कलकत्ता के निकट दक्षिणेश्वर में माँ काली के आराधक बने। उनके व्यक्तित्व में बच्चों जैसी सरलता और कोमलता के साथ सिद्धों जैसी अध्यात्मिकता का अद्‌भुत समन्वय था। वे बच्चों जैसा व्यवहार करते-करते समाधिस्थ हो जाते थे। वे प्रत्येक स्त्री में, अपनी पत्नी में भी माता (माँ काली) का दर्शन करते थे। वे उच्च कोटि के योगी और भक्त थे। उन्होंने जिन नवयुवकों को अपनी ओर आकृष्ट किया, उनमें अनेक उनके सम्पर्क में आने से पहले अनीश्वरवादी थे। उनकी दिव्य साधना तथा भक्ति की गूँज बंगाल में चहुँओर फैल गयी तथा उन्हें 'परमहंस' के नाम से पुकारा जाने लगा। माँ काली की पूजा में भाव-विह्वल हो वे संज्ञाहीन हो जाते थे। इसे देखकर फ्रेंच-विद्वान रोमा रोलां ने लिखा कि यदि वह यूरोप में होते, तो उनकी बड़ी दुर्दशा होती, जरूर ही मानसिक चिकित्सा का रोगी मानकर पागलखाने भेज दिया जाता।[29] महात्मा गाँधी के शब्दों में 'उनका जीवन धर्म को व्यवहार-क्षेत्र में उतारकर मूर्तस्वरूप देने के प्रयास की अमर गाथा है।'

विभिन्न धर्म-सम्प्रदायों के प्रति रामकृष्ण परमहंस का गहरा आदर-भाव था। उनका कहना था कि एक ही राम के सहस्र नाम हैं। एक ही तालाब के अनेक घाट हैं। उन्होंने सभी धर्मों की एकता, ईश्वर की अनन्य-भक्ति, मानव सेवा और आध्यात्मिक जीवन को महत्त्व दिया। स्वामी रामकृष्ण के परम शिष्य थे स्वामी विवेकानन्द। यह रामकृष्ण परमहंस जी के अनन्य भक्ति का ही प्रभाव था कि ब्रह्म समाज के भौतिकवादी प्रेरणा से ओतप्रोत स्वामी विवेकानन्द ने पुरानी सभी कल्पनाओं को त्यागकर एक संन्यासी के भेष में देश-विदेश में हिन्दू धर्म का प्रचार किया।

स्वामी विवेकानन्द (1863-1902)

स्वामी विवेकानन्द आधुनिक भारत के क्रान्तिकारी सन्त थे। 12 जनवरी 1863 को कलकत्ता में जन्मे स्वामी जी का बचपन का नाम नरेन्द्रनाथ था। उनके अन्तःकरण

में परमात्मा को जानने की तीव्र जिज्ञासा थी। माँ काली के परम भक्त रामकृष्ण परमहंस से मिलने के बाद उन्हें अपना गुरु बना लिया तथा अध्यात्म यात्रा पर चल पड़े। उन्होंने धर्म को मनुष्य, समाज और राष्ट्र निर्माण को शिरोधार्य मानते हुए कहा कि धर्म मनुष्य के लिए है, मनुष्य धर्म के लिए नहीं है। भारतीय जन के लिए विशेषकर युवाओं के लिए उनका नारा था—"उठो जागो और लक्ष्य प्राप्ति होने तक रुको मत।"[30] रामकृष्ण परमहंस के सम्पर्क में आने से पहले विवेकानन्द अनीश्वरवादी या अद्धैतवादी और अध्यात्मवाद को कोरी कल्पना मानते थे। लेकिन सम्पर्क में आने के पश्चात् उन्होंने अपनी सभी भौतिकवादी कल्पनाओं को त्यागकर एक संन्यासी के भेष में देश-विदेश में हिन्दू धर्म-संस्कृति व अध्यात्मवाद का प्रचार किया। उन्होंने सन् 1893 में शिकागो के 'विश्व धर्म सम्मेलन' में अपने भव्य व्यक्तित्व तथा अपनी धार्मिक आध्यात्मिक निष्ठाओं के बल पर विश्वख्याति प्राप्त की।

उनकी धर्मनिष्ठा और उसके प्रति उनके आग्रह की जीवटता को विश्लेषित करते हुए मुंशी प्रेमचन्द ने स्वामी जी के विषय में विस्तार से लिखा है कि पुरातन काल में जब पाप-अनाचार प्रबल हो उठे, तो कृष्ण भगवान आये और अनीति-अत्याचार की आग बुझायी। उसके बहुत दिनों बाद क्रूरता, विलासिता और स्वार्थपरता का फिर दौरदौरा हुआ, तो बुद्ध ने जन्म लिया। जब काल प्रवाह ने उच्च आध्यात्मिक शिक्षा की नींव को खोखला कर दिया और उसके दम्भ-दुराचार ने फिर जोर पकड़ा, तो शंकर स्वामी ने अवतार लिया अनन्तर कबीर साहब और श्री चैतन्य महाप्रभु प्रकट हुए और अपनी आत्म साधना का सिक्का लोगों पर जमा गये।[31] ईसा की पिछली शताब्दी के प्रारम्भ में जड़वाद ने फिर सिर उठाया, और इस बार उसका आक्रमण ऐसा प्रबल था, अस्त्र ऐसे अमोघ और सहायक ऐसे सबल थे कि भारत के आत्मवाद को उसके सामने सिर झुका देना पड़ा और कुछ ही दिनों में हिमालय से लेकर कन्याकुमारी तक तथा अटक से कटक तक उसकी पताका फहराने लगी। हमारी आँखें इस भौतिक प्रकाश के सामने चौंधिया गयीं और हमने अपने प्राचीन तत्वज्ञान, प्राचीन शास्त्र विज्ञान, प्राचीन समाज-व्यवस्था, प्राचीन धर्म और प्राचीन आदर्शों को त्यागना आरम्भ कर दिया। ऐसे समय पुनीत भारत-भूमि में पुनः एक महापुरुष का आविर्भाव हुआ, जिसके हृदय में अध्यात्म-भाव का सागर लहरा रहा था; जिसके विचार ऊँचे और दृष्टि दूरगामी थी; जिसका हृदय मानव-प्रेम से ओत-प्रोत था। उसकी सच्चाई भरी ललकार ने क्षण भर में जड़वादी संसार में हलचल मचा दी। उसने नास्तिक्य के गढ़ में घुसकर साबित कर दिया कि तुम जिसे प्रकाश समझ रहे हो, वह वास्तव में अन्धकार है, और यह सभ्यता जिस पर तुमको इतना गर्व है, सच्ची सभ्यता नही है। आज अपनी समाज व्यवस्था, अपने वेदशास्त्र, अपने रीति-व्यवहार और धर्म को हम आदर की दृष्टि से देखते हैं। यह उसी पूतात्मा के उपदेशों का सुफल है कि हम प्राचीन आदर्शों की पूजा करने को प्रस्तुत हैं और यूरोप के वीर

पुरुष और योद्धा, विद्वान और दार्शनिक हमें अपने पंडितों और मनीषियों के सामने निरे बच्चे मालूम होते हैं। और यह सब ब्रह्मलीन स्वामी विवेकानन्द के आध्यात्मिक उपदेशों का ही चमत्कार है।[32]

रामकृष्ण परमहंस से उनकी भेंट न केवल उनके जीवन का एक मोड़ था, अपितु इसने सम्पूर्ण भारत को एक नवजीवन दृष्टि दी थी। रामकृष्ण परमहंस ने अपनी समस्त आध्यात्मिक शक्ति, धार्मिक तथा दार्शनिक-सम्पदा उनको दी थी। 1 मई सन् 1897 ई. में स्वामी विवेकानन्द ने अपने साथियों के साथ मिलकर रामकृष्ण मिशन की स्थापना की थी। परिव्राजक के रूप में वे देश के कोने-कोने में गये तथा भारत का साक्षात् दर्शन किया। भारत की गरीबी देखी, भिखमंगों के टोलों में गये, अछूतों की बस्तियों में गये। नगरों में पढ़े-लिखे लोगों से मिले। सितम्बर, 1893 ई. में उन्होंने शिकागो में विश्वधर्म सम्मेलन में भाग लिया। उन्हें कुल 5 मिनट बोलने का समय दिया गया। उन्होंने अपना भाषण 'अमेरिका की बहनो और भाइयो!' के सम्बोधन से प्रारम्भ किया। विभिन्न देशों के प्रतिनिधि उनके इस सम्बोधन से अवाक् रह गये तथा तीन मिनट तक तालियाँ बजती रहीं। एक अमरीकी महिला मिसेज ए.के. ब्लोडशेल्ट ने देखा कि 7 हजार दर्शक एक साथ खड़े हो गये।[33] वे विश्व के महानतम् लोगों में पहचाने जाने लगे। उनके द्वारा प्रचारित हिन्दू धर्म विश्व के महानतम् तथा वैज्ञानिक धर्म के रूप में उभरा, उन्होंने हिन्दू धर्म को सब धर्मों की माता कहा।[34] उन्होंने प्रागैतिहासिक युग से चले आने वाले केवल तीन धर्मों को ही संसार में विद्यमान बतलाया। वे हैं हिन्दू, पारसी तथा यहूदी। उन्होंने विश्व के नवीनतम राष्ट्र अमेरिका को 'बच्चा राष्ट्र' तथा भारत को विश्व का 'प्राचीनतम राष्ट्र' कहा।

स्वामी विवेकानन्द ने भारत की पराधीनता का कारण आत्मविस्मृति तथा पश्चिम का अन्धानुकरण बतलाया। उन्होंने देशभक्ति की भावना जगाते हुए कहा कि भारतवर्ष को केवल मिट्टी, पत्थर या भोग-भूमि न मानकर इसे पुण्यभूमि मानें। वे इसे तपोभूमि कहते थे। उन्होंने देश के युवकों का आह्वान करते हुए कहा, "वीरो! साहस का अवलम्बन करो। गर्व से कहो कि मैं भारतवासी हूँ। प्रत्येक भारतवासी मेरा भाई है। तुम चिल्लाकर कहो कि अज्ञानी भारतवासी, ब्राह्मण भारतवासी, दलित भारतवासी मेरा भाई है...भारत का समाज मेरे बचपन का झूला, तरुणाई की फुलवारी तथा वृद्धावस्था की काशी है।"

स्वामी विवेकानन्द सही अर्थों में युगद्रष्टा तथा हिन्दू-समाज के प्रतिनिधि थे। महात्मा गाँधी का कहना सही है कि स्वामी विवेकानन्द को जानने के लिए किसी प्राक्कथन या भूमिका की आवश्यकता नहीं है। श्री गुरुजी (माधव सदाशिव राव गोलवलकर, 1906-1973 ई.) ने कहा कि 'जिन महापुरुष के ज्योतिपुंज में से सारे जगत को आलोकित करने वाली ज्योति लेकर स्वामी जी विदेश में गये, उन महान

युगावतार भगवान रामकृष्ण और उनके सर्वश्रेष्ठ लीला-सहचर स्वामी विवेकानन्द का हम बार-बार स्मरण करें, उनकी वाणी का अध्ययन करें, उनके जीवन के आलोक में अपना जीवन गठित करें, मानव की सेवा में जुटें...अपने जीवन को परिपूर्ण बनाकर इस सत्य को एक बार फिर से अपने जीवन के द्वारा सिद्ध कर दें कि भारतमाता का एक-एक पुत्र स्वामी विवेकानन्द के तेज से तेजान्वित होकर विश्व को सत्य का ज्ञान देनें में पूरी तरह सक्षम है।'[35] महाकवि रवीन्द्रनाथ ठाकुर ने रोमा रोलां से एक बार कहा था, "अगर तुम भारत को जानना चाहते हो तो विवेकानन्द को पढ़ो।" सुभाष चन्द्र बोस ने उन्हें बुद्ध की करुणा तथा शंकर की बुद्धि कहा। वीर सावरकर ने भारत की स्वतन्त्रता के लिए 'विवेकानन्द का सन्देश तथा शिवाजी का मार्ग' आवश्यक बताया। लोकनायक जयप्रकाश नारायण (1902-1979) के शब्दों में "धर्म, संस्कृति, अर्थशास्त्र, समाजशास्त्र—हर क्षेत्र में स्वामी विवेकानन्द को अगुआ मानता हूँ। इन सभी को हमें अपने प्राचीन युक्तिपूर्ण दर्शन-वेदान्त की दृढ़ नींव पर स्थापित करना होगा। यदि हम इस बात को विस्मृत कर दें और अपनी ऐतिहासिक विरासत की नींव पर राष्ट्र की रचना न करें, तो भारत भारत नहीं रह जायेगा।"[36]

संक्षेप में स्वामी विवेकानन्द के कार्यों की मीमांसा करते हुए यह कहना सर्वथा उचित होगा कि वे हिन्दू-संस्कृति, आध्यात्मिकता या राष्ट्रीयता के सही प्रतिनिधि थे। उनके तत्कालीन पत्र 'प्रबुद्ध भारत' ने सितम्बर 1896 के अंक में लिखा था कि उनका कार्य हिन्दू-धर्म के व्यापक आधारों से राष्ट्रीय चेतना को जाग्रत करना था। वे धर्ममय राजनीति के समर्थक थे न कि पाश्चात्य राजनीति के अनुसार धर्म को मानते थे।

लोकमान्य बाल गंगाधर तिलक (1856-1920 ई.)

राष्ट्रवादी आन्दोलन के प्रमुख नायक लोकमान्य बाल गंगाधर तिलक, लाला लाजपत राय, विपिन चन्द्र पाल तथा अरविन्द घोष थे। 'स्वराज्य हमारा जन्म सिद्ध अधिकार है और हम इसे लेकर रहेंगे।' इस मन्त्र के प्रथम उद्गाता थे लोकमान्य बाल गंगाधर तिलक।[37] जन्म का नाम केशवराय, परन्तु प्रेमवश इन्हें 'बाल' पुकारते थे। 1871 ई. में बी.ए. तथा 1879 ई. में एल.एल.बी. पास करके इन्होंने सार्वजनिक जीवन में प्रवेश किया था। बचपन से अध्ययनशील तथा राष्ट्रीयता एवं देशप्रेम को शिक्षा में उच्च स्थान देते थे। 1880 ई. में इन्होंने 'न्यू इंगलिश स्कूल' प्रारम्भ किया था जिसके विद्यार्थियों की संख्या पहले 4 वर्षों में कुल 19 से बढ़कर 1009 हो गयी थी। शिक्षा के क्षेत्र में यह उनकी राष्ट्रीय भावना पैदा करने का पहला पग था।[38] उन्होंने 1881 ई. में 'मराठा' तथा 'केशरी' इन दो साप्ताहिक पत्रों का प्रकाशन किया। शीघ्र ही ये दोनों पत्र जनजीवन में असन्तोष तथा ब्रिटिश सरकार के भय और चिन्ता का विषय बन गये। लोकमान्य तिलक कांग्रेस के कार्यकर्ता होते हुए भी कांग्रेस के

काम से खुश नहीं थे। 1890 में उन्होंने कहा था कि हमारे लोग कांग्रेस-अधिवेशनों को दशहरा, दीवाली, मुहर्रम के त्योहारों की तरह लेते हैं।[39] वे राष्ट्रीय जागरण के लिए कांग्रेस को एक जनव्यापी संगठन के रूप में चाहते थे। इसीलिए 1895 में उन्होंने पूना-अधिवेशन में कांग्रेस के नेतृत्व की आलोचना की थी तथा यह भी कहा था कि कांग्रेस सामान्य जनता तक जाना ही नहीं चाहती। 1893 ई. में मुम्बई के मुस्लिम-दंगों से उन्हें लगा कि इनका प्रारम्भ प्रायः उन स्थानों पर मुसलमानों के द्वारा हुआ। उन्हें यह भी लगा कि ब्रिटिश सरकार भी योजनापूर्वक इनको बढ़ावा दे रही है। तिलक जी को इसके लिए हिन्दू समाज के सांस्कृतिक जागरण की नितान्त आवश्यकता लगी। उनका विचार था कि जब हिन्दू संगठित और सबल हो जायेंगे, तब मुसलमान उनके मित्र बन जायेंगे। प्रेम भाव समान बलवालों में हो सकता है निर्बल और बलवान में नहीं। उन्होंने हिन्दू-समाज में सामाजिक चेतना और एकता की भावना विकसित करने के लिए गणेशोत्सव की योजना प्रारम्भ की। इसके विरोध में 'लन्दन टाइम्स' के भारत में आये संवाददाता वेलेन्टाइन शिरोल ने इसे कोरी शरारत बतलाया। कुछ समय बाद तिलक जी ने 1896 ई. में रामगढ़ में शिवाजी-राज्याभिषेकोत्सव, एक राष्ट्रीय पर्व के रूप में मनाने के लिए देशव्यापी प्रचार किया। इस उत्सव में ताना जी मालसुरे के परिवार के व्यक्तियों को बुलाया गया। यह उत्सव न केवल भारत के विभिन्न प्रान्तो में मनाया गया बल्कि फिलीपाइन्स व जापान में भी मनाया गया। सम्भवतः 1895 ई. में उन्होंने सर्वप्रथम 'स्वराज्य'[40] शब्द का प्रयोग किया था।

लोकमान्य तिलक ने 1905-1907 ई. तक कांग्रेस के अधिवेशनों में भाग लिया। स्वधर्म, स्वदेशी, स्वभाषा तथा स्वराज्य पर अत्यधिक बल दिया। 4 जुलाई 1904 को 'केशरी' में लिखा, 'हमारा श्रेय किसी भी तरह सफल नहीं होगा, अगर हम साल में एक बार मेढकों की भाँति टर्र-टर्र करते हैं।'[41] उन्होंने कहा कि सरकार से किसी परिवर्तन की आशा न करें। प्रार्थना, दया तथा विरोध कुछ भी नहीं करेंगे। यदि इसके पीछे कोई ठोस शक्ति न हो। कांग्रेस की फूट (1907 ई.) का लाभ उठाकर ब्रिटिश सरकार ने 1908 ई. में उन पर झूठे आरोप लगाकर छः वर्षों के लिए माण्डले जेल भेज दिया। लगा कि भारतीय असन्तोष के जनक[42] को जेल भेजने से देश में अंग्रेजों के लिए शान्ति रहेगी। उन्होंने अपनी गिरफ्तारी पर स्वयं ही वकालत की। जेल में रहते हुए उन्होंने अपने भतीजे धूधू वासुदेव को अनेक पत्र लिखे थे।[43] जिससे ज्ञात होता है कि उनका अधिकतर समय पुस्तकों के अध्ययन में व्यतीत होता था। जहाँ उन्होंने ऋग्वेद पर विभिन्न टीकाएँ, ब्रह्मसूत्र, गीता, उपनिषद्, विभिन्न देशों के इतिहास, प्लेटो, अरस्तू, कान्ट, मैक्समूलर आदि के ग्रन्थों का गम्भीर अध्ययन किया था।

लोकमान्य बालगंगाधर तिलक की राष्ट्रीयता के तीन ग्रन्थ हैं। इनमें उनका पहला

ग्रन्थ है 'द ओरायन', जो उन्होंने 1893 ई. में प्रकाशित किया। वस्तुतः यह मौलिक ग्रन्थ पराधीन भारत में, 19वीं शताब्दी में प्रचलित यूरोपीय-विद्वानों तथा ईसाई-जगत् पर एक चुनौती, एक आघात तथा तीखा प्रहार था। यह वह काल था, जब 1866 ई. में इंग्लैण्ड की रॉयल एशियाटिक सोसाइटी ने एक प्रस्ताव पारित कर दिया था कि आर्य बाहर से आये। 1902 में उनका दूसरा ग्रन्थ 'आर्कटिक होम इन द वेदाज' प्रकाशित हुआ। इसमें तिलक ने वैदिक समाज की प्राचीनता लगभग 10 हजार वर्षों की मानी। इससे प्रो. मैक्समूलर तथा संस्कृत-विद्वान मोरिस ब्लूमफील्ड अत्यधिक प्रभावित हुए। उन्होंने अपने अध्ययन के दौरान हिन्दू-धर्म की परिभाषा देते हुए इसे 'वेदों में विश्वास तथा पूजा के विभिन्न मार्ग' बतलाया। स्वयं लोकमान्य तिलक ने अपने इस दूसरे ग्रन्थ को पहले ग्रन्थ का 'उपसंहार' बतलाया।[44] तिलक का तीसरा ग्रन्थ 'गीता रहस्य' युगप्रवर्तक ग्रन्थ माना गया है। 1908-1914 ई. के दौरान जेल में रहते हुए उन्होंने 856 पृष्ठों का यह ग्रन्थ लिखा जो 1915 ई. में प्रकाशित हुआ। तिलक ने इस ग्रन्थ में अकर्मण्यता एवं आलस्य के अतल जल में डूबते हुए भारत को वीरतापूर्वक जीवन-संघर्ष में भाग लेने का उपदेश दिया।

जहाँ लोकमान्य तिलक एक कर्मठ संगठनकर्ता, जुझारू संघर्षकर्ता, राष्ट्रभक्त, स्वतन्त्रता के नायक थे, वहाँ उतने ही शिक्षाविद्, मौलिक चिन्तक तथा राष्ट्रीय विचारकों के देयता भी थे। उन्होंने 'केशरी' तथा 'मराठा' में अनेक लेखों द्वारा अपनी निर्भीकता, सजगता, आत्मविश्वास तथा स्वदेशाभिमान का परिचय दिया था। यह उल्लेखनीय है कि महात्मा गाँधी के राजनीतिक मंच पर आने से पूर्व कोई भी नेता तिलक के समान लोकमान्य न था। वे राष्ट्रीय जीवन व्यवहार तथा राष्ट्रीय चिन्तन तथा इसकी परिकल्पना में अद्वितीय थे। जहाँ बंकिमचन्द्र चट्टोपाध्याय 'वन्देमातरम्' मन्त्र के उद्गाता थे, वहीं लोकमान्य बाल गंगाधर तिलक 'स्वराज्य' के प्रणेता थे। उनकी मृत्यु पर महर्षि अरविन्द ने उनके "जीवन में दो सत्य, देशभक्ति की अटूट भावना, हृदय की पवित्रता, कर्मठता, त्याग तथा कष्ट सहने को सदैव तत्परता" बतलाया। श्रीमती एनी बीसेन्ट ने कहा, 'तिलक मरे नहीं हैं, वे सर्वदा साथ हैं, हमारे कार्य के साथ हैं।'[45]

लाला लाजपत राय (1865-1928 ई.)

भारतीय राष्ट्रवाद के प्रणेताओं में जो स्थान तिलक का रहा है वही स्थान पंजाब के लाला लाजपत राय का है।[46] वे पंजाब के एक ऐसे नेता थे जो उदारवादियों, राष्ट्रवादियों तथा क्रान्तिकारियों में समान रूप से लोकप्रिय थे। ब्रिटिश सरकार उनके लेखों तथा वक्तव्यों से घबराती थी। पंजाब के लेफ्टिनेंट गवर्नर डेनजील इब्बटसन ने अपने गुप्त सन्देशों में उन्हें पंजाब में विद्रोह का केन्द्र माना था।[47] तथा साथ ही सेना का मनोबल कम करने वाला तथा उन पर अफगान अमीर से

पत्र-व्यवहार का झूठा आरोप लगाया था। भारत के गवर्नर जनरल लॉर्ड मिंटो के एक अधिकारी ने एक पत्र में लिखा था, कांग्रेस वफादार है पर लाजपत राय खतरनाक है। उन दिनों सर सैयद अहमद खाँ हिन्दी को गधों तथा अहमकों की भाषा बता रहे थे, उस समय लाला लाजपत राय ने उनको खुली चिट्ठियाँ लिखीं। लाजपत राय इन चिट्ठियों के जबाब से चहुँओर उत्कण्ठा का विषय बन गये थे तथा प्रसिद्धि प्राप्त की थी। 1888 ई. में वे पहली बार जब कांग्रेस के अधिवेशन में इलाहाबाद पहुँचे और वे पहले व्यक्ति थे जो कांग्रेस के मंच से हिन्दी में बोले। उन्होंने हिन्दी-भाषा में बोलकर न केवल राजनीति, वरन् शिक्षा और उद्योग के विषय को भी स्पर्श किया। 1905 के दशक में लाला लाजपत राय ने साम्राज्यवादी तथा अहंकारी वायसराय लॉर्ड कर्जन के रूसी 'जार-सरीखे'[48] तथा औरंगजेबी कानूनों की भर्त्सना की तथा बंग-भंग का खुलकर विरोध किया। लाजपत राय ने स्वदेशी तथा बायकाट में बढ़-चढ़ कर भागीदारी की। इसके बारे में उन्होंने कहा,[49] "जबकि सैकड़ों वर्षों के शब्दों तथा कागजी आन्दोलन असफल रहे, इन 6 या 12 महीनों में सही कार्य ने सफलता प्राप्त की।" लाला लाजपत राय व सरदार अजीत सिंह के नेतृत्व में ही पंजाब में राष्ट्रवादी आन्दोलन शीर्ष पर पहुँचा।

लाला लाजपत राय को उनकी ब्रिटिश सरकार के प्रति विद्रोही भाषणों तथा लेखों के आधार पर बिना किसी न्यायिक जाँच के 9 मई 1907 ई. को लाहौर में पकड़ा गया। और भारत से निष्कासित कर जेल भेज दिया गया। उनकी गिरफ्तारी आंग्ल-इंडियन प्रेस के योजनापूर्वक प्रचार का परिणाम थी।[50] शीघ्र ही उनकी गिरफ्तारी की गूँज न केवल पंजाब अथवा भारत में ही नहीं बल्कि ब्रिटिश पार्लियामेंट के गलियारों तक पहुँची। इस सन्दर्भ में गोपाल कृष्ण गोखले ने लॉर्ड मिंटो को पत्र लिखा।[51] उन्हें छोड़ दिया गया। सर हेनरी कॉटन ने लाला लाजपत राय को पंजाब का 'डॉक्टर किलोफोर्ड' कहा। भारत के वायसराय लॉर्ड मिंटो ने अपनी गलती स्वीकार की तथा उनकी गिरफ्तारी को जल्दबाजी, अन्यायपूर्ण तथा मामूली प्रमाणों पर आधारित स्वीकार किया। लाला लाजपत राय जैसे व्यावहारिक रूप से राष्ट्रीय नेता थे, वैसे ही एक महान विचारक, चिन्तक तथा लेखक भी थे। सर्वप्रथम उन्होंने पंजाब के युवकों में देशभक्ति तथा राष्ट्रीयता की भावना पैदा करने के लिए मेजिनी तथा गैरीबाल्डी के जीवन-चरित्र लिखे। सरकार ने इन पुस्तकों का अंग्रेजी अनुवाद कराकर इसके आधार पर मुकदमा चलाने का विचार किया था। उन्होंने महान भारतीय पुरुषों शिवाजी, दयानन्द तथा श्रीकृष्ण के जीवन चरित्र लिखे। उन्होंने 'शिवाजी' ग्रन्थ में खाँ तथा शाइस्ता खाँ के विरुद्ध उनके संघर्षों का समर्थन किया तथा उनकी गुरिल्ला युद्ध-नीति का समर्थन किया। कृष्ण के जीवन को तोड़-मरोड़कर रखने की आलोचना की। उन्होंने अपने अमेरिकी जीवन में, बोस्टन में अपनी प्रसिद्ध पुस्तक 'यंग इंडिया' लिखी, जो अनेक क्रान्तिकारियों के लिए मार्गदर्शक थी। अंग्रेजों ने उनके भारत में

आगमन पर प्रतिबन्ध लगा दिया था। उन्होंने 'इंग्लैण्ड डेब्ट टू इंडिया', 'ओपेन लेटर टू मोन्टेग्यू' लिखा। इसके अलावा 'नेशनल एजुकेशन', 'अनहैप्पी इंडिया', 'द पोलिटिकल फ्यूचर ऑफ इंडिया', 'आर्य समाज', 'इंडिया विल टू फ्रीडम' आदि प्रसिद्ध ग्रन्थ लिखे। उन्होंने भारत में प्राचीन इतिहास पर उर्दू में पुस्तक लिखी। पत्र-पत्रिकाओं के माध्यम से उन्होंने राष्ट्रीय जागरण का अद्‌भुत कार्य किया। पंजाबी पत्र 1904 में प्रारम्भ किया था। अमेरिका में 'यंग इंडिया' पत्र भी प्रारम्भ किया था। वापस लौटने पर प्रसिद्ध पत्र 1920 में 'वन्देमातरम्' तथा 'पीपुल' प्रारम्भ किये। लाला लाजपत राय ने युवकों की राष्ट्रीय सेवा की शिक्षा के लिए 'लोकसेवक मंडल' की स्थापना की। इसके सदस्यों में अनुशासन, दैनिक व्यायाम, धार्मिक चिन्तन, सेवाभाव जाग्रत किया। वे अछूतोद्धार आन्दोलन के जनक थे। उन्होंने मजदूरों का नेतृत्व किया तथा भारत के इतिहास में पहले व्यक्ति थे जिन्होंने 'अखिल भारतीय ट्रेड यूनियन कांग्रेस' की स्थापना की। लाला लाजपत राय के जीवन के अन्तिम दो वर्ष राजनीतिक दृष्टि से सर्वाधिक महत्त्वपूर्ण थे। भारत के भविष्य को निर्धारित करने के लिए 1927 ई. में साइमन कमीशन की नियुक्ति की गयी, जिसके सातों सदस्य अंग्रेज थे। इस कमीशन का लाला लाजपत राय ने खुलकर विरोध किया। यह कमीशन अक्टूबर, 1988 ई. में जब लाहौर पहुँचा तो हजारों नवयुवकों के साथ लाजपत जी ने विरोध किया। ब्रिटिश सरकार ने इस विरोध के दमन के लिए अमानुषिक ढंग से लाठियों के प्रहार किये। इसमें लाला लाजपत राय बुरी तरह से घायल हो गये जो उनकी मृत्यु का कारण भी बना। फिर भी उनकी सिंह गर्जना होती रही। तथा उन्होंने कहा, "मुझ पर की गयी एक-एक चोट, ब्रिटिश साम्राज्य के कफन में एक-एक कील सिद्ध होगी।" प्रसिद्ध विद्वान कृष्णबल्लभ द्विवेदी ने उनके बारे में लिखा कि, 'उनका जीवन प्रवाह एक ऐसे उमड़ते नद का प्रवाह था जो एक ओर शुद्ध राष्ट्रीयता तथा दूसरी ओर आर्य संस्कृति की अपनी महान वसीयत—दोनों के ही ऊँचे किनारों के कगारों का विस्तार छूता हुआ आगे बढ़ा।' वे एक महान कर्मयोगी थे जो जीवनपर्यन्त मातृभूमि की सेवा में तत्पर रहे।[52]

रवीन्द्रनाथ ठाकुर (1861-1941 ई.)

महाकवि रवीन्द्रनाथ ठाकुर को 'तीन' का संयोग बतलाया गया है।[53] ये हैं कवि, दार्शनिक तथा देशभक्त। वे काव्य, संगीत, नृत्य साहित्य में राष्ट्रीय कवि वाल्मीकि तथा कालिदास की भाँति थे। दूसरे अपनी रचनाओं द्वारा बौद्धिक विरासत में उन्होंने राष्ट्र में पुनर्जागरण किया। शान्ति निकेतन जैसा एक अन्तर्राष्ट्रीय शिक्षा केन्द्र दिया। तथा सन्तुलित राष्ट्रीयता-सम्बन्धी विचारों द्वारा देशभक्ति का परिचय दिया। 1905 में उन्होंने बंग-भंग के विरुद्ध आन्दोलन में बढ़-चढ़ कर भाग लिया। स्वदेशी तथा स्वराज्य-आन्दोलन का पूर्ण समर्थन किया था। टैगोर ने सामाजिक सुधारों में

रुचि ली। उन्होंने इसके निमित्त 'भण्डार' पत्रिका निकाली। सन् 1909-12 ई. तक उन्होंने अपना पूरा ध्यान लेखन की ओर आकृष्ट किया। कई नाटक तथा कहानियाँ लिखीं। उन्होंने 1911 ई. में 'जन मन गण' गीत की रचना की जो स्वतन्त्र भारत का राष्ट्रगान बना। उनकी प्रमुख रचना 'गीतांजलि' है जो उन्होंने 1910 ई. में लिखी। उन्होंने विश्वास प्रकट किया कि भारत जागेगा, व्यक्तिगत स्वतन्त्रता होगी तथा सामाजिक व्यवस्था सुधरेगी।[54] 1913 ई. में गीतांजलि पर साहित्य के क्षेत्र में नोबल पुरस्कार मिला। वे एशिया के पहले व्यक्ति थे जिन्हें यह पुरस्कार मिला। महाकवि रवीन्द्रनाथ टैगोर ने लगभग 3,000 रचनाएँ कीं, जिनमें उन्होंने कथा-साहित्य, उपन्यास, गद्य-ग्रन्थ, नाटक, कविताएँ, कला, चित्रकला, संगीत आदि विभिन्न विषयों पर लिखा। उन्होंने उपन्यास के माध्यम से सामाजिक कुरीतियों तथा राजनीतिक समस्याओं के प्रति राष्ट्र में जागृति पैदा की। उदाहरणतः 'गोरा' में उन्होंने एक स्थान पर लिखा, 'जो अन्याय, अत्याचार को चुपचाप सह लेता है, वह भी दोषी है। इसके द्वारा वह अन्याय को आश्रय देता है।[55] रवीन्द्रनाथ ठाकुर ने अपने लेखों में सामाजिक सुधारों द्वारा स्वतन्त्रता की बात की। यद्यपि 1915 ई. में सरकार द्वारा उन्हें 'सर' की उपाधि दी गयी थी, परन्तु 1919 ई. में जलियाँवाला बाग-हत्याकाण्ड ने उन्हें अत्यधिक विचलित कर दिया था। इस बात पर उन्होंने 'सर' की उपाधि त्याग दी थी। इसी समय उनका सम्बन्ध महात्मा गाँधी से प्रगाढ़ हो गया था। गाँधी जी ने रवीन्द्रनाथ को 'गुरुदेव' तथा रवीन्द्रनाथ ने उन्हें 'महात्मा' कहा था।

राष्ट्रवाद के सन्दर्भ में रवीन्द्रनाथ ठाकुर का यह विचार था कि यह व्यक्तियों में अनियन्त्रित भावनाओं को जगाता है। अतः इसे लोकसंग्रह के रूप में नहीं चाहते थे।[56] इसी कारण उन्होंने गाँधी जी के असहयोग आन्दोलन में भाग नहीं लिया। जहाँ वे गाँधी जी के राष्ट्रवाद के विचार से सहमत थे तथा इसे आहत संस्कृति अस्तित्व के प्रकट करने का मार्ग बतलाते थे, वहाँ टैगोर अस्तित्व के विचार को सही मानते थे परन्तु राष्ट्रवाद द्वारा विभाजन तथा दूरियों से परेशान भी। अपने जीवन के अन्तिम काल में वे द्वितीय महायुद्ध की विभीषिका से आहत थे। अप्रैल, 1940 ई. में उन्होंने भारत के स्वतन्त्रता संग्राम का जोर-शोर से समर्थन किया। उन्होंने ब्रिटिश दमन तथा उदासीनता का कटु विरोध किया। इसी सन्दर्भ में उन्होंने 'सभ्यता का संकट' नामक ग्रन्थ लिखा।[57]

महात्मा गाँधी (1869-1948 ई.)

महात्मा गाँधी भारतीय राजनीतिक आन्दोलन के सर्वोच्च नेता थे। जिन्होंने तीन दशकों (1919-1948 ई.) तक भारतीय राजनीति तथा राजनीतिक आन्दोलनों का नेतृत्व किया। साथ ही वह कर्तव्यनिष्ठ हिन्दू, पाश्चात्य सभ्यता के कटु आलोचक, ईसाइयत के विरोधी तथा कम्युनिस्टों के कट्टर शत्रु थे। 20वीं शताब्दी में देश-विदेश में शायद

ही कोई ऐसा लेखक, राजनीतिज्ञ, चिन्तक, विचारक होगा जो इस विस्मयकारी हिन्दू से प्रभावित न हुआ हो। सम्भवतः विश्व में उनके जीवन और कार्यों पर सर्वाधिक ग्रन्थ, लेख तथा आलोचनाएँ लिखी गयी हों। कुछ विद्वानों ने इस संघर्ष-काल को (1919-1947 ई.) 'गाँधी युग' के नाम से भी पुकारा है। बहुत दिनों तक उनके साथ रहने वाले हेनरी पोलक ने एक बार कहा था, 'तुम नहीं कह सकते गाँधी यह वस्तु है वह वस्तु है। विश्वास के साथ तो तुम इतना ही कह सकते हो कि वे यहाँ हैं, वहाँ हैं। प्रत्येक स्थान पर उनका प्रभाव शासन करता है, उनका अधिकार राज्य करता है, उनका व्यक्तित्व प्रत्येक स्थान पर फैल गया है और ऐसा तो होना ही चाहिए, यही बात सभी महापुरुषों के लिए सत्य है कि वे परिभाषा के परे और अगम्य हैं।' गाँधी जी के जीवन पर भारतीय चिन्तन, जीवन मूल्यों तथा ग्रन्थों का बड़ा प्रभाव था। उन्होंने वेदों, उपनिषदों, भगवद्गीता तथा स्मृतियों का अध्ययन किया था। उनको वेदों की पवित्रता पर पूर्ण विश्वास था।[58] वे गीता के भक्त थे तथा कर्म के अटल सिद्धान्त में पूरा विश्वास करते थे। उनका मत था कि गीता का आदर्श तो सदा सर्वदा के लिए सत्य है। उनकी सदैव यह इच्छा रही कि गीता को कंठस्थ कर लें। उन्होंने गीता को माता कहा। वे गीता को अपना दैनिक आध्यात्मिक आहार बतलाते थे। उपनिषदों का अध्ययन करते समय ईशोपनिषद् के बारे में उनका यह कथन था कि यदि सारे उपनिषद् तथा हमारे अन्य सारे धर्म ग्रन्थ अचानक नष्ट हो जायें और यदि ईशोपनिषद् का केवल पहला श्लोक हिन्दुओं की स्मृति में कायम रहे तो भी हिन्दू धर्म सदा जीवित रहेगा। गाँधी जी ने स्पष्ट रूप से कहा कि यह मन्त्र समाजवादियों और साम्यवादियों और अर्थशास्त्रियों सबका समाधान कर देता है, जो लोग हिन्दू धर्म के अनुयायी नहीं हैं। 1915 ई. में दक्षिण अफ्रीका से वे भारत आये और तभी से भारतीयों की समस्याओं के निराकरण में लग गये। ब्रिटिश सरकार की भारतीयों के प्रति दमन और क्रूर नीति ने अंग्रेजों के प्रति सहयोगी से असहयोगी बना दिया तथा उनके द्वारा भारत में अनेक राष्ट्रव्यापी आन्दोलन चलाये गये थे। उनकी राम-राज्य की परिकल्पना ही उनकी राजनीति का आधार थी।

गाँधी जी व्यक्तिगत रूप से हिन्दू धर्म के महान पोषक, प्रेरक तथा सन्देश वाहक थे। उन्होंने सत्य की अथक खोज का ही दूसरा नाम 'हिन्दू-धर्म' बतलाया। यह धर्म कोई सत्तारोपित नहीं है तथा निश्चित रूप से हिन्दू धर्म सबसे अधिक सहिष्णु धर्म है। गाँधी जी का स्पष्ट मत था कि हिन्दू धर्म में सैद्धान्तिक कट्टरता नहीं है।[59] गाँधी जी ने हिन्दू होने का गर्व बतलाते हुए लिखा, 'मैं वंशानुगत गुणों के प्रभाव पर विश्वास रखता हूँ और मेरा जन्म एक हिन्दू परिवार में हुआ है। इसलिए मैं हिन्दू हूँ।' इसके साथ ही उन्होंने अपने को सनातनी हिन्दू कहते ही इसका कारण, वेद, उपनिषदों, पुराणों और हिन्दू धर्म ग्रन्थों में पूर्ण आस्था, अवतारों और पुनर्जन्म में विश्वास, विशुद्ध वैदिक आधार पर वर्णाश्रम धर्म तथा गोरक्षा व्यापक विश्वास तथा

मूर्तिपूजा में अविश्वास न करने की वजह बतलायी। गाँधी जी ने विश्व में हिन्दू धर्म तथा संस्कृति को सभी धर्मों की जननी कहा है तथा भारतीय सांस्कृतिक जीवन मूल्यों को पुनःप्रतिष्ठित किया। उन्होंने भारत में ईसाइयों के प्रयासों, पाश्चात्य अंधानुकरण की आलोचना की तथा भारत में मार्क्सवादी चिन्तन की जड़ें न जमने दीं।[60] वे सनातन हिन्दू धर्म तथा सनातन भारतीय राष्ट्र के प्रमुख नायक थे।

महर्षि अरविन्द घोष (1872-1950 ई.)

श्री अरविन्द घोष एक आदर्श दार्शनिक तथा राष्ट्रीय स्वतन्त्रता आन्दोलन के उच्च कोटि के नेता थे।[61] उन्होंने भारतीय दार्शनिक चिन्तन अद्वैत, विशिष्टाद्वैत तथा द्वैत को जोड़कर एकात्मक वेदान्त का गम्भीर विवेचन किया है। उन्हें भारतीय राष्ट्र का पैगम्बर भी कहा जाता है। उन्होंने मानवता के विकास के लिए भारतीय स्वाधीनता तथा एकता, एशिया का पुनरुत्थान और उसकी स्वतन्त्रता, मानवजाति का एकीकरण, संसार को भारत के आध्यात्मिक ज्ञान की देन तथा आत्मा तथा आन्तरिक चेतना की अभिवृद्धि की पंचसूत्रीय योजना प्रस्तुत की। भारत की राजनीति तथा क्रान्तिकारी गतिविधियों में उनका कार्यकाल 1906-1910 ई. तक रहा। इसी बीच 1902, 1905, 1906 व 1907 ई. के कांग्रेस अधिवेशनों में भाग लिया था। उन्होंने प्रसिद्ध पत्र 'वन्देमातरम्' का सम्पादन किया तथा 1907 ई. इसके अंकों में निष्क्रिय प्रतिरोध के सिद्धान्त के समर्थन में लेख लिखे। वन्देमातरम् में छपे कुछ लेखों के कारण इन्हें लगभग एक मास तक कारावास में रखा गया। 1908 ई. में पुनः क्रान्तिकारियों के साथ सम्बन्धों के आधार पर उन्हें मई 1908 ई. से मई 1909 ई. तक अलीपुर जेल में रखा गया।

1910 में वे देश की सक्रिय राजनीति को त्याग कर आध्यात्मिक साधना के लिए पाण्डिचेरी चले गये। यद्यपि उन्हें वापिस लाने के प्रयास होते रहे। परन्तु महर्षि अरविन्द ने जहाँ राजनीति का त्याग किया, वहाँ उसे राष्ट्रीय चेतना की अत्यन्त उच्चावस्था तक पहुँचाया। महर्षि अरविन्द के राष्ट्रीयता सम्बन्धी विचारों को उनके समग्र समन्वयवादी दर्शन के अन्तर्गत ही समझा जा सकता है। निःसन्देह वे भारत में राष्ट्रीयता के पुनर्जागरण काल के प्रथम तथा सबसे महत्त्वपूर्ण नेताओं में आते है।[62] इस बारे में उनका स्वयं का कथन है, "आध्यात्मिक राष्ट्रीयता कोई मानसिक अवधारणा मात्र नहीं है और न ही मात्र कोई गुप्त आत्मविद्या ज्ञान। यह भौतिक जगत में नवीन आध्यात्मिकता का जीवन्त रूप है। भारतीय परम्परा में राष्ट्रीयता का सरल तात्पर्य है कि दिव्य जननी मातृभूमि के रूप में उसके जड़ चेतन मूर्त और अमूर्त विग्रह के प्रति प्रेम और भक्ति। उन्होंने राष्ट्रीय जीवन में वेदान्त और धर्म के प्रभाव को अत्यन्त महत्त्वपूर्ण माना है। वे आधुनिक राजनीति सिद्धान्त का सबसे बड़ा दोष यह मानते हैं कि इसने राजनीति को क्रूरतापूर्वक धर्म से अलग कर दिया।"[63]

उनका मत है कि यद्यपि महात्मा गाँधी ने धर्म और राजनीति का मिलन स्वीकार किया, परन्तु वे इस व्यवस्था को स्थापित करने में बुरी तरह असफल रहे। उन्होंने वर्तमान कालों के मानव इतिहास में आध्यात्मिकता के आभाव को सही राष्ट्रीयता के अभाव का मूल कारण बतलाया। उन्हें लगता है कि सही राष्ट्रीयता तभी होगी जब यह आध्यात्मिकता साम्राज्यवाद का रूप ले।

उन्होंने 'महाभारत की समस्या', 'महाभारत पर टिप्पणियाँ', 'उर्वशी', 'लव एण्ड डेथ', 'सावित्री महाकाव्य' तथा संस्कृत ग्रन्थों के कुछ अंशों के अनुवाद किये। उन्होंने बाँग्ला में 'धर्म' तथा अंग्रेजी में 'कर्मयोगी' पत्रिकाएँ निकालीं। उन्होंने यूरोप तथा अन्य देशों के इतिहास का गम्भीर अध्ययन किया तथा भारत के गुप्त क्रान्तिकारी दलों की भी जानकारी प्राप्त की। वे राजनारायण बसु से भी बड़े प्रभावित थे। सम्भवतः भगिनी निवेदिता ने उन्हें क्रान्तिकारी आन्दोलन में भाग लेने की प्रेरणा दी थी। भगिनी निवेदिता के बारे में उन्होंने लिखा, 'वह क्रान्तिकारी नेताओं में से एक थे। वह लोगों के सम्पर्क में आने के लिए इधर-उधर बहुत से स्थानों पर घूमीं। वह एक खुली किताब थीं और हर एक के साथ क्रान्ति के बारे में खुलकर बोला करती थीं। वहाँ लुका-छिपी न थी।'[64] 15 अगस्त, 1972 की घटित वास्तविकता, जो कि 15 अगस्त 1947 को भारत की स्वतन्त्रता से जोड़कर देखी गयी। स्वयं श्री अरविन्द जी के ये शब्द साक्ष्य बनकर प्रस्तुत हुए—"15 अगस्त मेरा जन्मदिन है और स्वभावतः ही यह मेरे लिए प्रसन्नता की बात है कि इस दिन ने इतना विशाल अर्थ तथा महत्त्व प्राप्त कर लिया है। परन्तु इसके भारतीय स्वाधीनता-दिवस भी हो जाने को मैं कोई आकस्मिक संयोग नहीं मानता, बल्कि यह मानता हूँ कि जिस अर्थ को लेकर मैने जीवन आरम्भ किया था, उसको मेरा पथ-प्रदर्शन करने वाली भागवत शक्ति ने मंजूर कर लिया है और उसपर अपनी मुहर भी लगा दी है तथा यह कार्य पूर्ण रूप से सफल होना आरम्भ हो गया है।"[65]

उपरोक्त विवेचन के आधार पर कहा जा सकता है कि पं. मदन मोहन मालवीय का जन्म एक ऐसे कालखण्ड में हुआ था जिस समय भारत नवोन्मेष अर्थात् नवजागरण के साथ-साथ स्वतन्त्रता प्राप्ति के लिए संघर्षरत था। वस्तुतः यह समय भारत में बौद्धिक व वैचारिक जागरण का था। तत्कालीन तमाम समाज सुधारकों और राष्ट्रीय चिन्तकों के प्रयासों से सम्पूर्ण भारत अपनी मूल राष्ट्रीय व आध्यात्मिक चेतना की ओर लौटने के लिए बेचैन था। यहाँ यह भी कहना इतिहास सम्मत होगा कि व्यक्ति के व्यक्तित्व पर समसामयिक परिस्थितियों तद्जनित वातावरण का प्रत्यक्ष प्रभाव होता है। यही बात मालवीय जी के सन्दर्भ में उचित प्रतीत होती है। पं. मदन मोहन मालवीय जी की जन्मावधि में ही इस रत्नगर्भा मातृभूमि से अनेक महापुरुषों का जन्म हुआ था। यह एक देवी संयोग ही था, इस कालावधि में स्वामी दयानन्द, रामकृष्ण परमहंस, स्वामी विवेकानन्द, डॉ. केशव बलिराम हेडगेवार, महात्मा गाँधी, बाल गंगाधर

तिलक, महर्षि अरविन्द, लाला लाजपत राय आदि जैसे रत्नों को भारत-भू ने अपने नवोत्थान के लिए चुना। पं. मदन मोहन मालवीय भी ऐसे ही धर्मनिष्ठ राष्ट्रवादी थे जिनका जन्म उन परिस्थितियों में हुआ जब भारत अपनी वैचारिक, सामाजिक, धार्मिक, राजनीतिक स्वतन्त्रता को प्राप्त करने के लिए संघर्षरत था। महामना मदन मोहन मालवीय जी के जन्म के समय की भारतीय परिस्थितियाँ और उस समय के महापुरुषों के जन्म ने भारतीय स्वतन्त्रता की ऐसी नींव रखी जिसका परिणाम 15 अगस्त सन् 1947 को सामने आया। सन् 1857 ई. से लेकर सन् 1947 ई. तक के संघर्ष के नायक और साक्षी रहे पं. महामना मदन मोहन मालवीय जी का जन्म महाविप्लव (1857 की क्रान्ति) के ठीक 4 साल पश्चात् 1861 में और देहावसान आजादी (1947) से पूर्व 1946 में हुआ।

महामना के पूर्वज

महामना मदनमोहन मालवीय जी के पूर्वज मालवा के मूल निवासी थे। विन्ध्य पहाड़ियों पर आधारित मालवा का प्रदेश एक त्रिभुजीय पठार है। यह उत्तर-पश्चिम में चम्बल, दक्षिण में नर्मदा, पूर्व में वेतवा तथा बुन्देलखण्ड और पश्चिमी गुजरात से विशिष्टतः 'मालवा' है।[66] मालवा के सम्बन्ध में कबीरदास जी का कथन है कि–'देश मालवा गहिर गम्भीर, पग-पग रोटी डग-डग नीर।'[67] मालवीय जी के पूर्वज 'प्रमाण वर्ष' विक्रम संवत् 1506[68] में मालवा छोड़कर अन्य स्थानों की ओर निकले। उस समय मालवा का सुल्तान महमूद खिलजी (1436-1469) था, इसी के राज्यकाल में मालवीय जी के पूर्वज मालवा से सन् 1449 ई. में पलायन कर उत्तर प्रदेश गये। मालवीय जी के पूर्वजों के मालवा से पलायन के सम्बन्ध में एक विशेष बात सामने आती है कि सुल्तान महमूद के अधीन मालवा के एक हिन्दू राजा को सनक सवार हुई कि ब्राह्मणों के दोनों दलों को एक पंगत में बैठाकर भोजन करावें। इनमें एक थे पंचगौड़ और दूसरे थे पंचद्रविड़ ये दोनों ही ब्राह्मण थे लेकिन इनमें रोटी-बेटी का सम्बन्ध नहीं था।[69] इसका मुख्य कारण था, इनके रहन-सहन, बोल-चाल में जमीन-आसमान का अन्तर। बहुत से ब्राह्मण इस निमन्त्रण पर राजी नहीं हुए उनमें से गौड़ ब्राह्मणों का 'कौडिया' या कुरहरा नाम का एक गाँव था, उन्हें भी इस भोज का निमन्त्रण मिला था। वहाँ के कुछ ब्राह्मण खेती किया करते थे और कुछ कर्मकाण्ड वृत्ति से अपनी आजीविका उपार्जित किया करते थे। यहाँ के ब्राह्मणों ने इस बात को अपने धर्म-विरुद्ध समझा इसलिए उन्होंने निमन्त्रण स्वीकार नहीं किया। लेकिन वह राजा का विरोध करने की स्थिति में भी नहीं थे। अतः उन्होंने अपनी मातृभूमि छोड़ना ही श्रेयस्कर समझा। इनमें से एक दल मिर्जापुर (उत्तर प्रदेश) आ गया जो समय के प्रवाह में बहकर व्यापार में लग गया। पर दूसरा दल विद्वान ब्राह्मणों का था उन्होंने कुछ और भूमि नापी और पटना (बिहार) तक पहुँच गये लेकिन वहाँ पर जब इनकी

वृत्ति से जीविका प्राप्त होने में अड़चन पड़ने लगी तो ये पीछे की ओर लौटे और आकर प्रयाग (इलाहाबाद) में बस गये।

जन्म

मदन मोहन मालवीय जी ने स्वयं अपने जन्म के बारे में बताया है कि 'मेरा जन्म पौष-कृष्ण 8, बुधवार, संवत् 1918 विक्रमी (25 दिसम्बर, 1861[70]) को (सन्ध्या, 6 बजकर 54 मिनट पर) हुआ।' महामना की जन्मकुण्डली ज्योतिषाचार्य पंडित रामव्यास पाण्डेय ने तैयार की थी–

श्री शुभ विक्रम संवत् 1918 शालिवाहनीय शक 1783, पौष कृष्ण अष्टमी, बुधवार, तदनुसार ता. 25 दिसम्बर सन् 1861 ई., सूर्योदय से इष्टकाल 30/17 अर्थात् सायंकाल 6 बजकर 54 मिनट पर प्रयाग नगर के अक्षांश 25°/22' काशी से देशान्तर घं.प. 11 वि. 40 पर हस्त नक्षत्र के 4 चरण में श्री पूज्यपाद पंडित मदन मोहन मालवीय जी का जन्म हुआ।

इनकी कुण्डली में फलित ज्योतिष के अनुसार गुरुचान्द्री योग अत्यन्त उत्तम है, क्योंकि मनकारक चन्द्रमा, ज्ञानकारक गुरु दोनों का योग पराक्रम स्थान में है। इसी कारण धर्म में दृढ़ता, पराक्रम-शीलता, दृढ़-संकल्पता, आशा-मूलकता, परोपकारिता, पवित्रता तथा निर्भीकता आदि साहसमय कार्यों की पराकाष्ठा का योग होता है, षष्ठ में सूर्य राहु का योग प्रबल शत्रुहन्तायोग कारक है, किन्तु मनोऽमिलषित सिद्धि में बुध के कारण आर्थिक न्यूनता पड़ जाती है तथापि सूर्य के प्रबल होने के कारण बाधाओं के बीच से लक्ष्य तक पहुँच ही जाना होगा। एक बात विचित्र है जो प्राचीन रीति के मतानुसार सिद्ध होती है, वह यह कि लोकमान्य तिलक ही और इनकी कुण्डली दोनों में लग्न गुरुचान्द्रीयोग, मंगल और शत्रुहन्तायोग इनकी बिल्कुल समानता है। केवल लोकमान्य तिलक की कुण्डली में गुरुचान्द्रीयोग को न्यून करने वाला तथा कारावासादि कष्ट देने वाला राहु का योग है जो इनमें नहीं है।

इस कुण्डली के उच्चगृह में गुरुचान्द्रीयोग है, इसी कारण जन्म से ही–

लसल्लक्ष्मीलीलावसतिरनिशं वेदविहित,
स्फुरद्-धर्माचारः स्मितमुचखपयोदः प्रतिदिनम्।
अतीव प्रख्यातः स जयति गुणानांजननभू,
मंदीयोऽयं देशो हरिरिव सदानन्दजनकः॥

इस परम पवित्र मन्त्र का उच्चारण अहर्निश हुआ करता रहेगा।

उनके जन्म पर अपनी पुस्तक 'आलोक पुरुष : पं. मदन मोहन मालवीय' में भरतराम भट्ट ने लिखा कि–

पच्चीस दिसम्बर, अट्ठारह सौ इकसठ,
अवतरित हुआ था एक महा मन!

आचरण से सर्वथा पुरातन,
किन्तु व्यवहार से था अद्यतन।
शुभ्र मन, शुभ्र तन अरु-वेशभूषी,
संस्कृत, संस्कृति मंडित, हिन्दी भाषी।
राष्ट्रोन्नति-प्रगति, प्रेम भक्ति आशी,
नैराश्य मुक्त, श्रद्धा-विस्वास अभिलासी।[71]

मालवीय जी के जन्म के विषय में एक प्रसंग आता है कि, कहते हैं कभी किसी काल में पं. ब्रजनाथ अपने पितरों का श्राद्ध करने गयाजी गये हुए थे। उस समय पुरोहित जी ने उनसे पूछा, पं. जी कहिये आप क्या आशीर्वाद चाहते हैं? पं. ब्रजनाथ जी ने कहा, "मैं ऐसा पुत्र चाहता हूँ जैसा न पहले कभी किसी के यहाँ हुआ और न ही भविष्य में होगा।" पुरोहित जी ने आशीर्वाद दे दिया। परिवार को मालवीय जी का जन्म उसी आशीर्वाद का प्रतिफल लगा।[72] संक्षेप में 1857 के स्वतन्त्रता संग्राम के चार वर्ष पश्चात् उत्तर प्रदेश के पवित्र तीर्थ स्थान प्रयाग (गंगा, यमुना व सरस्वती नदियों का संगम) में पौष कृष्ण अष्टमी, संवत् 1918 विक्रमी दिन बुधवार अर्थात् 25 दिसम्बर सन् 1861 ई. को लालडिग्गी (वर्तमान अहियापुर) के कूँचा साँवलदास मोहल्ले में (जो आगे चलकर भारती भवन के नाम से प्रसिद्ध हुआ), सन्ध्याकाल 6 बजकर 54 मिनट पर शुभ मुहूर्त पर पिता श्री ब्रजनाथ व्यास जी के घर माता श्रीमती मूना देवी की कोख से भारद्वाज गोत्रीय गौड़ चतुर्वेदी ब्राह्मणपरिवार में तृतीय पुत्र एवं पाँचवीं सन्तान[73] के रूप में मदन मोहन मालवीय जी का जन्म हुआ।

जन्म स्थान (तत्कालीन प्रयाग)

मालवीय जी के जन्म के समय का प्रयाग वर्तमान प्रयाग से सर्वथा भिन्न था। उस समय खपरैल के मकानों का एक बड़ा देहात था। तब ये खुली, चौड़ी व चिकनी सड़कें नहीं थीं। धार्मिक दृष्टि से प्रयाग का बहुत महत्त्व था। गंगा, यमुना व सरस्वती का संगम होने के कारण न केवल त्रिवेणी अपितु अक्षय वट भी वहाँ की विशेषता और आकर्षण का केन्द्र था। पर्व के दिनों में भारत के सुदूर प्रदेशों से (चारों दिशाओं से) तीर्थयात्री प्रयाग में आकर वास करते थे। तीर्थ स्थान होने के कारण भक्तों ने मन्दिर और धर्मशालाएँ बनवायी थीं जहाँ से साँझ-सवेरे भगवान् के भजन, शंख की गूँज और घण्टे घड़ियालों की टन् टन् से वातावरण गुंजायमान रहता था। धनाढ्य जमींदारों और व्यापारियों की कुछ हवेलियाँ भी थीं। आज जहाँ घनी बस्ती और बड़ी-बड़ी दुकानें दिखाई पड़ रही हैं, वहाँ खुला जंगल था। जहाँ बस्ती थी वहाँ गलियोंनुमा सड़कें थीं जो मेलों के दिनों में ठसा-ठस भर जाती थीं। उस समय लोगों के प्रयाग आने का सबसे महत्त्वपूर्ण कारण होता था संगम में डुबकी लगाना। वहाँ के चौक के दक्षिण की ओर एक मोहल्ला है जो अब भारती भवन कहलाता है। उस

समय उसका नाम सूर्यकुण्ड या लालडिग्गी थी। इसी मोहल्ले में एक नाला था और उसके पास कुछ ब्राह्मणों के घर थे। उसी में एक छोटा कच्चा-पक्का मकान था, जिसमें छोटा से आँगन, तीन ओर छोटी-छोटी कोठरियाँ थीं। नीचे सामने की ओर भगवान का एक ठाकुरद्वारा बना हुआ था। ऊपर खपरैल से छायी हुई कोठरियाँ थीं। इसी छोटे से घर में पं. ब्रजनाथ जी का बड़ा-सा परिवार रहता था। इसी घर के नीचे वाली एक छड़दार कोठरी में बालक मदन मोहन का जन्म हुआ।

पारिवारिक परिवेश

धर्म की रक्षा के लिए अपनी मातृभूमि को छोड़ देने वाले ये मालवीय ब्राह्मण भोजन, विवाह आदि के सम्बन्ध में कठोर नियमों का पालन करते थे। वे अपने जाति के बाहर लोगों के साथ विवाह एवं भोजन आदि का सम्बन्ध नहीं रखते थे। प्रयाग में आये श्री गौड़ ब्राह्मणों की संख्या अँगुलियों पर गिनी जाने लायक थी।[74] ये ब्राह्मण परिवार विद्वान थे, कथा वार्ता-कहते थे, विद्यार्थियों को पढ़ाते थे और भगवद्भजन करते थे। सन्तोष ही उनका धन था, व्यापार में रुचि नहीं थी, विनय के पुतले थे और दूसरे के आगे हाथ फैलाने का पाठ सीखा न था। इसलिए इनके घर सरस्वती का तो वास था किन्तु लक्ष्मी का वास न था। प्रयाग के श्री गौड़ ब्राह्मणों में भारद्वाज गोत्रीय चतुर्वेदी श्री विष्णु प्रसाद का परिवार अधिक प्रसिद्ध हुआ। जिनका प्रमुख कार्य पुराणों पर धार्मिक प्रवचन करना था। इन्हीं के पुत्र पंडित प्रेमधर जी 'परमभागवत्' हो गये थे। तड़के पौ फटने से पहले अँधेरे में उठकर गंगा स्नान को जाना और दिन-रात राधाकृष्ण की पूजा-उपासना करना ही इनका प्रमुख कार्य था। पं. प्रेमधर जी श्रीकृष्ण भगवान के परम भक्त थे। एक बार उन्होंने लगातार 108 दिन में 108 बार भागवत् का पाठ किया था। पंडित प्रेमधर जी की पाँच सन्तान हुईं—लालजी, बच्चूलालजी, गदाधरजी और ब्रजनाथजी।

माता-पिता (पारिवारिक स्थिति)

मदनमोहन मालवीय जी के पिता पं. ब्रजनाथ चतुर्वेदी अपने परम भागवत पिता के सुयोग्य पुत्र थे। अपने पिताजी की तरह ही उन्होंने भव्य सुन्दर शरीर, विमल बुद्धि और राधाकृष्ण की अनन्य भक्ति पायी। आपने संस्कृत की अच्छी शिक्षा अपने ननिहाल से प्राप्त की थी। पं. सीताराम चतुर्वेदी के अनुसार पं. ब्रजनाथ जी ने अपना प्रारम्भिक जीवन अपने ननिहाल में बिताया और सम्भवतः संस्कृत की शिक्षा वहीं से प्राप्त की। 24 वर्ष की आयु में ही पं. ब्रजनाथ जी भगवद्गीता के व्याख्याकार और कथावाचक (व्यास) के रूप में प्रसिद्ध हो गये थे। परमात्मा ने जैसा रूप दिया था वैसा ही सुमधुर कंठ भी। जब बोलते थे तो मानो मिश्री घोलते थे। एक तो मीठी बोली और फिर ब्रजभाषा—कोयल और बसन्त—बस सुनने वाले लट्टू हो जाते थे। आपकी कथा-शैली से प्रभावित होकर कितने ही भक्त आपके शिष्य बन गये। रीवाँ,

दरभंगा और काशी के महाराजाओं ने उनका बड़ा सम्मान किया। कितने ही रजवाड़े इन्हें गुरु मान चुके थे। आप बंसी बहुत अच्छा बजाते थे। आपके द्वारा गाया जाने वाला प्रसिद्ध भजन[75] था–

गीतिर्मधुरा गोपा मधुरा यष्टिर्मधुरा सृष्टिर्मधुरा।
दलितं मधुरं, कलितं मधुरं मधुराधिपतेरखिलंमधुरम् ॥
हृदयं मधुरं गमनं मधुरं वचनं मधुरं चरितं मधुरं।
वलितं मधुरं चलितं मधुरं भ्रमितं मधुरं दलितं मधुरं ॥
अधरं मधुरं वदनं मधुरं नयनं मधुरं वसनं मधुरं।
हसितं मधुरं कलितं मधुरं मधुराधिपतेरखिलंमधुरम् ॥

पं. ब्रजनाथजी द्वारा गाये जाने वाले इस भजन को सुनकर श्रोतागण मन्त्रमुग्ध होकर नाच उठते थे। उनकी इस कथा रसास्वादन कराने की कला से रीवां तथा दरभंगा के महाराजाओं ने आपका बड़ा सम्मान किया। पं. ब्रजनाथजी चाहते तो इन राजाओं की सहायता से अपने दारिद्र्य दुःख भगा सकते थे, किन्तु उन्होंने लोभवश कुछ भी नहीं किया और जीवन पर्यन्त किसी के आगे अपना हाथ नहीं फैलाया। भागवत् कथा से जो कुछ भी उन्हें मिलता था वह केवल उसी पर अपना अधिकार रखते थे। उनका मानना था कि जो कुछ भी मिला है उसी में परिवार का भरण-पोषण करना है। मालवीय जी के पौत्र पंडित पद्मकान्त मालवीय के अनुसार सन् 1857 के बाद अधिकांश भारतवासी पाश्चात्य वैतरणी में बहने लग गये थे[76], उनका रहन-सहन और वेश-भूषा तो विलायती हो ही रहे थे, साथ ही उनके हृदय और धर्म भी परिवर्तित होने लगे थे। प्रत्येक भारतवासी अंग्रेज बनते हुए गौरव का अनुभव करने लगा था। ऐसी बिगड़ी हुई सामाजिक व धार्मिक स्थिति में एक निर्धन किन्तु पवित्र विद्वान ब्राह्मण के घर मेरे बाबा स्वर्गीय पूज्य मदन मोहन मालवीय जी का जन्म हुआ। मुझे और मेरे परिवार को आज भी निर्धन ब्राह्मण कुलोत्पन्न कहलाने में महान् गर्व का अनुभव होता है। हमारे परबाबा स्वर्गीय पंडित ब्रजनाथ जी की 'श्रीमद्भागवत्' की कथा बाँचना ही मुख्य जीविका थी। उनका सिद्धान्त था कि जब कभी भागवत् की कथा हो, और उससे जो कुछ भी अन्न-वस्त्र प्राप्त हो, बस उसी से परिवार का पोषण होना चाहिए, इसके अतिरिक्त उनके पास और कोई साधन न व्यवसाय था। उनका कहना था कि पूजा में जो कुछ हमें मिल जाये वही मेवा है, उसी पर हमें सन्तोष करना चाहिए। वे अत्यन्त ही स्वाभिमानी, मृदुभाषी और सन्तोषी थे। मृदुभाषिता ने क्रोध को और सन्तोष ने लोभ को उनके पास फटकने नहीं दिया और इसीलिए इतने बड़े परिवार को लेकर भी ये सुखी रहे। वे पंडिताऊ ढंग का कलीदार अङ्गा पहनते और चौगोशिया टोपी या पगड़ी सिर पर रखते थे। गले में एक दुपट्टा पड़ा रहता, जिसपर जाड़े के दिनों में एक दुशाला डाल लिया करते थे। एक बार पाठ करते समय एक अंग्रेज आया और उसने उनसे प्रश्न किया। ये

मौन भाव से पाठ करते रहे, उसका कुछ उत्तर नहीं दिया। उसपर उसने इन्हें बेंत से छू दिया। ये तत्काल घर वापस आये और गोबर मलकर सचैल स्नान करके फिर पंचगव्य, पंचामृत ग्रहण करके अपनी शुद्धि की। धर्मरक्षक पंडित ब्रजनाथ जी ने भागवत्, रामायणादि धर्मग्रन्थों का अध्ययन और उनकी मनोहर व्याख्या की। उन्होंने एक भक्तिप्रतिपादक 'सिद्धान्तदर्पण' नामक ग्रन्थ भी लिखा, जिसको बाद में मदन मोहन मालवीय जी ने 1906 ई. में अभ्युदय प्रेस द्वारा प्रकाशित भी करवाया था। मदन मोहन मालवीय जी की माता श्रीमती मूनादेवी बड़ी ही सरल और कोमल हृदय वाली थीं। कठिन परिस्थितियों के बावजूद भी वह परिवार का पालन बड़े ही स्नेह पूर्वक करती थीं। घर के साथ-साथ आस-पड़ोस की सेवा भी वह बड़ी ही तत्परता से करती थीं। अपने बच्चों के साथ-साथ मुहल्ले के बच्चों को भी वह बहुत प्यार करती थीं। बच्चे उन्हें घेरे रहते थे। पिता पं. ब्रजनाथ कथा से जो कुछ भी पाते उसे माता मूनादेवी को सौंप देते। माता मूनादेवी उसी से पूरे घर का प्रबन्धन पूरी कुशलता के साथ करतीं। पं. ब्रजनाथ जी ने 1910 ई. में सतहत्तर वर्ष की अवस्था में गोलोक की शरण ली।

भाई-बहन

पं. ब्रजनाथजी के छः पुत्र और दो कन्याएँ हुईं। क्रमानुसार—लक्ष्मीनारायण, सुखदेई, जयकृष्ण, सुभद्रा, मदन मोहन, श्यामसुन्दर, मनोहर और बिहारीलाल। सबसे बड़े पुत्र लक्ष्मीनारायणजी ने महाजनी का पेशा अपनाया। शुरू में प्रयाग के लाला मनोहरदास के यहाँ काम किया, बाद में लालाजी की नौकरी छोड़कर अपना स्वतन्त्र आढ़त का काम करने लगे। जयकृष्ण थोड़ी अंग्रेजी और संस्कृत जानते थे। रेलवे डाक विभाग में नौकरी करने लगे। जयकृष्ण कुश्ती और सितार-वादन में भी प्रवीण थे। श्यामसुन्दरजी ने पहले धर्मज्ञानोपदेश संस्कृत शिक्षा पायी थी। बाद में थोड़ी अंग्रेजी की शिक्षा ग्रहण करने के उपरान्त बोर्ड के रेवेन्यू के दफ्तर में नौकरी की और सन् 1921 में पेंशन ली, उसके बाद बाकी का जीवन पूजा-पाठ में व्यतीत किया। मनोहरलालजी ने भी संस्कृत और अंग्रेजी की शिक्षा पायी थी। मनोहरलालजी बड़े ही तीव्र बुद्धि के थे लेकिन अल्पकाल में ही इनकी मृत्यु हो गयी। बिहारीलालजी ने भी संस्कृत और अंग्रेजी पढ़ी थी, पर व्यापार की ओर इनकी अधिक प्रवृत्ति थी। ये रेलवे की ठेकेदारी करने लगे और इनकी मेहनत के कारण रेलवे के प्रधान ठेकेदारों में इनकी गिनती थी। बड़ी बहन सुखदेई जी का विवाह मिर्जापुर में हुआ था। इनको कई सन्तानें हुई थीं कि दुर्भाग्यवश कोइ जीवित न रही। छोटी बहन सुभद्रा को अल्पावस्था में ही वैधम्य दुःख भोगना पड़ा।

बाल्यकाल, शिक्षा और विवाह

मालवीय जी के बाल्यकाल, शिक्षा और विवाह के विषय में स्वयं मालवीय जी ने

बड़े ही विस्तार से बताया है। "मेरा जन्म पौष कृष्ण अष्टमी, बुधवार, संवत् 1918 विक्रमी को हुआ। मैं लड़कपन में बड़ा चैतन्य रहता था। मेरे मोहल्ले में एक घुरहू साहू रहते थे; वे मुझे 'मस्ता' कहा करते थे। जब मैं पाँच वर्ष का हुआ, तब मेरा विद्यारम्भ कराया गया। उस समय प्रयाग में अहियापुर मोहल्ले में कोई पाठशाला नही थी। लाला मनोहरदास रईस की कोठी के चबूतरे पर जो तीन-सवातीन फुट चौड़ा और 10-15 फुट लम्बा था, टाट बिछाकर एक गुरुजी लड़कों को महाजनी पढ़ाया करते थे। गुरुजी कहीं पश्चिम के रहने वाले थे। वे पहाड़ा पढ़ाते थे। मैंने पहले पहल पढ़ना वहीं से आरम्भ किया। वहाँ से हरदेवजी की पाठशाला चला गया। उसका नाम था 'धर्मज्ञानदेश पाठशाला'। पं. हरदेव जी मथुरा की तरफ के रहने वाले थे, भागवत के गम्भीर विद्वान् और योग-साधक थे। वे गौ पालते तथा विद्यार्थियों को भी दूध पिलाया करते थे। धर्मज्ञानोपदेश पाठशाला सबेरे 6 बजे शुरू होती थी 9 बजे घण्टा बजता और सभी लड़के सभा-भवन में आ जाते। जब सब जमा हो जाते, तब कोई विद्वान या ऊपरी श्रेणी का कोई विद्यार्थी पंडित जी के आदेश के अनुसार कोई एक श्लोक पढ़ता, उसके एक-एक टुकड़े को सब विद्यार्थी दुहराते जाते। इस प्रकार सब विद्यार्थियों को 'मनुस्मृति', 'गीता' और नीति के कितने ही श्लोक कंठस्थ हो गये थे। मुझे कुछ श्लोक और स्तोत्र पिताजी ने याद करा दिये थे और कुछ गुरु हरदेव जी की पाठशाला में याद हो गये थे। आज तक मेरे मूलधन की पूँजी वही है। पं. हरदेव जी संगीत के प्रेमी थे। उन्होंने पहले एक अक्षर पाठशाला खोली, उनका अभिप्राय था कि कोई बालक निरक्षर न रहे। धार्मिक शिक्षा की तरफ गुरुजी का ज्यादा ध्यान था, साथ ही साथ शारीरिक बल बढ़ाने की भी शिक्षा देते थे। पाठशाला में वे कुश्ती भी लड़वाते थे। हरिदेव जी की पाठशाला में मैं संस्कृत 'लघु-सिद्धान्त कौमुदी' आदि पढ़ता था। यह पाठशाला अब मेरे मकान के पास दक्षिण की तरफ है और 'हरिदेव जी की पाठशाला' के नाम से प्रसिद्ध है। यह पाठशाला अब तक कायम है, इसमें अब संस्कृत कालेज की आचार्य परीक्षा के लिए विद्यार्थी तैयार किये जाते हैं। प्रान्तीय प्राठशालाओं में इसका स्थान ऊँचा है।

आठ वर्ष की अवस्था में मेरा यज्ञोपवीत संस्कार हुआ, पिताजी ने ही गायत्री-मन्त्र की दीक्षा दी थी। शायद, सन् 1868 में गवर्नमेंट हाईस्कूल खुला। मेरी इच्छा अंग्रेजी पढ़ने की हुई। माताजी से आज्ञा लेकर मैं स्कूल में भर्ती हो गया। उस समय फीस बहुत कम लगती थी। मेरे भाई को 3 आने देने पड़ते थे और मुझे डेढ़ आने। घंटाघर के पास जिस मकान में आजकल चुगी-घर है, उसी में हाईस्कूल था। उसमें ग्यारह क्लास थे। दो-दो सेक्शन थे। ग्यारहवें क्लास के दूसरे सेक्शन (आजकल की चौथी कक्षा) में मैं भरती हुआ था। बड़े भाई पं. जयकृष्ण को हेडमास्टर साहब बकते थे कि इतने छोटे बच्चे को स्कूल क्यों लाते हो? पं. जयकृष्ण मुझसे 6 वर्ष बड़े थे। मैं उन्हीं के साथ स्कूल जाया करता था। अंग्रेजी आरम्भ करने के बाद संस्कृत में कम

ध्यान देने लगा, तब मेरे चाचा ने मेरी माँ से कहा—'इसको अंग्रेजी पढ़ने में क्यों लगा दिया? संस्कृत पढ़ता तो बड़ा पंडित होता।' मुझ पर इसका प्रभाव पड़ा और मैं स्कूल और कॉलेज तक संस्कृत पढ़ता चला गया। स्कूल में मैं पानी नहीं पीता था, प्यास लगती तो मैं घर जाकर ही पी आता था। एक दिन मौलवी साहब ने छुट्टी देर से दी, प्यास बहुत लगी थी, घर गया तो रोता हुआ गया। माँ से शिकायत की कि मौलवी साहब ने छुट्टी नहीं दी और प्यास के मारे मुझे बड़ी तकलीफ हुई, मैं अब स्कूल नहीं जाऊँगा। उसी वक्त मेरे ताऊ पं. लीलाधर, जो मेरी बातें सुन रहे थे, वहाँ आ गये, मेरी पीठ पर एक थप्पड़ दिया और घुड़ककर देखा—'जाओ स्कूल!' 'नहीं जायेंगे', 'क्यों नहीं जाओगे?' मैं बिना पानी पिये ही रोता हुआ उलटे पाँव स्कूल चला आया तब से पानी की व्यवस्था स्कूल में ही की गयी। एक लोटा रखा गया, नन्हकू कहार लोटे को माँजकर अलग रखता था, मुझे प्यास लगती तो उसी से पानी पिया करता था।

जब मेरी अवस्था 15 वर्ष की हुई, तब से मैं घर में रखी हुई पोथियों के बेठन खोलने और बाँधने लगा। बीच-बीच में पोथियाँ पढ़ता भी था। कुछ पोथियाँ खराब भी हुई होंगी, पर उनमें से मैंने बहुत से श्लोक कंठस्थ कर लिए थे। इन पोथियों में 'इतिहास समुच्चय' नाम की एक पोथी थी, जिसमें 'महाभारत' के चुने हुए 32 इतिहास हैं। मेरे धर्म सम्बन्धी विचारों और ज्ञान को बढ़ाने में यह पुस्तक बड़ी सहायक हुई। स्कूल में भरती होने के बाद भी पाठशाला में जाना नहीं छूटा। पाठशाला में एक पंडित ठाकुर प्रसाद दूबे थे। वह भागवत् के बड़े विद्वान थे, विद्यार्थियों को श्लोक सिखाया करते थे। वह ऐसा शुद्ध उच्चारण करते थे कि उनके उच्चारण को सुनकर हम लोग शायद ही अशुद्ध लिखते हों। 'मनुस्मृति', 'गीता' और 'इतिहास समुच्चय' मैं बहुत पढ़ा करता था। बाद में महाभारत से मैंने बहुत कुछ लिया। 'इतिहास समुच्चय' की शायद दो सौ वर्ष पहले ही हस्तलिखित प्रति मुझे पिताजी की पुस्तकों में मिल गयी थी। 16 वर्ष की अवस्था में मैंने ऐंट्रेंस पास किया। मेरे चाचा पं. गदाधर मालवीय का 52 वर्ष की आयु में देहान्त हो गया। वह संस्कृत के बड़े भारी विद्वान् थे। उनके शोक में मैंने एक 'निर्वाणाञलि' लिखी थी, उसका एक दोहा याद है—

हाय गदाधर तत्त्वधर मालवीय कुल केतु
इतने थोड़े समय में प्रान तज्यो केहि हेतु?

संस्कृत की जो शिक्षा मुझे प्राप्त हुई, वह मेरे चाचा पं. जयगोविन्द के अनुग्रह से हुई है। ऐंट्रेंस पास कर लेने पर मैंने उनसे सम्पूर्ण 'कोशिका' पढ़ी, फिर उसे दुहराया नहीं। चाचा गदाधर जी से भागवत् पढ़ी या नाटक, याद नहीं। उन्होंने पहले पहल 'वेणी-संहार' का भाषानुवाद किया था, बाद में 'प्रबोध चन्द्रोदय', 'शुक्रनीतिसार', 'मृच्छकटिक' और 'प्रचण्ड कौशिकी' का भी अनुवाद किया। वह बहुत अच्छी हिन्दी

लिखते थे।

मेरा विवाह मीरजापुर के पं. नन्दराम जी की कन्या सुश्री कुन्दन जी से 16 वर्ष की अवस्था में हुआ। मेरे चाचा पं. गदाधर प्रसाद जी मीरजापुर गवर्नमेंट हाईस्कूल में हेड पंडित थे। मैं प्रायः छुट्टियों में उनके पास जाया करता था। ऐंट्रेंस पास होने के बाद एक बार मैं मीरजापुर गया था। गया तो था पत्नी के मोह से, पर एक धर्म-सभा का अधिवेशन हो रहा था, उसमें चला गया। एक महंत सभापति थे। कई वक्ताओं के बोल चुकने के बाद गदाधर चाचा से पूछकर मैंने भी धर्म-विषय पर भाषण किया, उसकी बड़ी प्रशंसा हुई, लोग मेरी पीठ ठोंकने लगे, तबसे मेरा उत्साह बहुत बढ़ गया था। अपनी स्त्री के साथ गृहस्थी का सुख धर्म के अनुसार जितना भोग कर सकता था, मैंने उतना भोगा। हम दोनों पति-पत्नी वैवाहिक जीवन के प्रारम्भ से ही राम-कृष्ण के उपासक रहे। हम कोई भी काम करते हों, चाहे दूध पीते हों, चाहे पानी पीते हों राम-कृष्ण का स्मरण किये बिना नहीं करते। पत्नी माता-पिता के दुलार में पली हुई थी। लड़कपन में उसे किसी प्रकार के कष्ट का अनुभव नहीं था। मेरे घर में आकर उसने बड़े धैर्य और साहस से गरीबी के कष्टों का सामना किया, उसने सदा कुल की मर्यादा का ध्यान रखा है। एक बार वह गंगाजी में स्नान कर रही थी, उसका एक पैर एक गड्ढे में चला गया और वह डूबने लगी। मेरा पुराना नौकर बेनी, जो अब पेंशन पाता है, उसका हाथ पकड़ने को दौड़ा। स्त्री ने उसे झिड़ककर कहा—'दूर हटो!' ऐसे संकटकाल में भी उसने पर-पुरुष का अपना हाथ छूने नहीं दिया। यद्यपि मैं इसे बुद्धिमानी की बात नहीं मानता, पर हर एक को अपने धर्म का पालन अपने ही दृष्टिकोण से करने की स्वतन्त्रता है।

धार्मिक भावों की ओर मेरा झुकाव लड़कपन से ही था। स्कूल जाने से पहले मैं रोज हनुमान जी का दर्शन करने जाता था और यह श्लोक पढ़ता था—

मनोजवं मारुततुल्यवेगं, जितेन्द्रियं बुद्धिमतां वरिष्ठम्।
वातात्मजं वानरयूथ मुख्यं, श्रीरामदूतं शिरसा नमामि॥

लोकनाथ महादेव के पास मुरलीधर चिमनलाल गोटेवाले के चबूतरे पर पिताजी कथा बाँचते थे। मुट्ठीगंज के मन्दिर में भी वे कथा कहने जाया करते थे। मैं दोनों कथाएँ सुनने के लिए नित्य जाकर उनकी चौकी के पास बैठ जाया करता था और बड़े ध्यान से कथा सुनता था। पिताजी ने एक दिन कहा—'तू बड़ा भक्त है', यह सुनकर मुझे बड़ी प्रसन्नता हुई थी। मैं गायत्री का जप बहुत किया करता था। घर वालों को शंका हो गयी कि मैं साधु न बन जाऊँ और वे मेरी निगरानी रखने लगे थे।

बचपन में एक दिन प्रातःकाल छत पर टहलते समय नीचे पड़ोस के आँगन में एक अर्धनग्न युवती पर अनायास ही दृष्टि पड़ गयी। दृष्टि-दोष का काफी दुःख हुआ। बचपन से ही नियम बना रखा था कि अपने हर कार्यों की खबर प्रतिदिन माता-पिता को देंगे। नीचे उतरकर उक्त घटना की सूचना माताजी को दी। माँ

ने समझाया—'अनिच्छा से ऐसा हो जाने पर कोई विशेष दोष नहीं, भगवान का भजन कर लो।' मैंने कहा—'उसे प्रतिदिन करता ही हूँ, प्रायश्चित कुछ दूसरा होना चाहिए।' दिन-भर का उपवास रखा और छत से अपनी खाट नीचे उतार ली, उस दिन से नीचे सोने लगा। अपने दैनिक क्रियाकलापों की सूचना माता-पिता को देने वाले नियम से मैं कई पापों से बचा, मुझे शक्ति मिली और मेरा जीवन उत्साह एवं दिव्य ज्योति से उज्ज्वल हुआ।

ऐंट्रेंस पास करने के बाद मैं म्योर सेंट्रल कॉलेज में पढ़ने लगा। कॉलेज में एक 'फ्रेंड्स डिबेटिंग सोसायटी' थी। उसमें मैंने पहली स्पीच अंग्रेजी में दी थी। वह इतनी अच्छी समझी गयी कि इन्स्टीट्यूट के सेक्रेटरी लाला साँवलदास ने मेरी पीठ ठोंकी और बड़ी प्रशंसा की। जब मैं कॉलेज में पढ़ता था, उन दिनों माघ-मेले के सरकारी इन्तजाम से हिन्दू लोग बहुत असन्तुष्ट थे। पं. आदित्यराम भट्टाचार्य, म्योर कॉलेज में संस्कृत के प्रोफेसर थे। लोकसेवा के कार्यों में मेरी रुचि देखकर बहुत प्रसन्न हुए। वह मुझपर कृपा रखते थे। जीवन भर वह मुझपर पुत्र-सा स्नेह रखते रहे। मैं भी उनसे गुरु के योग्य युक्ति-युक्त बर्ताव रखता था। उनसे मुझे लोक-कार्यों में भाग लेने में बड़ा प्रोत्साहन मिला। उन्होंने प्रयाग में 'हिन्दू समाज' नाम की एक सभा सन् 1880 में कायम की। मैं उस 'सभा' में जाने लगा। उन्होंने हिन्दुओं की एकता के सम्बन्ध में एक बड़ी सुन्दर अपील तैयार की थी।

जब मैं बी.ए. उत्तीर्ण हुआ घर में गरीबी बहुत अधिक थी। घर के प्राणियों को अन्न-वस्त्र का काफी क्लेश था। मामूली सा घर था, घर में गाय थी। माँ अपने हाथ से उसका गोबर उठाती थी। सभी आधा पेट खाकर सन्तोष कर लेती थीं। फटी हुई धोतियाँ सी कर पहना करती थीं। मैंने बहुत वर्षों बाद एक दिन पत्नी से पूछा—'तुमने कभी सास से खाने-पहनने के कष्ट की शिकायत नहीं की?' स्त्री ने कहा—शिकायत करके क्या करती? वे कहाँ से देतीं? घर का कोना-कोना वे जितना जानती थीं, उतना मैं भी जानती हूँ। मेरा दुःख सुनकर वे रो देतीं और क्या करतीं?

ग्रेजुएट होने के बाद गवर्नमेंट हाईस्कूल, जिसमें मैं पढ़ा करता था, एक अध्यापक की जगह खाली हुई। मेरे चचेरे भाई पं. जयगोविन्द जी उसमें हेड पंडित थे, उन्होंने मुझसे कहा कि इस जगह के लिए कोशिश करो। मेरी इच्छा धर्म-प्रचार में जीवन लगा देने की थी। मैंने 'नाहीं' कह दी। उन्होंने माँ से कहा। माँ मुझसे कहने के लिए आयी। मैंने माँ की ओर देखा, उनकी आँखें डबडबा आयी थीं। वे आँखें मेरी आँखों में आजतक धँसी हैं। मेरी सब कल्पनाएँ माँ के आँसू में डूब गयीं और मैंने अविलम्ब कहा—'माँ मुझे कुछ न कहो, मैं नौकरी कर लूँगा।' जगह 40 रुपये महीने की थी। मैंने इसी वेतन पर स्कूल में अध्यापकी की नौकरी कर ली। दो महीने बाद मेरा मासिक वेतन 60 रुपये हो गया। मैं बड़े प्रेम तथा परिश्रम से अंग्रेजी पढ़ाने लगा। मैं नियमित घर पर तैयारी करते समय प्रत्येक महत्त्वपूर्ण अंग्रेजी शब्द

के व्युत्पत्ति-जन्य अर्थ की छानबीन करता। इस कार्य में ट्रैंच के 'बायोग्राफी ऑफ इंगलिश वर्ड्स', और 'इंगलिश–पास्ट एण्ड प्रेजेण्ट' नामक ग्रन्थों का खूब अभ्यास करता था, जिससे अंग्रेजी शब्दों की व्युत्पत्ति, उसके मूल अर्थ तथा इतिहास का पूरा परिचय मिल जाता था। इतने नये-नये तथ्य प्राप्त होते थे कि मैं कृत-कृत्य हो जाता। ग्रन्थों के नये-नये ज्ञान का अर्जन करता और उन्हें अपने छात्रों में बाँट देता था। बड़ा सुखद था मेरा अध्यापकीय जीवन। मुझे 40 रुपये मासिक मिलता था। उनमें से 20 रुपये तो अपने पिताजी को घर-खर्च के लिए दे दिया करता था, दस रुपये निजी खर्च के लिए रखता था, आठ रुपयों को अन्य छोटे-छोटे कार्यों में लगाता और अन्तिम दो रुपयों को अपनी श्रीमती जी को दे देता था।"[77]

मल्लई से मालवीय तक

पं. मालवीय जी के पूर्वज 15वीं शताब्दी (1449 ई. के लगभग) मालवा प्रदेश से आकर प्रयाग बस गये थे और स्थानवाची 'मल्लई' अथवा 'चौबे' उपनाम से जाने गये। 'मल्लई' शब्द को पं. मदन मोहन ने संस्कृतनिष्ठ 'मालवीय' बनाया, तबसे सारे मल्लई 'मालवीय' कहलाने लगे। पं. मालवीय जी के अनुसार 'मालवीय परिवारों में परम्परा से यह मान्यता रही है कि सान्दीपनी मुनि के वंश से मालवीयों का सम्बन्ध रहा है।'[78]

इसके बाद श्रीगौड़ ब्राह्मण अपने को 'मालवीय' कह कर पुकारने में ही गौरव का अनुभव करने लगे। 'ये मालवा से आये थे इसलिए ये लोग मल्लई या मलैया ब्राह्मण कहलाने लगे।'

सन्दर्भ

1. पं. जवाहर लाल नेहरू, प्रयाग में मालवीय जन्मशती के अवसर पर दिये भाषण का अंश; पी.के. मालवीय संग्रह ग्रुप सं.-20, राष्ट्रीय अभिलेखागार, नयी दिल्ली
2. वर्मा विद्युत, 2001, प्रथम सं., 'महामना चिन्तन आलोक', महामना मालवीय मिशन, लखनऊ, पृ. 1 (07-09-1931 ई. को विलायत जाते हुए गाँधी जी द्वारा मालवीय जी को लिखे गये मूल पत्र से उद्धृत)
3. लाल मुकुट बिहारी, 1977, 'महामना मदन मोहन मालवीय : जीवन और नेतृत्व', पृ. 5
4. मित्तल सतीशचन्द्र, 2012, प्रथम सं., 'भारत का स्वाधीनता संघर्ष', अखिल भारतीय इतिहास संकलन योजना, दिल्ली, पृ. 15
5. विस्तार के लिए देखें, जे.डब्ल्यू. कैयी, 'हिस्ट्री ऑफ सिपाही वार इन इंडिया 1857-58', तीन भाग (प्र. सं. 1861, 1874, 1876, द्वि. सं. सभी का 1896, लन्दन); जी.बी. मैलीशन, 'हिस्ट्री ऑफ द इंडियन म्युटनी', तीन भाग (प्र. सं. 1878, तृतीय सं. 1896, लन्दन); डब्ल्यू.यू. म्योर, 'रिकॉर्डस ऑफ द इन्टेलीजेंट डिपार्टमेंट ऑफ द नॉर्थ प्रोविन्सैज ऑफ इंडिया ड्यूरिंग द म्युटनी' (लन्दन, 1857); जे.टी. ह्वीलर, 'ए शोर्ट स्टोरी ऑफ इंडिया एण्ड द फ्रंटियर स्टेट्स ऑफ अफगानिस्तान, नेपाल एण्ड बर्मा', भाग 5 (लन्दन, 1889)

6. जे.डब्ल्यू. कैयी, पूर्वोद्धृत, भाग तीन; सर एच.एम. डुरेन्ड, 'द लाइफ ऑफ लायल' (ईडनबर्ग, 1913); जे.बी. मैलीशन, पूर्वोद्धृत, भाग एक व तीन; डब्ल्यू.डब्ल्यू. हण्टर, 'द इंडियन मुसलमान' (1976 संस्करण, लन्दन), पृ. 131; एच.एस. कनिंघम, अर्ल कैनिंग, 'रूलर्स ऑफ इंडियन सीरीज' (लन्दन,1903) पृ. 162; प्रोसीडिंग्स ऑफ द ट्रायल ऑफ मोहम्मद बहादुरशाह (कलकत्ता, 1895), पृ. 159; टी.आर. मैटकाफ, द आफ्टरमैथ ऑफ रिवोल्ट (प्रिंसटन, 1965), पृ. 298
7. कार्ल मार्क्स एण्ड इंजिल्स, द फर्स्ट इंडियन वार ऑफ इंडिपेंडेंस 1857-1859 (मास्को, 1959), पृ. 11; के. एन्टोनोवा व अन्य, ए हिस्ट्री ऑफ इंडिया, भाग दो (मास्को, 1974), पृ. 76; पर्सीवल स्पीयर टुई लाइट्स ऑफ द मुगल्स (केम्ब्रिज, 1957)
8. सावरकर विनायक दामोदर, 1957 संस्करण, 1857 वार ऑफ इन्डिपेन्डेन्स, नयी दिल्ली
9. मित्तल सतीशचन्द्र, 2012, प्रथम संस्करण, 'भारत का स्वाधीनता संघर्ष', अखिल भारतीय इतिहास संकलन योजना, नयी दिल्ली, पृ. 14; डॉ वी.डी. दिग्वेकर, साउथ इंडिया इन 1857 : वार ऑफ इंडिपेंडेंस (पूना, 1957); ब्रिटिश पार्लियामेंट्री पेपर्स 1859, दूसरा सेशन, भाग 23, पृ. 467
10. सावरकर वीर, 'भारतीय इतिहास के 6 स्वर्णिम पृष्ठ', भाग-3, पृ. 197
11. महारानी विक्टोरिया घोषणा पत्र, राष्ट्रीय अभिलेखागार, नयी दिल्ली
12. वही, पृ. 2
13. मजूमदार आर.सी., एच.सी. राय चौधरी, 'कलिकिंकर दत्त एन एडवान्स हिस्ट्री ऑफ इंडिया', 1967, तृतीय सं., पृ. 783
14. रेम्जे म्योर, 1971, प्रथम संस्करण, 'दी मेकिंग ऑफ ब्रिटिश इंडिया', पृ. 379; मदनलाल पँवार, 2004, प्रथम सं., 'मदन मोहन मालवीय : व्यक्तित्व एवं कृतित्व', ज्योति प्रकाशन, जयपुर, पृ. 2
15. लाल मुकुट बिहारी, पूर्वोद्धृत, पृ. 4
16. डब्ल्यू.एच. रसैल, 1860, 'माई डायरीज इन द ईयर्स 1858-1859', लन्दन
17. सावरकर विनायक दामोदर, 1957, प्रथम सं., दी इंडियन वॉर ऑफ इन्डिपेन्डेन्स, पृ. 51
18. चोपड़ा पी.एन., बी.एन. पुरी, एम.एन. दास, 1975, प्रथम सं., 'भारत का सामाजिक, सांस्कृतिक और आर्थिक इतिहास', तृतीय खण्ड, पृ. 197
19. कैनिथ स्कॉट लाटोयरेइट, 1953, 'ए हिस्ट्री ऑफ क्रिश्चियानिटी', न्यूयार्क, पृ. 1063
20. मिल जेम्स, 'हिस्ट्री ऑफ ब्रिटिश इंडिया', पृ. 10
21. जॉन मेलकाम, 1826, प्रथम पुनः 1970, 'द पॉलिटिकल हिस्ट्री ऑफ इंडिया', भाग-2, पृ. 152, नयी दिल्ली
22. नीरद सी. चौधरी,1974, 'स्कॉलर एक्स्ट्रा आर्डिनरी द लाइफ ऑफ प्रोफेसर द राइट हॉनरेबिल फ्रेडरिक मैक्समूलर पी.सी.', ऑक्सफोर्ड, पृ. 332-335
23. मित्तल सतीशचन्द्र, 2007, प्रथम सं., '1957 का स्वातन्त्र्य समर : एक पुनरावलोकन', नयी दिल्ली, पृ. 11
24. जे.टी.एफ. जॉर्डन्स, 1978, 'दयानन्द सरस्वती : हिज लाइफ एण्ड आइडियाज', दिल्ली, पृ. 10
25. बैनर्जी अमलेश शंकर, 1985, 'दयानन्द सरस्वती इन बंगाल', महर्षि दयानन्द रिसर्च जनरल (आर्ट्स) दयानन्द एण्ड आर्यसमाज (स्पेशल अंक), भाग 3, नं. 2, पृ. 1-14
26. रामलाल, 2009, 'भारत के सन्त महात्मा', रामफल बंसल, दिल्ली, पृ. 829
27. मित्तल सतीश चन्द्र, 2010, प्रथम सं., 'ब्रिटिश इतिहासकार तथा भारत' अखिल भारतीय इतिहास संकलन योजना, नयी दिल्ली, पृ. 95
28. इंडियन चर्च हिस्ट्री रिव्यू, दिसम्बर, 1973, पृ. 187

29. रोमा रोलां, 1991, रामकृष्ण का जीवन चरित्र, अद्वैत आश्रम, कलकत्ता, पृ. 35
30. वंशी बलदेव, 2009, 'भारत के महान सन्त', प्रतिभा प्रतिष्ठान, नयी दिल्ली, पृ. 148
31. प्रेमचन्द मुंशी, 1908, 'जमाना', मासिक उर्दू पत्र
32. स्वामी विवेकानन्द और उनका अवदान, 2002, स्वामी विदेहात्मानन्द (सं.), अद्वैत आश्रम, कोलकाता, पृ. 9-11
33. स्वामी चित्यानन्द, 2001, 'गॉड लिव्ड विद दैम', लाइफ स्टोरीज ऑफ सिक्सटीन मोनास्टिक डिसाइपल्स ऑफ श्री रामकृष्ण, कलकत्ता, पृ. 20
34. विवेकानन्द साहित्य, 1989, भाग-1, अद्वैत आश्रम, कलकत्ता, पृ. 7
35. राष्ट्रीय स्वयंसेवक संघ के द्वितीय सरसंघचालक श्री गुरुजी द्वारा रामकृष्ण मिशन विवेकानन्द आश्रम रायपुर में विवेकानन्द जयन्ती समारोह का उद्घाटन करते हुए 11 जनवरी 1969 ई. को दिये गये व्याख्यान का अंश; उद्धृत–स्वामी विवेकानन्द और उनका अवदान, पूर्वोद्धृत, पृ. 141-42
36. 'प्रबुद्ध भारत', मई 1942
37. इन्द्र विद्यावाचस्पति, 1963, 'लोकमान्य तिलक और उनका युग', दिल्ली, पृ. 183
38. करमेकर डी.पी., 1956, 'बालगंगाधर तिलक' अध्याय तीन, मुम्बई
39. टी.वी. पार्वते, 'बाल गंगाधर तिलक', पृ. 141
40. कीर धनंजय, 1959, 'लोकमान्य तिलक : फादर ऑफ फ्रीडम फाइटर', मुम्बई, पृ. 117
41. तिलक का लेख संग्रह, केशरी, भाग-2, पृ. 485
42. शिरोल वेलेन्टाइन, 1910, 'द इंडियन अनरेस्ट', लन्दन, पृ. 56
43. विस्वास डी.पी. (सम्पादक), 1966, 'लेटर्स ऑफ लोकमान्य तिलक', पूना, पृ. 4
44. मित्तल सतीश चन्द्र, 'भारतीय राष्ट्रचिन्तकों का वैचारिक दर्शन तथा इतिहास दृष्टि', पृ. 66
45. धर्मयुग, 4 अगस्त, 1963, पृ. 10
46. गाडगिल एन.डी., लाला लाजपत राय, द ऑर्गनाइजर, रिपब्लिक डे, नवम्बर, 1965, पृ. 12
47. भारत सरकार, गृहविभाग, प्रोसीडिंग्स, नवम्बर 1907, नं. 4-7; गिल्बर्ट मार्टिन, सर्वेन्ट्स ऑफ इंडिया, 1966, लन्दन, पृ. 84; सत्या एम. राय, पंजाबी हिरोइक ट्रेडीशन 1900-1947, 1978, पटियाला, पृ. 11, 22
48. द ट्रिब्यून, 18 अप्रैल 1905
49. जोशी वी.सी. (सम्पादन), 1965, 'लाजपत राय, राइटिंग्स एण्ड स्पीचेज', भाग-1, दिल्ली, पृ. 128
50. मित्तल एस.सी., 'लाला लाजपत राय', डिपोरटेशन एण्ड द ग्रोथ ऑफ पब्लिक ओपिनियन', कुरुक्षेत्र यूनिवर्सिटी रिसर्च जनरल, वाल्यूम VIII, नं. 1-2, 1974, पृ. 71-74
51. भारत सरकार, गृहविभाग (पॉलिटिकल डिपोजिट), अगस्त 1907; मार्टिन गिल्बर्ट, सर्वेण्ट्स ऑफ इंडिया, ए स्टडी ऑफ इम्पीरियल रूल फ्रॉम 1905-1910 एज रोल्ड थ्रू द कारसपोन्डेन्स एण्ड डायरीज ऑफ जेम्सडनलप स्मिथ, पी.ए. टू वायसराय, लन्दन, 1966
52. रामकिशन लाला लाजपत राय, लायन ऑफ पंजाब, द टाइम्स ऑफ इंडिया, 17 नवम्बर, 1965
53. राव पी. नागराज, 'टैगोर द ग्रेट ह्यूमनिस्ट', भवन्स जर्नल, 30 अप्रैल, 1961
54. टैगोर रवीन्द्रनाथ, गीतांजलि, मैकमिलन, 1956 संस्करण, पृ. 27-28
55. टैगोर रवीन्द्रनाथ, 'गोरा', अनुवादक–धन्य कुमार जैन, पृ. 166
56. त्रिपाठी सलिल, 'वर्किंग विद द मास्टर', मिन्ट, 7 मई, 2011
57. टैगोर रवीन्द्रनाथ, 'क्राइसेस ऑफ सिविलाइजेशन', उद्धृत, सतीश चन्द्र मित्तल, पूर्वोद्धृत, पृ. 84
58. सम्पूर्ण गाँधी वाङ्मय, खण्ड-41, 2 अक्टूबर, 1929, पृ. 542-543

59. यंग इंडिया, 20 अक्टूबर, 1927
60. मित्तल सतीश चन्द्र, 2006, 'साम्यवाद का सच', नयी दिल्ली, पृ. 21-38
61. ब्रोडोव वी., 1984, 'इंडियन फिलॉसफी इन मार्डर्न टाइम्स', मास्को, पृ. 311
62. श्रीवास्तव अशोक कुमार, 'श्री अरविन्द और राष्ट्रीयता', राष्ट्रधर्म, अगस्त 2003, पृ. 43
63. मित्तल शिवकुमार, 1981, 'श्री अरविन्दो, इंटिग्रल टू पालिटिकल थॉट', नयी दिल्ली, पृ. 10
64. पंडित ए.पी., 1985, 'श्री अरविन्द', नयी दिल्ली, पृ. 64
65. शर्मा छोटे नारायण, 'श्री अरविन्द और हमारा युग', पृ. 7, बलदेव वंशी, पूर्वोद्धृत, पृ. 151
66. सिंह रघुवीर, 1936, 'मालवा इन ट्रांजिक्शन दी फर्स्ट फेंस', पृ. 3; सर जॉन मेलकॉम, 'ए मेमायर ऑफ सेंट्रल इंडिया इन्क्लूडिंग मालवा', वाल्यूम 1, पृ. 1-2
67. मिश्र रामगोविन्द, सं., 'पं. मदनमोहन मालवीय का जीवन चरित्र', 1956, दिल्ली, पृ. 1
68. सिंह सोरन, सं., 'मदन मोहन मालवीय : व्यक्तित्व एवं कृतित्व', 1989, राधा पब्लिकेशन, दिल्ली, पृ. 4
69. चतुर्वेदी सीताराम, 'महामना पंडित मदनमोहन मालवीय जी का जीवन चरित', काशी हिन्दू विश्वविद्यालय, 1936, 2009, वाराणसी, पृ. 6
70. परमानन्द सं., 'महामना मदन मोहन मालवीय एन हिस्टोरिकल बायोग्राफी', 1985, बनारस हिन्दू यूनिवर्सिटी, पृ. 1
71. भट्ट भरतराम, सं., 'आलोक पुरुष पं. मदन मोहन मालवीय', 1990, राजेश प्रकाशन, दिल्ली, पृ. 10
72. कौशिक अशोक, 'भारत के महान अमर क्रान्तिकारी मदन मोहन मालवीय', पृ. 15
73. गुप्ता एस.एल., पं. मदन मोहन मालवीय : ए सोसियो पोलिटिकल स्टडी, पृ. 21
74. मिश्र रामगोविन्द, सं., 'पं. मदनमोहन मालवीय का जीवन चरित्र', 1946, पृ. 4
75. मिश्र रामगोविन्द, पूर्वोद्धृत, पृ. 6; सीताराम चतुर्वेदी, पूर्वोद्धृत, पृ. 10; शिवधनी सिंह, पूर्वोद्धृत, पृ. 28
76. शर्मा फतहचन्द 'आराधक', युग पुरुष मालवीय जी
77. तिवारी उमेश दत्त, 'भारत-भूषण महामना पं. मदन मोहन मालवीय', 1988, काशी हिन्दू विश्वविद्यालय, पृ. 1-10
78. सम्मेलन पत्रिका, भाग-48, अंक 2-3-4, श्रद्धांजलि विशेषांक, पृ. 60-61

अध्याय-2

धार्मिक दृष्टिकोण और धर्मनिरपेक्षता

भारत के इतिहास में प्राचीनकाल से लेकर वर्तमान तक ऐसे अनेक दृष्टान्त देखने या सुनने को मिलते हैं, जिनमें लोकनायकों ने अपनी मूल अस्तित्व प्राप्त धार्मिक मान्यताओं और परम्पराओं के आधार पर भारतवर्ष में लोकजागरण का अभिनव प्रयोग किया है। चाहे वह भारतीय संस्कृति का प्रारम्भिक प्रस्फुटन काल हो, जिसे

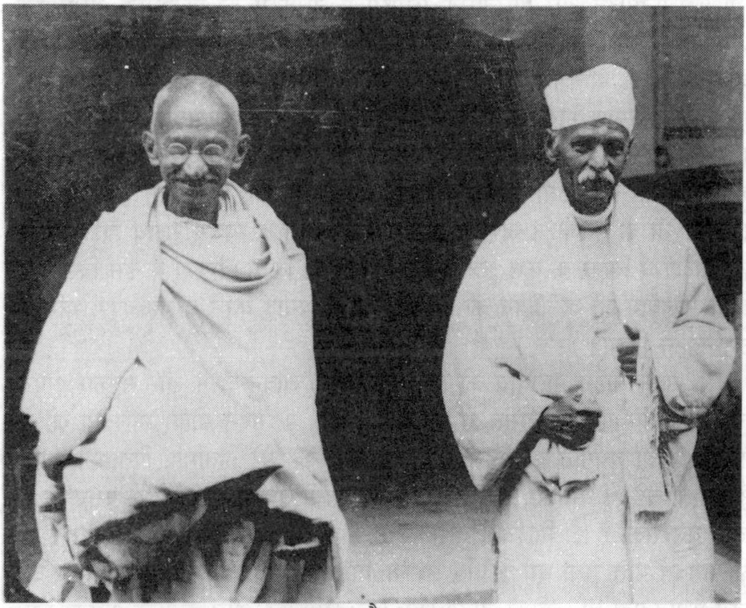

महामना और महात्मा

हम वैदिक काल के नाम से जानते हैं, के युगद्रष्टा लोकसंग्रही ऋषि अगस्त्य[1] हों, युग प्रवर्तक राम, कृष्ण हों या प्रकारान्तर के महापुरुष गौतम बुद्ध, महावीर स्वामी, शंकराचार्य, स्वामी दयानन्द सरस्वती, विवेकानन्द आदि अन्य-अन्य सभी ने अपनी धार्मिक, दार्शनिक, तात्विक मीमांसा को ही शान्ति का आधार बनाकर समाज में

धार्मिक मान्यताओं के पुनर्स्थापन का कार्य किया है। प्राचीनकाल से लेकर आजतक भारत में परिवर्तन के जो भी सोपान देखने को मिलते हैं उनके गर्भ में धर्म एक नियामक तत्त्व की भूमिका का निर्वहन करता प्रतीत होता है। यही बात मदनमोहन मालवीय जी के जीवनकाल के सम्बन्ध में धार्मिक व सांस्कृतिक मानदण्डों के आधार पर युक्तिसंगत जान पड़ती है।

मदन मोहन मालवीय ने जिस लोकशक्ति के जागरण के लिए जीवन पर्यन्त संघर्ष किया उसकी पृष्ठभूमि उन्हें पारिवारिक विरासत से प्राप्त हुई थी। बाल्यकाल से लेकर जीवन के अन्तिम प्रहर तक सनातन धर्म की मूल्यवान परम्पराओं एवं भारतवर्ष की अतुल धार्मिक बौद्धिक सम्पदा ने ही उनके कार्यों को दिशा प्रदान की। भौगोलिक दृष्टि से भी उनका जीवन और कर्मक्षेत्र भारत के प्राचीनतम पौराणिक प्रयाग तथा काशी जैसे धार्मिक नगरों में व्यतीत हुआ था। निःसन्देह भारतीय संस्कृति में देश-काल परिस्थितियों से सम्बधी वातावरण का प्रभाव शास्त्रानुमोदित है। इसी शास्त्रानुमोदन और पारिवारिक परम्पराओं, संस्कारों की क्रियात्मक अभिव्यक्ति मदन मोहन मालवीय के जीवन में चरितार्थ हुई। पूर्व में उल्लेख किया जा चुका है कि मदन मोहन मालवीय के पूर्वज मूल रूप से वर्तमान मालवा के मूल निवासी थे। मध्यकाल में सम्पूर्ण भारतवर्ष मुस्लिम आक्रमणों और उनके अत्याचारों की विभीषिका से झुलस रहा था, मालवा का क्षेत्र भी इन आक्रमणों, अत्याचारों से अछूता नहीं रहा। मध्यभारत में इसी सांस्कृतिक विशृंखलन से उपजे रक्तरंजित वातावरण में मालवीय जी के पूर्वजों ने अपनी सांस्कृतिक विरासत व स्वधर्म रक्षार्थ हेतु वर्तमान उत्तर प्रदेश व बिहार के कुछ क्षेत्रों की ओर पलायन किया। पूर्वजों के इस विस्थापन ने भी मालवीय जी के जीवन को धार्मिक रूप से प्रगाढ़ करने में महत्त्वपूर्ण भूमिका का निर्वहन किया।

पं. मदन मोहन मालवीय को हिन्दू (सनातन) जीवन-दर्शन और संस्कार अपने पूर्वजों की सांस्कृतिक विरासत से प्राप्त हुआ था। पं. मदन मोहन मालवीय जी ने अपनी 75 वीं वर्षगाँठ के अवसर पर कहा था कि "मेरे पितामह, पितामही, पिता और माता बड़े ही धर्मात्मा, सदाचारी और निःस्वार्थी ब्राह्मण थे, उन्हीं के प्रसाद से मै इतना कर सका हूँ।"[2] निश्चित ही पं. मदन मोहन मालवीय पर पितामह और पिता की भागवत् भक्ति तथा धर्म के प्रति आस्था, विश्वास, माता का शील एवं वात्सल्य का गहरा प्रभाव पड़ा था। उनका जीवन शनैः-शनैः धर्मनिष्ठ, शील, सम्पन्न, भगवद्भक्त, दीनबन्धु समाजसेवी तथा धर्मसेवी के रूप में प्रगट हुआ।[3] पं. मदन मोहन मालवीय को बाल्यकाल से ही एक सुदृढ़ धार्मिक विरासत परम्परा में प्राप्त हुई थी। उन्होंने बचपन में घर पर ही पढ़ना सीखा, नागरी अक्षर सीखे और फिर संस्कृत पढ़ना सीखा साथ ही साथ अपने दादा और पिताजी से भारतीय संस्कृति, नैतिक और धार्मिक आदर्शों की शिक्षा प्राप्त की।[4] मदन मोहन ने बचपन में ही धर्म के विभिन्न पहलुओं

को स्पर्श करने का प्रयास किया। मात्र 9 वर्ष की अवस्था में वह बटुक बन गये और सर्वप्रथम अपनी माँ से ही "भवति भिक्षां मे देहि" का सम्बोधन कर भविष्य के राष्ट्र भिक्षु होने का प्रमाण दिया। मदन मोहन ने अपने जीवन के शैशवावस्था काल से ही धर्म, आचार परम्परा पर आधारित जीवन का अनुसरण किया। बचपन में पिता से प्राप्त गायत्री मन्त्र की दीक्षा का उन्होंने जीवन पर्यन्त निर्वहन किया। धर्म उनकी प्रतिदिन की दिनचर्या में सम्मिलित था। वे स्कूल जाने से पूर्व नित्य हनुमान दर्शन करने जाते और उस समय यह श्लोक पढ़ते थे–

मनोजवं मारुततुल्यवेगं जितेन्द्रियं बुद्धिमतां वरिष्ठम्।
वातात्मजं वानरयूथ मुख्यं श्रीरामदूतं शिरसा नमामि।[5]

मदन मोहन मालवीय की धर्म के प्रति बढ़ती रुचि और आस्था के फलस्वरूप उनके माता-पिता को सदैव यह चिन्ता रहती थी कि उनका बालक कहीं साधु न बन जाये। लेकिन मदन मोहन मालवीय गीता के कर्मयोग के प्रतिपालक थे, और निश्चित ही उनके जीवन पर्यन्त के कार्यों के सन्दर्भ में विश्लेषणात्मक रूप से कहा जा सकता है कि वे सन्त प्रवृत्ति को स्वीकार करते हुए जीवन भर कर्मयोग के प्रति तत्पर रहे। हिन्दू धर्म के प्रति उनकी आसक्ति, आस्था, विश्वास और जीवटता का प्रमाण उनके प्रारम्भिक विद्यार्थी जीवन की घटनाओं से मिलता है। विद्यालयीन जीवन में उन्होंने अपने साथियों का एक दल बना रखा था, जो हमेशा उन्हीं के निर्देशन में कार्य करता था। इस दल का कार्य समाज जीवन में आयोजित धार्मिक क्रियाकलापों में बढ़ चढ़कर भाग लेना और मेला और धार्मिक उत्सवों में भाषण देना आदि था। हिन्दू धर्म के प्रति संघर्ष करने की प्रवृत्ति उनमें प्रारम्भ से ही थी।[6] मदन मोहन मालवीय का जन्म एक ऐसे कालखण्ड में हुआ था जब भारतीय संस्कृति विशेषकर हिन्दू धर्म वैचारिक झंझावातों की ऊपापोह के दौर से गुजर रहा था। ब्रिटिश शासन के परिणामस्वरूप भारत में पनप रही पाश्चात्य मिशनरी शक्तियाँ अपने विभिन्न उपागमों के माध्यम से हिन्दू धर्म पर कुठाराघात कर रही थीं, वहीं दूसरी ओर भारतीय राजनीतिक परतन्त्रता के अन्धकार से संघर्ष कर रहा था। यद्यपि यह वह समयावधि है जब भारतीय संस्कृति अपनी मूल अस्तित्व प्राप्त परम्पराओं की ओर लौटने का प्रयास कर रही थी। किन्तु परम्पराओं के इन पुनर्स्थापन के इस सकारात्मक प्रयासों में विरोधाभास की स्थिति नजर आती है। इस कालावधि में एक ऐसा वर्ग था जो अपनी मूल वैदिक सांस्कृतिक प्रतिमानों के लिए संघर्षरत था तो दूसरा पाश्चात्य संस्कृति के पुरोधा पुनरुत्थानवादी के सुधारात्मक क्रियाकलापों से भारत में सक्रिय ईसाई मिशनरियों को बढ़ावा मिल रहा था। मदन मोहन मालवीय हिन्दू अस्मिता व हिन्दूभाव का सर्वप्रथम सार्वजनिक प्रकटीकरण ईसाई मिशनरियों के विरोध के स्वरूप में देखने को मिलता है। प्रयाग के गिरजाघर में ईसाई पादरियों ने प्रायोजित रूप में हिन्दू धर्म की आलोचना कर हिन्दू समाज को अपमानित करने का दुश्चक्र चला रखा

था। मदनमोहन मालवीय के बालमन के लिए हिन्दू विरोधी यह गतिविधि असहनीय थी। मदन मोहन मालवीय ने अपने विद्यालय में वाग्वर्धिनी सभा की स्थापना की और उन दिनो अंग्रेजी विद्यालयों विशेषकर समाज में हिन्दू धर्म और भारतीय संस्कृति के विरुद्ध जो विषवपन होता रहता था का प्रतिकार करना प्रारम्भ किया। उन्होंने अवसरानुकूल सभा, समाज, मेले, उत्सव में खड़े होकर व्याख्यान देना प्रारम्भ किया। उनके व्याख्यानों में उनकी संस्कारित, पारिवारिक, धार्मिक पृष्ठभूमि का स्पष्ट प्रभाव परिलक्षित होता था। हिन्दू संस्कारों से पोषित इस बालमन ने व्याख्यान दल बनाया, जिसमें अनेक सदस्य थे। इस प्रकार के हिन्दू विरोधी दुष्प्रचार का खुलकर विरोध करने का उत्तरदायित्व उठाया। उनके माता-पिता हिन्दुत्व के प्रति पूर्ण समर्पित और राष्ट्रीय भावना से ओत-प्रोत थे, इसलिए उन्होंने इस प्रवृत्ति में मदन मोहन को पर्याप्त प्रोत्साहन और सहायता दी। इसके अलावा बाल्यकाल से प्राचीन धर्मग्रन्थों के कथानकों व उनके स्वाध्याय की प्रवृत्ति ने हिन्दुत्व के भाव को सुदृढ़ता प्रदान की। "इतिहास समुच्चय नामक पुस्तक पंडित मदन मोहन मालवीय के धर्म सम्बन्धी विचारों और ज्ञान को बढ़ाने में बड़ी सहायक सिद्ध हुई।"[7] युवावस्था में उन्होंने अपनी धार्मिक व दार्शनिक जिज्ञासाओं के समाधान के लिए मनुस्मृति और भगवद्गीता का सूक्ष्म अध्ययन किया। यहाँ कहना भी युक्तिसंगत होगा कि मालवीय जी के व्यक्तित्व एवं कृतित्व पर इन ग्रन्थों का स्पष्ट प्रभाव दृष्टिगोचर होता है।

इसके अन्यत्र मदन मोहन मालवीय के अन्य-अन्य क्रियाकलापों से भी उनके लोक संग्रही हितैषी व धर्मनिष्ठ व्यक्तित्व को उद्घाटित करते हैं। वे अपने विद्यालय के उत्साही दल के नेता थे एवं अपने विद्यालय और पास-पड़ोस के अराजक, उपद्रवियों के सदा विरोध में रहते थे। इस बालमन में लोक सेवा की भावना भी कम नहीं थी। वे समय-समय पर सार्वजनिक सभाओं, मेलों और उत्सवों पर भीड़-भाड़ का नियन्त्रण भी किया करते थे। पड़ोस के घर में लगी आग को बुझाने में अपनी चिन्ता न करते हुए प्राण संकट में डालकर आग बुझाना उनकी समाज के प्रति समर्पण के भाव को प्रदर्शित करता है।

निःसन्देह पं. मदन मोहन मालवीय के मन में बाल्यकाल से ही धर्म के प्रति अनुराग था। उनका सम्पूर्ण जीवन हिन्दू धर्म के उच्च प्रतिमानो से परिपूर्ण रहा। उन्होंने धर्म को सार्वभौम रूप से धारण किया था जिसका प्रकटीकरण उनके समाज जीवन के कार्यों से होता है। उनके सदाचारी, कर्तव्यनिष्ठ, धार्मिक, सत्यवादी, व्यक्तित्व के आधार पर ही अनेकों समकालीन व प्रकारान्तर के मनीषियों ने उन्हें जाग्रत भगवान्, प्रातःस्मरणीय, राष्ट्रगुरु, महर्षि महान् कर्मयोगी, हिन्दुत्व की आत्मा, विश्वात्मा पुरुष, धर्मात्मा आदि अन्य विशेषणात्मक सम्माननीय शब्दों का प्रयोग उनके यशोगान के लिए किया है। निश्चित ही पं. मदन मोहन मालवीय को हिन्दू धर्म और भारतीय संस्कृति की जो विरासत अपनी पारिवारिक पृष्ठभूमि से प्राप्त हुई

थी उसका उन्होंने जीवन पर्यन्त अक्षरशः पालन किया। समाज जीवन के विविध आयामों में चाहे वह सामाजिक क्षेत्र हो या राजनीतिक क्षेत्र अपने कर्मक्षेत्र को कभी धर्म से पृथक नहीं होने दिया।[8]

हिन्दू धर्म व दर्शन और तत्कालीन विश्रृंखलित होती परिस्थितियों में हिन्दू धर्म के अभ्युदय के लिए किये गये उनके प्रयासों को स्पष्ट करने के लिए धर्म की तात्विक मीमांसा और मालवीय जी के स्वधर्म सम्बन्धी चिन्तन को व्याख्यायित करना शोधनुरूप होगा। प्रस्तुत अध्याय में धर्म का शास्त्रोक्त चिन्तन एवं मदन मोहन मालवीय की धार्मिक, दार्शनिक मीमांसा और हिन्दू धर्म के पुनरुत्थान सम्बन्धी कार्यों की विवेचना ही अभिदेह है।

धर्म का शास्त्रोक्त चिन्तन

आदिकाल से धर्म ही भारतीय संस्कृति का मूलाधार रहा है। भारतीयों ने कालानुरूप उत्पन्न हुई कठिनाइयों का सामना अपने धार्मिक चिन्तन के आधार पर करते हुए अपनी दीर्घकालीन विकासयात्रा तय की है। इसलिए विश्व के अन्यान्य देशों ने सभ्यता एवं संस्कृति के विकासक्रम में जहाँ अपनी जीवन पद्धति में भौतिकवादी दर्शन को सर्वोच्चता प्रदान की, वहीं भारतीय मनीषियों ने अपनी संस्कृति, सभ्यता में धर्म-दर्शन व अध्यात्म को सर्वोच्चता प्रदान की। वस्तुतः वैश्विक परिप्रेक्ष्य में धर्म को परिभाषित करना कठिन विषय है। जहाँ सम्पूर्ण विश्व में धर्म शब्द का प्रयोग एक सम्प्रदाय मत के रूप में होता आया है वहीं दूसरी ओर भारतीय संस्कृति में लौकिक-पारलौकिक दृश्य-अदृश्य जगत के नियामक के रूप में धर्म की व्याख्या युगों-युगों से होती आ रही है। वस्तुतः धर्म ग्रन्थों में धर्म को जिस रूप में वर्णित किया गया है उसे किसी निश्चित परिसीमा में आबद्ध नहीं किया जा सकता। पाश्चात्य मनीषियों ने धर्म को आंग्ल भाषा के 'रिलिजन' शब्द के द्वारा पूर्णता प्रदान करने का भरपूर प्रयास किया है।[9] इन मर्मज्ञों का प्रयास स्तुत्य है लेकिन यह शब्द धर्म की सार्वभौम व्याख्याता कदाचित नहीं है। धर्म का भाव रिलीजन शब्द से संकुचित अवधारणा के रूप में प्रस्फुटित होता है। यहाँ धर्म वैश्विक सत्य का परिचायक न होकर प्रायः मत, सम्प्रदाय का प्रतीक बनकर गतिहीन हो जाता है। जबकि वैदिक धर्म अर्थात् सनातन स्पष्टतः हिन्दू धर्म दर्शन इतना गूढ़ है कि इसमें हमारे जन्म के नहीं, अपितु पूर्व-जन्म और भविष्य-जन्म के सभी विषयों और परिणामों का पूर्णतया समावेश हो जाता है।[10] यही धर्म की लौकिक और पारलौकिक विषयवस्तु है। इसी विचार को वैशेषिक दर्शन में—"यतोभ्युदानिः श्रेयसिद्धिः य धर्म।" अर्थात् जो उन्नति तथा अलौकिक सिद्धि का साधन हो वह धर्म है। इस प्रकार लौकिक सुख-समृद्धि एवं पारलौकिक आनन्द का पारस्परिक समन्वय ही धर्म की परम उपलब्धि है। वस्तुतः धर्म मानव की खोज है, उपज नहीं। खोज सदैव अविनाशी तत्त्व की होती है।

इस दृष्टि से धर्म अविनाशी तत्त्व एवं सत्ता का बोधात्मक विषय है। कहीं न कहीं धर्म नियामक है जो कि मर्यादाओं एवं प्रतिबद्धता की सृजनात्मक शक्ति से प्रादुर्भूत हुआ है जो मनुष्य को सत्पथ के अनुगमन के लिए प्रेरित करता है। धर्म अपने ज्ञान स्वरूप में धारयति इति धर्मः अर्थात् जो धारण किया जाये वह धर्म है। धर्म क्या है? ध्रियते येन स धर्मः। जिसने इस विश्व-ब्रह्माण्ड को धारण किया है वह धर्म है। ऋग्वेद में यह उल्लेख आया है कि "परमेश्वर ने आकाश के मध्य में श्री-पाद-परिमित स्थान में त्रिलोक का निर्माण करके उनके भीतर धर्मों (जगन्निवहिक कर्म समूहों) को स्थापित किया। ग्रन्थ में धर्म की व्याख्या यज्ञों के सम्पूर्ण परिपालन के रूप में भी देखने को मिलती है। सनातन अर्थात् वैदिक संस्कृति में धर्म की सर्वप्रथम व्याख्या हमें ऋत (प्रकृति) के रूप में मिलती है। ऋत शब्द की व्युत्पत्ति ऋ=गतौ धातु से हुई है जिसका शब्दार्थ है वस्तुओं की कार्यविधि। ऋग्वेद में 12 बार ऋत शब्द का व्यापक अर्थों में उल्लेख हुआ है। ऋत जल है, उसके स्मरण व अनुसरण मात्र से पापों का शमन हो जाता है। ऋत के मधुर ज्ञान से बहरे भी सुनने लग जाते हैं, पृथिवी, सूर्य यहाँ तक कि अन्यादि ग्रह-नक्षत्रों के लिए ऋत नियम है।[11] ग्रन्थों में ऋत का उल्लंघन करने पर देवताओं के लिए भी दण्ड का प्रावधान है। ऋग्वेद में यह सत्य का भी पर्याय है। ऐसा आभासित होता है कि वैदिक काल के प्रारम्भिक चरण में ऋत ही धर्म अथात् सत्य का पर्याय था। वस्तुतः यहाँ ऋत को मानव के नैतिक आचरण के पर्याय के रूप में देखने की चेष्टा की गयी है। प्रकारान्तर से इस प्रकार की अभिव्यंजना का विकास, नैतिकता, सदाचरण, आचरण जैसे धार्मिक अभिधानों के रूप में होता गया। उपनिषदों और संहिताओं में तत्व ज्ञान व शास्त्रीय अनुष्ठान को ही धर्म कहा गया है।[12] यद्यपि भारतीय संस्कृति में धर्म को एक शाश्वत सत्य के रूप में स्वीकार किया गया है लेकिन सभ्यता संस्कृति के उतार-चढ़ाव की कालावधि में धर्म के लक्षणों एवं व्याख्याओं में परिवर्तन होता गया। भारतीय धर्मग्रन्थों में सर्वप्रथम धर्म की मीमांसा ऋत, यज्ञ, सत्य के रूप में हुई प्रकारान्तर में वैदिक दर्शन के विकास के साथ-साथ वैदिक ग्रन्थों के ऋत के स्थान पर धर्म के रूप में धर्माधारित कर्तव्यों का नियमन-संयमन किया गया। इसी के फलस्वरूप धर्म के उपादानों के रूप में वर्णाश्रम, आश्रम, पुरुषार्थ चतुष्ट्य, यज्ञीय विधि, विधि-निषेध जैसी धार्मिक संगठनात्मक अवधारणाएँ अस्तित्व में आयीं।[13] ध्यातव्य रहे कि इन धर्म संस्थाएँ जैसा कि मनु ने कहा है कि 'वेदोऽखिलो धर्म मूलम्।' की पृष्ठभूमि में वैदिक (सनातन) धर्म से ही सतत ऊर्जा प्राप्त कर रही थी। इन धार्मिक अवधारणाओं के अनुशीलन से यह धारणा प्रखर होती है कि भारतीय संस्कृति में धर्म एक जीवन-पद्धति है और यह आचरण की एक संहिता का पर्याय है। प्रकारान्तर से सूत्र एवं स्मृति साहित्य में धर्म की यह आचरण सम्बन्धी मीमांसा (धारयते इति धर्मः) स्पष्ट रूप से उभरकर सामने आती है। और धर्म के लक्षणों को इन स्मृति ग्रन्थों के रूप में संहिताबद्ध

किया जाता है। मनु ने सारे वेदांगों की स्मृतियाँ, उनके शील (ब्रह्मण्यता आदि तेरह गुण), साधुजन के आचार तथा आत्मतुष्टि को धर्म के मूल प्रमाण के रूप में उद्धृत किया है। इसके अलावा मनु युग धर्म की मीमांसा के माध्यम से व्यक्ति के नैतिक व धार्मिक पतन को स्पष्ट करने का स्तुत्य प्रयास करते हैं।

वस्तुतः धर्मग्रन्थों में व्याकरण की दृष्टि से धुञ, धारणे धातु से अर्विस्तु सुहसृह सूत्र से प्राप्त मन् प्रत्यय के योग से धर्म शब्द की व्युत्पत्ति हुई है। धारणात् धर्म इत्याहु ध्रियते अनेन लोकः आदि व्युत्पत्तियों के अनुरूप जिसे आत्मोन्नति और उत्तम सुख के लिए धारण किया जाता है उसे धर्म कहते हैं। इस प्रकार आत्मा की उन्नति करने वाला मोक्ष या उत्तम व्यावहारिक सुख देने वाला, सदाचरण, कर्त्तव्य अथवा श्रेष्ठ विधान नियम धर्म है।[14] एक ओर यह आध्यात्मिक अर्थात् पारलौकिक क्षेत्र का परिचायक है जिससे आत्मा के उपकारक, निःश्रेयसिहि अर्थात् मोक्ष प्राप्ति कराने वाले आचरण में धर्म कहा गया है। यह धर्म का मुख्य अर्थ है और यही सार्वभौमिक, सार्वकालिक एवं सार्वजनिक है जो त्याज्य नहीं है। मनु ने भी इस प्रकार के धर्म की अनुशंसा की है।[15] वस्तुतः यह धर्म की ज्ञानात्मक मीमांसा का पर्याय है। दूसरी ओर धर्म का एक अन्य लौकिक या व्यावहारिक स्वरूप है जिसमें त्रिविध—आत्मिक, मानसिक, शारीरिक उन्नति कराने वाले, मानवत्व और देवत्व का विकास करने वाले, उत्तम सुखसाधक श्रेष्ठ व्यावहारिक कर्तव्य, मर्यादाएँ और विधान धर्म कहलाते हैं। यहीं धर्म के द्वारा निर्धारित कर्मयोग का सिद्धान्त ही मनुष्य में धर्म के प्रत्यक्षीकरण का माध्यम है। यही विशेषता उसे पशु-पक्षियों से पृथकता प्रदान करती है। दर्शनशास्त्रों में भी वेदों के द्वारा निर्धारित कर्मरूपी व्यवस्था को धर्म माना गया है। स्मृतिकारों ने तो धर्म को विस्तार से गवेषित करते हुए उसका सूक्ष्म विश्लेषण प्रस्तुत किया है। मनु ने धर्म की व्याख्या करते हुए धर्म के विविध लक्षणों व अंगों पर आख्यान देते हुए धैर्य, सन्तोष, क्षमा, दया, सत्य, अस्तेय, मानसिक वाचिक शुद्धता, शौच, शुद्धि, अहिंसा, सत्यवचन, इन्द्रिय विग्रह आदि नैतिक आचरण सम्बन्धी क्रियाओं से धर्म के रूप में परिगणित किया है। यहाँ तक कि मनु ने इस देश (भारतवर्ष) में जन्मे विद्वज्जनों से सम्पूर्ण विश्व के मानवों को आचरण रूपी धर्म की शिक्षा ग्रहण करने का परामर्श दिया है। जैमिनीकृत मीमांसा दर्शन का प्रथम सूत्र ही अथातो धर्म जिज्ञासा अर्थात् धर्म की मीमांसा ही मीमांसादर्शन का मूल है, ऐसा जान पड़ता है। धर्म क्या है? उसका क्या लक्ष्य है? किस कर्म को करने से धर्म होता है और किस कर्म को करने से धर्म नहीं होता? धर्म जिज्ञासा का अर्थ है—धर्म जानने की इच्छा। इसको स्पष्ट करते हुए लिखा है—चोदनालक्षणोऽर्थो धर्मः। अर्थात् वेदों में मनुष्यों को करने के लिए कर्तव्य विहित किये हैं, वह धर्म है।

धर्मशास्त्रों को आधार बनाकर प्रकारान्तर के मनीषियों ने भी धर्म की सूक्ष्म व्याख्या देने का प्रयास किया है। महर्षि अरविन्द के अनुसार—सनातन धर्म के अन्दर

बहुत से गौण धर्म निहित हैं। सनातन का अवलम्बन करके महान् और क्षुद्र नाना प्रकार के परिवर्तनशील धर्म अपने-अपने कर्म में प्रवृत्त होते हैं। सनातन धर्म जगत के सनातन स्वभाव पर आश्रित है और ये नाना प्रकार के धर्म हैं, यह सब अनित्य होने के कारण ही उपेक्षणीय या वर्णनीय नहीं हैं बल्कि इन्हीं अनित्य परिवर्तनशील धर्मों के द्वारा ही सनातन धर्म विकसित और अनुष्ठित होता है। सनातन धर्म का ठीक-ठाक पालन करने के लिए व्यक्तिगत धर्म, जातिगत धर्म, वर्णाश्रित धर्म और युग धर्म का आचरण सर्वदा रक्षणीय है।[16] स्वामी विवेकानन्द ने सनातन धर्म को स्पष्ट करते हुए कहा था कि अन्य धर्मों के समान हिन्दू धर्म भिन्न-भिन्न प्रकार के मत-मतान्तरों पर आधारित विश्वास से सम्बन्धित नहीं है, अपितु हिन्दू धर्म प्रत्यक्ष अनुभूति अथवा साक्षात्कार का धर्म है। हिन्दू धर्म में आध्यात्मिकता का एक भाव निहित है। यह अनुभूति की वस्तु है, अपने द्वारा कही गयी मनमानी बात, मतवाद, युक्तिमूल्य कल्पना नहीं है चाहे वह कितनी ही सुन्दर क्यों न हो, आत्मा को ब्रह्म के रूप में समझ लेना उसमें तल्लीन हो जाना और उसका साक्षात्कार करना यही धर्म है। धर्म केवल सुन लेने अथवा मान लेने की वस्तु नहीं है, अपितु जब समस्त मन प्राण विश्वास के साथ हो जाये, तब इसी को हम धर्म कहते हैं। ...निःस्वार्थता और कर्तव्यपरायणता ही धर्म की कसौटी है जो जितना अधिक निःस्वार्थ और कर्तव्यपरायण है, वह उतना ही अधिक आध्यात्मिक और शिव के समीप है। उपर्युक्त विश्लेषण में स्वामी विवेकानन्द ने धर्म सामाजिक, विचारधारा के साथ तादात्म्य स्थापित करने का प्रयास किया है। निश्चित ही सामाजिक व्यवस्थाओं के प्रवर्तन में धर्म की भूमिका एक नियामक तत्त्व के रूप में होती है।

डॉ. राधाकृष्णन ने भी धर्म को धारण करने के सन्दर्भ में ग्राह्य किया है। यही वह मानदण्ड है जो विश्व को धारण करता है, किसी भी वस्तु का वह मूल तत्त्व है, जिसके कारण वह वस्तु वह है। धर्म का मूल सिद्धान्त मानवीय आत्मा के गौरव को प्राप्त करना है, जो भगवान का निवास स्थान है। सब धर्मों का सर्वस्वीकृत मूल सिद्धान्त यह ज्ञान ही है कि परमात्मा प्रत्येक जीवित प्राणी के अन्तःकरण में निवास करता है। हिन्दू धर्म हमारे सम्मुख नियमों का कार्यक्रम प्रस्तुत करता है और यह अनुमति देता है कि उनमें निरन्तर परिवर्तन किया जा सके।[17] इसके अन्यत्र उनका अभिमत है कि सनातन धर्म को मानने का अर्थ स्थिर खड़ा हो जाना नहीं है, अपितु इसका अर्थ है उसके अत्यन्त महत्त्वपूर्ण सिद्धान्तों को ग्रहण कर लिया जाये और उसका आधुनिक जीवन में प्रयोग किया जाये। पंडित मदन मोहन मालवीय के धार्मिक चिन्तन से भी सामाजिक व्यवस्थाओं एवं विचारधाराओं के सम्पोषण का भाव परिलक्षित होता है।

पुस्तक आनुषंगिक विषय होने के फलस्वरूप यहाँ धर्म की संक्षिप्त व्याख्या ही अभीष्ट है। अन्ततः यह कहना ही उपयुक्त होगा कि भारतीय संस्कृति में धर्म पूर्णतः

किसी कर्मकाण्ड या ईश्वरीय मार्ग का अनुगमन नहीं है। यहाँ धर्म से अभिप्राय एक प्रविधि अथवा आचरण की एक संहिता अथवा परम्परा से है जो कि स्वयं व्यक्ति के रूप में तथा समाज के सदस्य के रूप में एक व्यक्ति के कार्यों को नियमित या नियन्त्रित करती है। इसका उद्देश्य व्यक्ति का क्रमबद्ध व्यक्तिगत नैतिक, सामाजिक, धार्मिक विकास करना तथानुरूप उसे इस योग्य बनाना है कि वह मानवीय जीवन के अन्तिम लक्ष्य तक पहुँच सके। वस्तुतः हिन्दू जीवन पद्धति में धर्म करणीय एवं अकरणीय कृत्यों की विस्तृत शृंखला है जो कि समाज एवं राष्ट्र के प्रति व्यक्ति के कर्तव्यों का निर्धारण करती है। यहाँ धर्म लौकिक व पारलौकिक सत्ता के अभिज्ञान को प्राप्त करने का साधन है। इसी धर्मरूपी कर्मयोग के सम्यक पालन से व्यक्ति सर्वतोभावेन उन्नति को प्राप्त करता है।

मालवीय जी का धार्मिक-दार्शनिक चिन्तन

पंडित मदन मोहन मालवीय जी वैदिक (हिन्दू) धर्म-संस्कृति के सच्चे अनुयायी थे। उनकी धर्म सम्बन्धी अपनी विशिष्ट विचारधारा थी। उनका सामाजिक व राजनीतिक नेतृत्व उनकी धार्मिक विचारधारा से विशेष रूप से प्रभावित था। हिन्दू धर्मग्रन्थों में धर्म की विस्तृत विवेचना मिलती है। मालवीय जी जीवन-पर्यन्त सनातन धर्म का अनुशीलन करते रहे। अपनी व्यस्त दिनचर्या का अनुपालन करते हुए भी सन्ध्यावन्दन, जप, पूजा-पाठ के लिए समय निकाल लेना तथा उनका धर्म और संस्कृति के प्रति प्रेम अनुकरणीय था। मालवीय जी ने अपने धार्मिक-दार्शनिक चिन्तन को कभी भी शाब्दिक भाषा में आबद्ध करने का प्रयास नहीं किया, लेकिन उन्होंने धर्म की शास्त्रीय व्याख्या और अर्थ को ही तार्किक दृष्टि से प्रस्तुत किया है। मालवीय जी धर्म के व्यावहारिक पक्ष पर अधिक बल देते हैं।[18] मालवीय जी का सम्पूर्ण व्यक्तित्व वैदिक एवं औपनिषदिक ब्राह्मणत्व के तेज से मंडित था। शास्त्रों की यह उक्ति ज्ञानकाण्ड, कर्मकाण्ड और उपासनाकाण्ड का प्रकाण्ड विद्वान होता हुआ, देवता की आराधना में लीन शान्तचित्त इन्द्रियों का दमन करने वाला, दयालु होना, इन सब गुणों से ब्राह्मणों का निर्माण हुआ है।[19] मालवीयजी के जीवन पर पूर्णरूप से चरितार्थ होती है। आचार्य बलदेव उपाध्याय ने उन्हें वास्तविक अर्थ में महात्मा निरूपित करते हुए यह श्लोक उद्धृत किया है कि–

> विपदि धैर्यमयाभ्युदये क्षमा सदसि वाक्पटुता युधि विक्रमः।
> यशसि चाभिकचिर्व्यसनं श्रुतौ प्रकृति सिद्धमिदं हि महात्मनाम्॥

महात्मा के जो लक्षण यहाँ बतलाये गये हैं, वे मदन मोहन मालवीय में पूर्ण वैभव के साथ प्रकट थे। विपत्तियों में धीरता, अभ्युदय में क्षमा, सभा में वाक्-चातुरी, युद्ध में विक्रम, यश में अभिरुचि तथा शास्त्र श्रवण में अनुराग ये छहों की सत्ता महामना में पूर्णरूपेण थी। महात्मा उपाधि भी उन पर सर्वथा चरितार्थ होती है।[20]

पंडित मदन मोहन मालवीय वास्तविक अर्थों में सनातन (हिन्दू) धर्म के आग्रही अनुयायी थे एवं उनकी सम्पूर्ण जीवन की क्रियात्मक गतिविधियों पर धर्म का प्रभाव व्यापक रूप में अभिव्यक्त होता है। मालवीय जी के व्यक्ति और चिन्तन के सम्बन्ध में उपलब्ध सामग्रियों से यहाँ सम्भावना बलवती होती है कि हिन्दू धर्म के सर्वमान्य ग्रन्थों विशेषकर भगवद्गीता व मनुस्मृति के वचनों में उनकी अथाह श्रद्धा थी। वे अपने सार्वजनिक उद्धरणों में मनुस्मृति के वचनों का अधिक से अधिक प्रयोग करते थे। उन्होंने मनुप्रोक्त धैर्य, क्षमा, बुरी वृत्तियों का दमन करना, चोरी न करना, शौच, आत्म निग्रह, विवेक, विद्या, सत्य, क्रोध न करना धर्म के इन दस लक्षणों को अपने व्यक्तिगत जीवन में चरितार्थ करने का अनुपम उदाहरण प्रस्तुत किया है। वे गीता के श्लोक "मैं (ईश्वर) प्राणिमात्र में एक समान हूँ।" के वास्तविक निहितार्थ के प्रतिपालक थे। वे कर्मकाण्ड और नैतिकता दोनों को धर्म का अंग स्वीकार करते थे, और उन्हें दोनों ही प्रिय थे। फिर भी धर्म विहित नैतिकता का प्रसार तथा उसके आधार पर सामाजिक व्यवहार और व्यक्ति के चरित्र का परिशोधन और नवनिर्माण ही उनका मुख्य उद्देश्य था।[21]

मालवीय जी ने अपने धार्मिक दर्शन में धर्म को सदैव शिरोधार्य मानते हुए सनातन धर्म के अनुरूप अपना जीवन व्यतीत किया। वे सनातन धर्म संस्कृति के कठोर उपासक थे। मालवीय जी सनातन धर्म की महत्ता को स्पष्ट करते थे कि–पृथ्वी पर जो वस्तु मुझको सबसे अधिक प्यारी है वह धर्म है और वह धर्म सनातन धर्म है।...यह सनातन धर्म केवल मनुष्य मात्र में ही अपनत्व का भाव नहीं समझता, बल्कि यह मानता है कि सृष्टि में जितने जीव-जन्तु आदि प्राणी हैं सबमें एक परमात्मा की ज्योति प्रकाश कर रही है।...यह सनातन धर्म ही है जो कहता है कि भूल से भी यदि जीव-हिंसा हो जाये तो उसके लिए प्रायश्चित्त करो। यह धर्म सत्य, दया और न्याय के ऊपर अविलम्बित है।[22] पं. मदन मोहन मालवीय की हिन्दू (सनातन) धर्म के सन्दर्भ में स्पष्ट अवधारणा थी जिससे ज्ञात होता है कि उनके अन्तःकरण में हिन्दुत्व का भाव उनके धार्मिक चिन्तन का आधार था। उनका अभिमत था कि सृष्टि में जितनी जातियों का इतिहास मिला है, उनमें हिन्दू जाति सबसे प्राचीन है, इसको प्रायः सभी निष्पक्ष विद्वान स्वीकार करते हैं। कोई केवल प्राचीनता के लिए आदर नहीं पा सकता।...जब तक कोई विशेषता न हो, जब तक कोई आन्तरिक बल अथवा प्रबल शक्ति न हो तब तक कोई मानव जाति इतनी पुरानी होकर इस तरह जीवित नहीं हो सकती। चार वेद इस जाति के धर्म की निधि हैं इन्हीं से सब धर्मों के स्रोत बहे हैं। हमारी इन श्रुतियों की परम्परा ने अपने स्रोतों से अन्य धर्मों को पल्लवित करने का अवसर प्रदान किया है।...यदि केवल ये वेद ही यहाँ होते तो भी आपको अपना माथा ऊँचा करने का अवसर था, किन्तु श्रुति के साथ ही स्मृति, पुराण, धर्मशास्त्र, नीतिशास्त्र, समाजशास्त्र आदि का

बहुत बड़ा पुंज है...पृथ्वी मंडल पर ऐसा कौन सा धर्म है जिसमें वेद के समान ऐसा प्राचीन और पवित्र धर्म-ग्रन्थ है, जो ऐसे पवित्र धर्म का उपदेश करे?...वैदिक काल से आता हुआ यह धर्म स्मृतियों तथा पुराणों के समय तथा आज तक बराबर स्थिर धर्म रहा है। इसके मूल सिद्धान्तों में कोई भेद नहीं आया। इतना ही नहीं मेरा विचार है कि कल्प के अन्त तक यह धर्म बराबर ऐसा ही बना रहेगा, और कल्प के आगे भी यत्पूर्वम कल्पयत् के अनुसार इसी रूप में फिर हमको मिलेगा। मालवीय जी की दृष्टि में धर्म वह तत्त्व है जो कि विश्व के मूल में है यथा जो समस्त आन्दोलनों तथा वैभवों का एवं सभी महानता एवं उत्कृष्टता की नींव है।[23] धर्म में असफल मानव समाज तथा राष्ट्र की विपत्ति का कारण बन जाता है। मालवीय जी ने धर्म को सृजनात्मक स्वरूप में देखने की चेष्टा की है। वे इस मत के घोर विरोधी थे कि धर्म ही भारत के पतन का मुख्य कारण रहा है। मालवीय जी ने हिन्दुओं की स्थिति को स्पष्ट करते हुए मत व्यक्त किया है कि—धर्म में संलग्न रहने की बात तो दूर रही, भारतीय लोग वस्तुतः धर्म को ठीक से समझते ही नहीं, यही नहीं उन्होंने धर्म को एक खिलवाड़ बना लिया है तथा उसकी आड़ में अपनी काहिली, निर्बलता तथा मानसिक अशान्ति को छिपाने का साधन बना लिया है। उनके अनुसार धर्म के नियमों के अनुरूप आचरण न करना ही, भारत के पतन का मूल कारण रहा है।[24] मालवीय जी का सनातन धर्म सम्बन्धी चिन्तन समग्रता का पोषक है। उनका यह अभिमत कि घर में ब्राह्मण धर्म है परिवार में सनातन धर्म है, समाज में हिन्दू धर्म है, देश में स्वराज्य धर्म है और विश्व में मानव धर्म है।[25] उन्होंने अपने धार्मिक चिन्तन में व्यक्ति के पारिवारिक दायित्वों में वैयक्तिक भूमिका के साथ-साथ सम्पूर्ण विश्व में विराट समग्रवादी मानव धर्म की भूमिका पर बल दिया है। वस्तुतः मालवीय जी वैदिक चिन्तन के अनुगामी थे इसलिए उनका धार्मिक चिन्तन वैदिक उद्घोष वसुधैव कुटुम्बकम् और सर्वजन हिताय सर्वजन सुखाय से अनुप्राणित था।

पं. मदन मोहन मालवीय का परमार्थ एवं मानव कल्याण की सांगोपांग व्याख्या ही मालवीय जी का सनातन धर्म है। ज्ञान, तप, सत्य, शुचिता की साधना से ही धर्म के उद्देश्यों को प्राप्त किया जा सकता है। मालवीय जी ने धर्म को व्याख्यायित करते हुए कहा है कि धर्म के दीपक दो प्रकार के होते हैं एक तो बड़ों के वचनों का उपदेश और दूसरा बड़ों के आचरण का उपदेश। आचरण का उपदेश वचनों के उपदेश से अधिक प्रभावशाली होता है। उन्होंने पूर्वजों के श्रेष्ठ आचरण के अनुशीलन को ही धर्म का मूल माना है। महर्षि मनु ने धर्म की यही मीमांसा अपने ग्रन्थ में प्रतिपादित की है। वस्तुतः वे धर्म को धारण करने के अर्थ में ही ग्रहण करते थे। जिस आस्था, भावना, गुण एवं कर्म को धारण करने अथवा अपने व्यक्तित्व के द्वारा प्रकट करने से व्यक्ति के साथ-साथ समष्टि का सर्वांगीण अभ्युदय होता हो, जिससे सुख, शान्ति एवं आनन्द की प्राप्ति होती है वही धर्म है। मालवीय जी ने आचरण

के पर्याय के रूप में महापुरुषों, लोकनायकों के कार्यों और जीवन वृत्त के अर्थ मे धर्म को परिगणित किया है। मदन मोहन मालवीय धर्म के स्वरूप को अपरिवर्तनीय मानते थे। साथ ही धर्म की प्राप्ति के लिए आचरण की शुद्धता पर बल दिया करते थे। उनका विचार था कि जैसे मन्दिरों को हम लोग शुद्ध रखते हैं और अपवित्र नहीं करते उसी प्रकार हमको अपने हृदय मन्दिर को सदा पवित्र रखना चाहिए...काम, क्रोध, मद, लोभ, मत्सर की मलीनता से उसको मैला न होने देना हमारा कर्तव्य है।[26] मालवीय जी ने ज्ञान को धर्म का पर्याय माना है। इसलिए वे आचरण की शुद्धता के लिए धर्मरूपी ज्ञान के प्रचार-प्रसार पर बल देते थे। उन्होंने समाज के स्वरूप के स्थायित्व के लिए धर्म को आवश्यक मानते हुए धार्मिक शिक्षा की महत्ता पर बल दिया। उनका अभिमत था कि जैसे शरीर रक्षा के लिए भोजन आवश्यक है उसी प्रकार मनुष्य को आध्यात्मिक भोजन की भी आवश्यकता होती है। इसलिए जैसे विद्यालयों में दर्शन, गणित, साहित्य, इतिहास, भूगोल, विज्ञान आदि विषय पढ़ाये जाते हैं उसी प्रकार आध्यात्मिकता की शिक्षा भी मिलनी चाहिए।[27] ध्यातव्य है कि मालवीय जी की कालावधि में हिन्दू धर्म अनेक वैचारिक संकटों के दौर से गुजर रहा था। यहाँ यह उल्लेख करना भी समीचीन जान पड़ता है कि मालवीय जी तत्कालीन भारत की समस्याओं के निराकरण के लिए हिन्दू जीवन-पद्धति को ही श्रेयस्कर मानते थे। इसलिए उन्होंने हिन्दू धर्म के विभिन्न लक्षणों की सूक्ष्म व्याख्या अपनी पुस्तक "हिन्दू धर्मोपदेश" में की है।

मालवीय जी ने तप और दान की महत्ता को भी व्याख्यायित करते हुए कहा है कि सच्चा तप यह है कि अपने भाइयों के ताप से तप जाये, सच्चा यज्ञ वह है कि जिसमें अपने स्वार्थ की आहुति दी जाये, सच्चा यज्ञ यह है कि जिसमें अपने स्वार्थ की आहुति दी जाये, सच्चा दान वह है कि जिसमें कि परमार्थ किया जाये और सच्ची ईश्वर सेवा वह है कि उसमें दुखी जीवों की सहायता की जाये। इसलिए जो लोग शुद्ध मन से प्राणियों का परम कल्याण चाहते हैं उनको उचित है कि वे उनको धर्म का उपदेश दें और उन्हें धर्म के मार्ग में लगावें। संसार की समस्त सम्पत्ति और भोग पदार्थ मिलकर मनुष्य को वह सुख नहीं दे सकते जो धर्म देता है। जितने दुःख और क्लेश मनुष्य को सताते हैं उनके लिए एक सिद्ध औषधि धर्म ही है। क्योंकि मनुष्यों पर देश में व समाज में जितनी आपदायें आती हैं उनका मूल कारण धर्म से विमुख होना ही होता है। दीनता, दरिद्रता, कायरता, आपस में द्रोह, एक-दूसरे की डाह, दूसरों की वस्तु को भोगने की चाह, झूठ, कपट, व्यभिचार आदि जो दोष मनुष्यों की तथा समाज की शक्ति को घटाते हैं और उनको दूसरों का दास बनाते हैं वे सब धर्म से विमुख होने के परिणाम हैं।

पं. मदन मोहन मालवीय हिन्दू धर्म ग्रन्थों के ज्ञाता थे। इसलिए शास्त्रानुकूल आचरण की महत्ता पर बल देते थे। वे सनातन संस्कृति के प्रबल समर्थक थे लेकिन वे

समाज में प्रचलित रूढ़िवादी तार्किक नियमों में संशोधन के पक्षपाती थे। परन्तु वे हिन्दू धर्म की मूल्यपरक संस्थाओं को यथा समसामयिक संशोधन-परिवर्द्धन के साथ बनाये रखना चाहते थे। उनका विश्वास था कि ईश्वर आनन्दमय है। उसका दर्शन विलक्षण रक्षानुभूति है। ईश्वर की सिद्धि के लिए तर्क के आश्रय का वृथा प्रयास है।

पं. मदन मोहन मालवीय तत्कालीन भारत में व्याप्त समस्याओं के समाधान का विकल्प हिन्दू धर्म हिन्दू जाति के पुनरुत्थान को मानते थे। वे सशक्त हिन्दू राष्ट्र की परिकल्पना को यथार्थ रूप में साकार करना चाहते थे। इसलिए उन्होंने समाज व राष्ट्रोत्थान के लिए हिन्दू चिन्तन के आधार पर अपनी समाजोपयोगी कार्ययोजना को लोकजागरण का विषय बनाया। मालवीय जी के धार्मिक चिन्तन की सार्थक विशेषता यह थी कि उन्होंने हिन्दू समाज को संगठित करते हुए हिन्दू-धर्म दर्शन की लोकोपयोगी रूप में व्याख्या की। यहाँ यह कहना भी युक्तिसंगत होगा कि वे सांस्कृतिक राष्ट्रवाद के पुरोधा थे जिन्होंने व्यक्ति, समाज, राष्ट्र और राजनीति का प्रत्यक्ष तादात्म्य धर्म के साथ स्थापित किया। उन्होंने जनसामान्य में विस्मृत हो रहे वैदिक राष्ट्रधर्म का लोकजागरण किया। उन्होंने धर्म को बड़े-बड़े गुणों के समूह के रूप में स्वीकार करते हुए कहा है कि धर्म उन व्यवस्थाओं नियमों का नाम है जिसे समाज राज्य के भिन्न-भिन्न अंगों को धारण किये रहता है और इसलिए इसे धर्म कहते हैं। धर्म के जो मूल सिद्धान्त हैं उन सबका उद्देश्य देश में शान्ति, समृद्धि और सुख उत्पन्न करना है तथा मनुष्य को पारलौकिक गहन विषयों का चिन्तन करने योग्य बनाना है। उन्होंने धर्म को लोक संग्रह की शक्ति मानते हुए लोक जागरण के प्रयासों को गति प्रदान की। वे मानते थे कि संसार में सब पदार्थ बदलते रहते हैं, सुख-दुःख होते रहते हैं, किन्तु धर्म नित्य है, धर्म कभी नहीं बदलता। यदि प्रमाण भी जाता है तो धर्म मत त्यागो। उन्होंने आत्मज्ञान की शक्ति को महत्त्वपूर्ण मानते हुए उसे मनुष्य के पशुत्व को ईश्वरत्व में परिणित करने का मार्ग निरूपित किया।

पं. मदन मोहन मालवीय ने अपने धार्मिक चिन्तन का सामंजस्य वर्तमान विशृंखलित परिस्थितियों के साथ किया। वे भारतीय संस्कृति की इस विशेषता से परिचित थे कि समयानुरूप धार्मिक व्यवस्थाओं की पुनर्व्याख्या से ही हिन्दू समाज का उद्धार किया जा सकता है। उनका धार्मिक चिन्तन समसामयिक था। इसलिए उन्होंने तत्कालीन हिन्दू जीवन-पद्धति में सांस्कृतिक विशृंखलन के तदनुरूप प्रचलन में आयी सामाजिक बुराइयों का प्रबल विरोध किया। वस्तुतः वे धर्मशास्त्रों पर आधारित जीवन-दर्शन को महत्त्व दिया करते थे। उनके द्वारा हिन्दू धर्म के अभ्युदय के लिए किये गये उनके कार्यों का आगे उल्लेख किया जायेगा। यहाँ यह कहना समीचीन जान पड़ता है कि उन्होंने अपने सामाजिक, धार्मिक, राजनीतिक चिन्तन के अनुकूल लोकधर्म की साधना को महत्त्व प्रदान करते हुए लोक हितैषी चिन्तन को सर्वोपरि मानते हुए तर्क को महत्त्वपूर्ण माना है। भगवद्गीता ही मालवीय जी के धार्मिक

तर्कों का आधार थी। वे धर्म-युक्त हिंसा के समर्थक थे, लेकिन वे उस हिंसा के विरोधी थे जो किसी निर्दोष या किसी निश्चित हेतु प्रत्यय के अभाव में की जाती है। उनका मत है कि अगर कोई तुम पर वार करता है तो वह आततायी है उसको मारो, किन्तु निर्दोष जीव की हत्या न करो। उनका अभिमत है कि जो स्त्रियों पर या किसी दूसरे के धन पर, धर्म पर या प्राण पर वार करते हों, या जो भी किसी के घर में आग लगाते हों। यदि ऐसे लोगों को मारे बिना, अपना या दूसरों के धर्म-प्राण या धन की रक्षा न हो सके तो उनको मारना ही धर्म है। मालवीय जी मानव धर्म के प्रेरक थे। इसलिए उन्होंने अपने धर्मचिन्तन के द्वारा लोकसेवा को परमधर्म के रूप में स्वीकार किये जाने पर बल दिया। मालवीय जी का मानना था कि अपनी इच्छा से बिना किसी बन्धन या स्वार्थ के किसी दुःखी प्राणी की सेवा करने से बड़ा यज्ञ और कुछ नहीं है। असहाय प्यासे को पानी, भूखे को अन्न, शीत से सताये हुए को वस्त्र देना, जले हुए के घाव पर मलहम लगाना, डूबते को बचाना, रोगी को औषधि देना, अन्धों को सहारा देना, अनाथ बच्चों और विधवाओं के माता-पिता बनना, ठग-लुटेरों और अन्यायी विधर्मियों से सताये जाने वालों का रक्षक होना, समाज की निःस्वार्थ सेवा करना भी किसी यज्ञ से कम नहीं है।[28] मालवीय जी हिन्दू धर्म की पतनोन्मुखी दशा से व्यथित थे। हिन्दू धर्म में उच्चतम जीवन दर्शन के जिस क्षरण का उन्होंने अनुभव किया उसके सुधार के लिए वे कृत संकल्पित थे। इसलिए उनका चिन्तन प्राचीन वैभवपूर्ण हिन्दू दर्शन के आदर्शों का क्रियात्मक रूप था।

उपरोक्त विवेचन से स्वतः ही ज्ञात होता है कि, पं. मदन मोहन मालवीय का धर्म विषयक चिन्तन सदाचार, शिष्टाचार एवं लोकाचार प्रधान है। स्पष्टतः यहाँ उन्होंने लोक शब्द को देश या राष्ट्र के रूप में उद्धृत किया है। पं. मदन मोहन मालवीय राष्ट्र को जनता का प्रकट रूप ही मानते हैं। वे लोक सेवा, लोक संग्रह, लोक के लिए सर्वस्व समर्पण, उसी के सुख में सुख एवं दुःख में दुःख का अनुभव करने आदि को परम धर्म बताते हैं। निश्चित ही मालवीय जी हिन्दू धर्म दर्शन के द्वारा भारत का उत्थान करना चाहते थे। इसीलिए उन्होंने देश भक्ति को लोक भक्ति के साथ व्याख्यायित किया। उनका विचार था कि निर्धनता, निर्बलता, अज्ञानता एवं अन्य किसी भी तरह के कष्ट में पड़े हुए प्राणियों को उससे मुक्त कराना ही एक मनुष्य का सर्वश्रेष्ठ धर्म है, यही सनातन धर्म है। उन्होंने राष्ट्रोत्थान के निमित्त वैदिक धर्म से प्रस्फुटित, अंकुरित हुए अन्य मत सम्प्रदायों आर्य समाजी, बौद्ध, जैन, सिक्ख, ब्रह्म समाजी आदि आपसी सत्यव्यवहारों की एकता सहिष्णुता व स्नेह का समर्थन किया। उनके धार्मिक चिन्तन को विश्लेषित करते हुए लिखा है कि—"दो जबरजस्त भावनाओं का उनके मन पर साम्राज्य था। प्रथमतः मानव की ज्ञानशक्ति का शिक्षा द्वारा जो विकास होता है, उस शिक्षा के प्रसार का सतत प्रयत्न और द्वितीय उस परतन्त्रता के कारण मानवोचित गुणों का ही लोप हो जाता है, उस परतन्त्रता से

देश का छुटकारा। ये दो भावनाएँ वृक्ष की दो शाखाओं के सदृश एक ही मूल से निकली थीं और उसकी जड़ थी देश भक्ति।

पं. मदन मोहन मालवीय अपने धार्मिक चिन्तन का प्रत्यक्ष सम्बन्ध देश-भक्ति के साथ स्थापित करते हैं। सनातन धर्म के मूल्यवान आदर्शों को वो राष्ट्रजीवन के लिए आवश्यक मानते थे। इसलिए उन्होंने हिन्दू जाति के उत्थान के लिए भरसक प्रयास किये। धर्म और राष्ट्र के प्रसंग में मालवीय जी ने हिन्दू धर्म के समस्त मतों के आपसी सामंजस्य को उद्घाटित किया। वे धर्म को ही हिन्दुओं की निधि मानते हैं। और हिन्दुत्व को राष्ट्रीयता का आधार। मालवीय जी ने हिन्दुत्व के उत्थान को ही विश्व के सृजन और संवर्धन का मार्ग मानते हुए उसके पतन को ही विश्व के विनाश के साथ परस्परित किया है। हिन्दुत्व का परित्याग करके भारतीय राष्ट्रीयता जीवित नहीं रह सकती। आधार सुरक्षित रहना चाहिए। यहाँ न तो संकरता अभीष्ट है और न दुर्बलता क्योंकि आदर्श की प्रतिष्ठा वहीं उसके द्वारा होती है। मालवीय जी ने हिन्दुओं का आवाहन करते हुए कहा है कि यदि देश का अभ्युदय चाहते हो तो भारत, भगवद्गीता और भागवत का उपदेश कंठ में धारण करो...भगवान, भागीरथी, भारती, भाषा और भारतवर्ष में भक्ति करो...विद्या और ज्ञान के प्रचार से ही तुम्हारा कल्याण होगा और उसके लिए तुमको सब प्रकार से यत्न करना चाहिए कि देश में कोई बालक और बालिका निरक्षर न रहे...सत्कार्य के लिए, विद्या की वृद्धि के लिए, दुखियों का दुःख दूर करने के लिए सुपात्र को दान दो और सब जीवों पर दया करो। अपने देश के लिए अपना तन, मन, धन जहाँ जिसकी आवश्यकता हो होम करो।[29]

पं. मदन मोहन मालवीय सच्चे अर्थों में हिन्दू धर्म के संगठक व उद्घाटक थे। उन्होंने संगठित हिन्दू समाज के दिवास्वप्न को यथार्थ में परिणित करने का प्रयास किया। हिन्दू समाज के संगठनात्मक स्वरूप से उनका अभिप्राय था कि "हिन्दू धर्म हमें औरों के मतों का मान करना सिखाता है, सहनशील होना बताता है और किसी पर आक्रमण करने की शिक्षा नहीं देता। साथ ही यह भी आदेश देता है कि यदि तुम्हारे धर्म पर कोई आक्रमण करे तो अपनी रक्षा के लिए प्राण तक न्योछावर करने में भी संकोच नहीं होना चाहिए।"[30] आगे वे निवेदनात्मक शब्दों में वह आग्रह करते हैं कि आप सच्चे दृढ़ और अपने धर्म में पक्के हिन्दू हो सब प्राणियों के उपकार के लिए, आततायियों को दण्ड देने के लिए धर्म संस्थापना के लिए, गाँव-गाँव में हिन्दू सभाएँ स्थापित करें और माह में एक बार गाँव में सब जातियों को एकत्र कर सभा करें...गाँव-गाँव में पाठशाला और अखाड़ा खोलना चाहिए। जिससे भारत के सब जातियों के लोग बलवान हों। धर्म संस्थापना और हिन्दू जागरण के लिए उन्होंने तत्कालीन भ्रमित हिन्दू विरोधी राजनीति के कर्णधारों के स्वाभिमान को जाग्रत करने के उद्देश्य से उन्हें सम्बोधित करते हुए कहा कि हिन्दू नेताओं का जैसा कर्तव्य अपनी मातृभूमि के प्रति है, वैसा ही अपने धर्म, संस्कृति और अपने हिन्दू बन्धुओं के प्रति

भी है। यह नितान्त आवश्यक है कि हिन्दू अपने को संगठित करे। सब एक होकर काम करें। निःस्वार्थ और देशभक्त कार्यकर्ताओं का एक दल निर्माण करे जिसका एकमात्र उद्देश्य सेवा हो। जाति तथा वर्णगत भेदों को भुला दें और हिन्दू जाति की रक्षा के लिए और अपने आदर्श तथा संस्कृति को बचाने के लिए त्याग करें।

उपलब्ध तथ्यों और साक्ष्यों के आधार पर कहा जा सकता है कि पं. मदन मोहन मालवीय का व्यक्तिगत जीवन पौराणिक हिन्दू धर्म से अनुप्राणित था। वस्तुतः उन्होंने अपने धार्मिक चिन्तन में धर्म के जैविक और पारलौकिक अर्थात् कर्मकाण्ड और अध्यात्म दोनों का अनुशीलन किया। वे सच्चे अर्थों में वैदिक चिन्तन के अनुगामी थे। उन्होंने अपने चिन्तन के द्वारा तत्कालीन हिन्दू समाज में व्याप्त संक्रमण और बुराइयों का निराकरण करने का प्रयास किया। उनके धार्मिक चिन्तन-दर्शन के विश्लेषण से यह बात उभरकर सामने आती है कि उन्होंने भारत की दुर्दशा के लिए हिन्दुओं की चारित्रिक धार्मिक निर्बलता व उनकी पतनोन्मुखी होती दार्शनिक स्थिति को उत्तरदायी माना। वह सनातन धर्म को भारत के अभ्युदय के मूल के रूप में स्वीकार करते थे। इसलिए उन्होंने धर्म की सांगोपांग व्याख्या के द्वारा विस्मृत हुई हिन्दू अस्मिता को पुनः प्रतिष्ठापित करने का प्रयास किया। मालवीय जी ने अपने धर्म सम्बन्धी प्रबोधन में हिन्दू समाज के चारित्रिक सुदृढ़ीकरण पर बल दिया। क्योंकि उनका यह विश्वास था कि सुदृढ़ हिन्दू चारित्र्य जीवन से सशक्त हिन्दू राष्ट्र की संकल्पना को मूर्त रूप प्रदान किया जा सकता है।

पं. मदन मोहन मालवीय किसी न किसी रूप में अपनी समयावधि के अन्य सामाजिक, राजनैतिक, धार्मिक उद्धारकों के प्रेरक के रूप में उभरकर सामने आते हैं। उन्होंने हिन्दू धर्म को राष्ट्रधर्म के साथ प्रत्यक्ष रूप से सम्बन्धित करने का सराहनीय प्रयास किया। हिन्दू धर्म को ही उन्होंने भारत की आत्मा के रूप में स्वीकार करते हुए संगठनात्मक, लोक हितैषी स्वरूप की महत्ता को उद्‌घाटित किया। वे हिन्दू-धर्म के उद्धारक थे ऐसा कहा जाय तो कोई अतिशयोक्ति न होगी। तत्कालीन एवं भविष्य के सुधारकों को एक पृष्ठभूमि प्रदान की जिसकी भूमिका का निर्माण वास्तविक अर्थों में मालवीय के चिन्तन का ही सुफल था। बीसवीं शताब्दी के पूर्वार्द्ध के सभी सामाजिक-धार्मिक आन्दोलन जिससे राष्ट्रीय निहितार्थों की पूर्ति होनी थी चाहे वह स्वदेशी का, हिन्दू धर्म से सम्बन्धित मातृभाषा या अस्पृश्यता का विषय हो सभी की पूर्वपीठिका मालवीय जी के चिन्तन का ही परिणाम थी।

हिन्दू संगठन और पुनरुत्थान का चिन्तन

पं. मदन मोहन मालवीय जी ने अपने धार्मिक चिन्तन में मानवधर्म का प्रतिपादन किया, लेकिन उन्होंने इस बात को कभी विस्मृत नहीं होने दिया कि वह हिन्दुओं के नेता हैं। यह बात उनकी बढ़ती लोकप्रियता का सुफल नहीं थी। प्रत्युत इस

भावना का विकास, जैसा कि पूर्व में उल्लेख किया जा चुका है, उनके बाल्यकाल से ही जबकि ईसाई-पादरी सार्वजनिक रूप से हिन्दू धर्म का विरोध कर रहे थे तथा हिन्दू धर्म को नीच धर्म कहने की धृष्टता करते थे, तभी से हुआ था। उस समय से ही आप एक ऐसी संस्था की स्थापना करना चाहते थे जिससे कि हिन्दू जाति का उत्थान हो और उसे अतीत गौरव एवं मर्यादा की स्मृति दिलाकर संसार को बतलाया जा सके कि संसार में हिन्दू सर्वश्रेष्ठ जाति और हिन्दू धर्म सर्वोच्च धर्म है।[31] निश्चित ही मालवीय जी के जन्मकाल से लेकर उनके अवसान के समय तक हिन्दू धर्म पर हमले हो रहे थे। हिन्दू धर्म को एक ओर से ईसाई एवं इस्लाम जैसे विदेशी धर्मों से खतरा था तो दूसरी ओर वह अपने निजी अन्धविश्वासों, रूढ़ियों, परस्पर विरोध के कारण सतत रूप से निर्बल होता जा रहा था। वह यह सोचकर सदैव दुःखी होते थे कि इस युग के हिन्दू युवकों को न तो अपने धर्म का ज्ञान है और न ही उसमें रुचि। अतः उन्होंने हिन्दू समाज को इस दशा से उबारने का संकल्प लिया। उन्हे कार्यक्षेत्र में आने से पूर्व ही इस बात का अनुभव हो चुका था कि हिन्दू वैचारिक रूप से बहुत ही निम्न हो चुके थे। और उन्हें यत्नपूर्वक सुधारने और उठाने की आवश्यकता है।

जब वे स्कूल में अध्यापक हुए, तभी उन्हें यह बात खटकती थी कि हिन्दू बालक अपने धर्म से अपरिचित हैं। इस प्रकार मालवीय जी में हिन्दू धर्म के संस्कार और उसके उन्नयन के प्रति चिन्ता प्रारम्भ से ही थी। इसलिए उन्होंने हिन्दू धर्म के सभी मत व सम्प्रदायों की एकता का उद्घोष किया।

मालवीय जी हिन्दू धर्म दर्शन को सम्पूर्ण विश्व के कल्याण के लिए अपरिहार्य मानते थे। उनकी दृष्टि से हिन्दू धर्म के दर्शन द्वारा ही विश्व बन्धुत्व के भाव को जाग्रत किया जा सकता है। और मानव के सर्वतोभावेन विकास के लिए आवश्यक है कि सम्पूर्ण मानव जाति हिन्दू दर्शन पर आधारित व्यवस्थाओं को अंगीकार करे। मालवीय जी सुदृढ़ता से इस बात का समर्थन करते हैं कि हिन्दुत्व के विनाश से विश्व की हानि है। अगर विश्व का प्रश्न न होता तो मैं हिन्दुत्व के मिट जाने को तनिक भी महत्त्व न देता। समस्त संसार में हिन्दुओं की ही एक ऐसी जाति है जिसमें धार्मिक एवं दार्शनिक सिद्धान्तों को व्यावहारिक रूप दिया है। वहीं एक जाति पृथ्वी पर ऐसी रह गयी है जो वेदशास्त्रों पर अगाध श्रद्धा रखती है। वहीं एक जाति है जो न केवल आत्मा की अमरता पर विश्वास रखती है बल्कि अनेकता में एकता को भी प्रत्यक्ष देखती है। ये ऐसे तत्त्व हैं जिन्हें आज नहीं तो कल, कल नहीं तो परसों समस्त विश्व अपनाना चाहेगा। इनकी आवश्यकता को अनुभव करेगा। एक दिन उसे अध्यात्म की ओर प्रवृत्त होना ही पड़ेगा। उस समय यही हिन्दू जाति उसे मार्ग दिखलायेगी। वे हिन्दू धर्म व दर्शन को वैश्विक स्तर पर अधिष्ठित होता देखना चाहते थे। हिन्दू संस्कृति रक्षा और उसके प्रति सम्पूर्ण विश्व के कर्तव्यों व दायित्वों

का उल्लेख करते हुए उन्होंने सम्पूर्ण विश्व के मानव समुदाय से आवाहन किया कि यह तो विश्व का कर्तव्य है कि इस जाति की रक्षा करे और ऐसी स्थिति उत्पन्न करे कि हिन्दू जाति उनका उचित समय पर मार्ग-प्रदर्शन करने के लिए जीवित रहे। इसी कारण हम उन्हें अबध्य मानते थे। इसीलिए हम गाय की भी रक्षा करते थे कि उसके ज्ञान और शक्ति का स्रोत लुप्त न हो पावे। मालवीय जी एकमात्र भारतभूमि को ही हिन्दुओं के जननी के रूप में स्वीकार करते हैं। वे भारत पर हिन्दुओं के स्वत्व अधिकार के समर्थक थे। इस सन्दर्भ में उनकी धारणा थी कि हमें यह याद रखना चाहिए कि हिन्दुस्थान हमारा देश है, हिन्दू जाति का दूसरा कोई देश नहीं है। दूसरे लोग दूसरे देश में भी हैं किन्तु हिन्दू जाति का यही देश है। उनका सर्वस्व यही है। यही उनकी मूर्ति व मन्दिरो का स्थान है। इसी देश में शान्ति सुख और बल को स्थापित करना उनका कर्तव्य है, किन्तु बल और प्रभाव भी तभी होगा जब देश में पारस्परिक मेल होगा। इसके अन्यत्र वह कहते हैं कि[32] सृष्टि के आदि से जबसे हिन्दुस्थान का इतिहास मिलता है, यहाँ इसी देश के निवासियों का राज्य था। उस समय हिन्दुओं ने सब प्रकार की उन्नति की थी। विज्ञान में, सभ्यता में, कला-कौशल में, राजनीति में, जितने विभागों में मनुष्य उन्नति कर सकता है उन सबमें उन्होंने ऐसी श्रेष्ठता पायी थी कि उनके यश की सुगन्धि सहस्रों वर्ष का अन्तर पड़ने पर भी अब भी जर्मनी, अमेरिका तथा और सभ्य देशों के विद्वानों को मोहित करती है। उस समय में हिन्दुओं को अपने राज्य का पूरा सुख और वैभव प्राप्त था। उस समय उनमें सब प्रकार की शक्ति, सब प्रकार का बल, पौरुष, उत्साह और साहस था। उस अवस्था में न केवल हिमालय से कन्याकुमारी तक, अपितु पश्चिम में काबुल, कान्धार और उसके परे भी हिन्दुओं का चक्रवर्ती राज्य था। उस समय का इतिहास और उस समय के हमारे पूर्व पुरुषों के वैभव के सूचक शब्द चित्रों को पढ़कर हम अब भी जातीय अभिमान से अपना सिर ऊपर उठाते हैं।

मालवीय जी सम्पूर्ण विश्व को भारत की प्राचीन ज्ञान-विज्ञान परम्परा मान्यताओं और उसके अनुकरण से हिन्दू जाति को प्राप्त हुई तात्विक और भौतिक समृद्धि से विश्व को परिचित कराना चाहते थे। इसलिए उन्होंने तत्कालीन पतनोन्मुखी होते हिन्दू समाज जिसका कि वर्णन सीताराम चतुर्वेदी ने अपने इन शब्दों में किया है[33] हिन्दू धर्म की नाव उस समय आँधी और लहरों में डगमगा रही थी। कई माझी थे खाली डाँड़ और पतवार थामे हुए थे, सब जिधर जी करता था, उधर अपने मन से खेवे जा रहे थे। बूढ़ी नाव पर बेचारा हिन्दू धर्म थका, मादा निःसहाय बैठा हुआ था अपनी पुरानी नाव खेये जा रहा था। यदि कोई नाव को सुधारने की सम्मति देता था तो वह अपराधी समझा जाता था और नाव पर से ढकेल दिया जाता था। उधर विलायत से दूसरी नावें आ पहुँची थीं, जो दृढ़ भले ही न हों पर देखने में अच्छी, लुभावनी और चमकदार थीं। बस हमारे नौजवान लगे धड़ाम-धड़ाम हिन्दू धर्म की

नाव पर से कूदने और नयी-नयी लुभावनी नाव पर चढ़ने। हिन्दू धर्म चारदीवारी से घिरी नाव पर चढ़ा बैठा था कि उसपर से फाँदकर कूद निकलना भी कठिन था और फाँदने के बाद अन्दर आना तो अत्यन्त असम्भव था। बड़ा कठोर दबदबा था, इसलिए अंग्रेजी पढ़े-लिखे कुछ लोगों ने हिन्दू धर्म को तिलांजलि दी और अंग्रेजी रंग में ऐसे रंगे कि उनको खाना-पीना, उठना-बैठना, बोलना-चलना सब अंग्रेजी हो गया। इतना ही नहीं वे अपने बाप-दादाओं के धर्म को कोसने लगे, अपने साहित्य में दोष निकालने लगे और आर्य संस्कृति की जड़ उखाड़ने के लिए कमर कसकर अखाड़े में आ उतरे।

इस प्रकार एक ओर तो हिन्दू धर्म ब्रितानी साम्राज्य के द्वारा चलाये जा रहे मिशनरियों के षड्यन्त्र व उनकी मुस्लिम पोषित दुराग्रही नीतियों से जूझ रहा था वहीं दूसरी ओर अपने स्वजनों के विरोध का सामना कर रहा था। ऐसे स्वजनों में सर्वप्रथम राजा राममोहन राय, केशवचन्द्र सेन द्वारा स्थापित संस्थाएँ व तात्कालिक ब्रिटिश मुस्लिम समर्थक कांग्रेसी नेता प्रमुख थे जिन्होंने अपने हिन्दू संस्कृति के परिस्थितिजन्य घावों पर पाश्चात्य और मुस्लिम संस्कृति के औषधी का लेप लगाने का कार्य किया। यद्यपि ऐसे विषाक्त हिन्दू धर्म विरोधी दुराग्रहों के मध्य कुछ ऐसे भी थे जिन्होंने हिन्दू अस्मिता को जाग्रत करने के पुरजोर प्रयास किये। ऐसे मनीषियों में पं. श्रद्धाराम, स्वामी दयानन्द, स्वामी विवेकानन्द आदि अन्य प्रमुख थे। जिन्होंने अपने वैचारिक तत्व-निष्ठा के उद्‌बोधन से हिन्दू धर्म एवं जाति को सम्बल प्रदान करते हुए राष्ट्रीय चेतना व धर्म जागरण का अद्वितीय कार्य किया।

पं. मदन मोहन मालवीय हिन्दू जाति की इस चिन्तनीय दशा से अवगत थे। इसलिए प्रतीत होता है कि बाल्यकाल में ही हिन्दू समाज के उद्धार का व्रत उन्होंने धारण कर लिया था। हिन्दू सभ्यता, संस्कृति और परम्परा के विश्वासी मालवीय जी एक आग्रही हिन्दू थे तथा हिन्दू जाति को नैतिक, राजनीतिक तथा शैक्षणिक रूप से उन्नति के चरमोत्कर्ष पर पहुँचा देना चाहते थे। हिन्दू जाति उनके विकासोन्मुखी कार्यों तथा परम्परागत प्रचलनों तथा अन्धविश्वासों का त्याग, आधुनिक वैज्ञानिक दृष्टिकोण अपनाने की दिशा में किये गये कार्यों के लिए मालवीय जी के प्रति असीम ऋणी रहेगी। निःसन्देह मालवीय जी हिन्दू समाज के उद्धारक थे। हिन्दू समाज के पुनरुत्थान की महत्त्वाकांक्षा उनके चित्त में सदैव विद्यमान रही। वे हिन्दुओं में पुरुषार्थ की अग्नि प्रज्वलित कर तपस्या के तेज द्वारा सदियों से उसकी खोई अस्मिता एवं गरिमा को पुनः वापस लाना चाहते थे। मालवीय जी ने विभिन्न संगठनों के माध्यम से हिन्दू समाज को जाग्रत एवं संगठित करने का कार्य किया। हिन्दू समाज में व्याप्त परिस्थितिजन्य बुराइयों को समाप्त करने के लिए व हिन्दू जाति के अस्तित्व को बनाये रखने के लिए उन्होंने जीवन पर्यन्त अनेक धार्मिक-सामाजिक आन्दोलनों का

सूत्रपात किया। वे इस तथ्य से भलीभाँति अवगत थे कि हिन्दू समाज जब तक धर्म और शिक्षा के आधार पर संगठित न होगा तब तक भारत सुसंगठित, शक्तिशाली, स्वतन्त्र एवं समृद्ध राष्ट्र के रूप में खड़ा नहीं हो सकता।

मालवीय जी ने हिन्दू समाज के पतन के कारणों को खोजते हुए अपना ध्यान हिन्दू समाज की ऐसी रूढ़ होती मान्यताओं पर केन्द्रित किया जो परिस्थितिजन्य वातावरण की उपज थी। वे हिन्दू समाज की दुर्बलताओं को दूर करने के लिए शास्त्रों के प्रमाण के आधार पर शुद्धि तथा अछूतोद्धार इत्यादि सभी कार्यों में अग्रणी रहे। काशी विश्वविद्यालय उनकी अक्षय कीर्ति का जीता-जागता स्मारक है। उसकी स्थापना का उद्देश्य यही था कि भारत अपने प्राचीन गौरव तथा जगद्‌गुरुत्व के पद को फिर से प्राप्त करे। मालवीय जी ने स्वामी श्रद्धानन्द, लाला लाजपत राय आदि हिन्दू नेताओं की सहभागिता से हिन्दू जागरण व संगठन का आन्दोलन चलाया था, उसका भी यही उद्देश्य था कि हिन्दुओं के संगठित होने पर ही भारत की उन्नति हो सकती है।

अध्याय के आनुषंगिक विषय के रूप में यहाँ मालवीय जी के द्वारा हिन्दू समाज के पुनरुत्थान के लिए किये गये विविध कार्यों की सांगोपांग संक्षिप्त गवेषणा आवश्यक है।

हिन्दू संगठनों के जन्मदाता और प्रणेता

पूर्वोल्लेखित मालवीय जी का बाल्यकाल विशेषकर विद्यार्थी जीवन की समयावधि का पालन-पोषण धार्मिक-सामाजिक संस्कारयुक्त परिवेश में हुआ था। उनके व्यक्तिगत चरित्र पर उनके माता-पिता और पारिवारिक धार्मिक पृष्ठभूमि का विशेष प्रभाव था। ध्यातव्य है कि इस कालखण्ड में हिन्दू धर्म, समाज प्रतिकूल परिस्थितियों का सामना कर रहा था। इस प्रकार के हिन्दू विरोधी वातावरण ने मालवीय जी के चरित्र को अपने धर्म और संस्कृति के प्रति एक प्रकार की जीवटता प्रदान की। यहाँ कहना भी समीचीन जान पड़ता है कि तत्कालीन वातावरण में विकसित हो रही सकारात्मक और नकारात्मक प्रवृत्तियों के फलस्वरूप ही मालवीय जी एक कुशल हिन्दू संगठनकर्ता व सुधारक के रूप में उभरकर सामने आये। तत्कालीन परिस्थितियों में समाज के विषादयुक्त वातावरण व हिन्दू समाज के उन्नयन के द्वारा हिन्दू व्यवस्थाओं से भावी स्वतन्त्र राष्ट्र का निर्माण करना चाहते थे।

मालवीय जी ने अपने इस दिवास्वप्न को पूर्ण करने के लिए अपना सम्पूर्ण जीवन हिन्दू समाज की सेवा में समर्पित कर दिया। हिन्दू समाज को समान संगठनात्मक अवधारणा की परिधि में लाकर उसे सुदृढ़ता प्रदान करना ही उनके जीवन का एकमात्र उद्देश्य था। इस पवित्र उद्देश्य के लिए जीवन भर कार्य करते रहे। उनका मत था कि भारतवर्ष में रहने वाली सर्वप्रधान हिन्दू जाति का ह्रास प्रतिदिन बड़े वेग

से हो रहा है। उसकी उत्पत्ति की संख्या बहुत घट गयी है। मृत्यु की संख्या बढ़ गयी है। आयु छोटी हो गयी है और वीरता का स्थान कायरता ने ले लिया है। हमारी इस अधोगति का मुख्य कारण यह है कि हिन्दू जाति अपने धर्म से विमुख हो गयी है। इससे उसमें अनेक बुराइयों ने घर कर लिया है।[34] वह इस बात से पूर्णरूप से सहमत थे कि समय के हेर-फेर से शास्त्र सम्मत अवधारणाओं के अर्थ और उनके आभ्यन्तरिक भावों के परिवर्तन ने हमारे विचारों, चरित्रों, रीतियों और व्यवहारों को कुछ का कुछ बना दिया है और इसके कारण हमारे जातीय जीवन की काया ऐसी पलटी है कि जब तक उन शब्दों के साथ श्रेष्ठ और उत्तम भावों और विचारों से सम्बन्ध न पैदा किया जायेगा, तब तक हमारे सामाजिक व्यवहार और नीति का सुधार होना बहुत कठिन है।[35] अन्यत्र उनका कथन था कि "बिना मूल सिद्धान्तों को दृढ़ किये धर्म प्रचार और उनकी उन्नति करना ऐसे असम्भव है, जैसे कि बिना किसी बुनियाद के किसी इमारत को खड़ा करना।" यही कारण है कि धर्म अपना स्वरूप ग्रहण नहीं कर पा रहा है और धर्म से उत्पन्न होने वाली लोक संग्रहकारी (समाज को एकसूत्र में बाँधने वाली) शक्ति उत्पन्न नहीं हो पा रही है।

उक्त मनोगत को ध्यान में रखते हुए मालवीय जी ने हिन्दू समाज के संगठन करने व उसमें व्याप्त कुरीतियों के निराकरण करने के उद्देश्य से हिन्दू समाज के संगठनात्मक स्वरूप पर बल दिया। यहाँ मालवीय जी के द्वारा इस दिशा में किये कार्यों की तथ्यात्मक संक्षिप्त विवेचना ही अभीष्ट है।

धार्मिक संगठन

पं. मदन मोहन मालवीय ने हिन्दू समाज की संगठन सम्बन्धी अपनी अवधारणा को अपने विद्यार्थी जीवन में मूर्त रूप देना प्रारम्भ कर दिया था। इस दृष्टि से सर्वप्रथम उनके गुरु आदित्यराम भट्टाचार्य जी के प्रयासों से प्रयाग में महाजनी टोले के भवन में हिन्दू समाज (1880) की स्थापना हुई और वहीं उसकी बैठक होने लगी। मालवीय जी इस समाज के प्रधान कार्यकर्ता थे। जहाँ किसी बात में अड़चन पड़ती, मालवीय जी झट अपने बौद्धिक चातुर्य से उसका निराकरण कर देते थे। उनकी इस प्रतिभा से अन्य सदस्य उनसे चिढ़ने और द्वेष रखने लगे। उनकी इस प्रतिभा और बुद्धिमत्ता को लोग छोटे मुँह बड़ी बात समझते थे, परन्तु यह उनकी स्वाभाविक विशेषता थी। वे किसी के कहने-सुनने पर ध्यान नहीं देते थे। शायद उनकी इसी प्रवृत्ति ने उनकी व्यापक सफलता का मार्ग प्रशस्त किया।

हिन्दू समाज में हिन्दुओं को ऊपर उठाने, अपने बल पर खड़ा होने और अपने वैचारिक विरोधियों से डटकर लोहा लेने का पाठ व्याख्यानों और वाद-विवादों द्वारा हो ही रहा था इधर मालवीय जी ने उसी के साथ सन् 1884 ई. में प्रयाग में एक नवीन संगठन मध्य हिन्दू समाज नामक एक वैचारिक सभा की स्थापना की।

इस संगठन का अधिवेशन यमुना किनारे महाराज बनारस की आलीशान कोठी में मदन मोहन जी के कार्य उद्योग से दशहरे पर इतनी धूमधाम से किया गया कि उत्तरी भारत के बड़े-बड़े विद्वानों ने इसमें सहभागिता की और हिन्दू धर्म और समाज को सुसंगठित करने के अनेक उपायों पर गम्भीर विचार किया गया। इन संगठनो का उद्देश्य हिन्दू जाति को विदेशी शक्तियों द्वारा उत्पन्न संकट का सामना करने के लिए अधिक सावधान करना था। मध्य हिन्दू समाज की बैठक प्रति सप्ताह मुंशी काशीप्रसाद जी के मकान पर हुआ करती थी। मालवीय जी सर्वदा समाज के काम में मगन रहते थे। मोरो गणेश (मोरोपन्त) "मध्य हिन्दू समाज" के सचिव थे। सन् 1931 ई. तक प्रतिवर्ष नियमित रूप से मध्य हिन्दू समाज के महोत्सव होते रहे, जिनमें लोककल्याण और देश हित में अनेक विषयों पर बहुत कुछ कहा, सुना, सोचा और विचारा गया।

जहाँ एक ओर मालवीय जी हिन्दू समाज के संगठन के लिए प्रयत्नशील थे तो वहीं दूसरी ओर उनके समानान्तर पंजाब और संयुक्त प्रान्त (वर्तमान उत्तर प्रदेश) के कुछ लोक संग्रही हिन्दू नेता समाचार पत्रों और शिक्षा-संस्थाओं द्वारा सनातन धर्म के सिद्धान्तों के प्रचार में लगे हुए थे। इसी के आधार पर कुमाऊँ के पंडित विनायक दत्त पांडे तथा पंडित दीनदयाल जी आदि के परिश्रम और सहयोग से सन् 1887 ई. में बसन्त ऋतु में हरिद्वार के पवित्र तीर्थ स्थल पर सनातनधर्मियों की एक बड़ी भारी सभा हुई। इस सम्मेलन में विभिन्न प्रान्तों के चर्चित विद्वान जिनमें कपूरथला के दीवान श्री रामजस राय, सी.एस.आई., लाहौर के राजा हरिवंश सिंह पंडित, नंदकिशोर देव शर्मा, पंडित अम्बिकादत्त व्यास, पंडित देवसहाय जी, बाबू बालमुकुन्द गुप्त आदि कितने ही विद्वान और विशिष्ट व्यक्ति उस सभा में सम्मिलित हुए। थियोसोफिकल सोसाइटी के प्रसिद्ध प्रवर्तक कर्नल ऑलकोट भी इस सम्मेलन में विद्यमान थे। उन्होंने सनातनधर्मियों को सावधान करते हुए कहा था कि "अपने धर्म की बुझी हुई चिंगारी तलाश करो और उसे फिर से उद्धीप्त करो।" उसी सभा में हिन्दू धर्म समाज के संगठन और उसके प्रचार के निमित्त "भारत धर्म महामंडल" की स्थापना हो गयी और चारों ओर धर्म का प्रचार होने लगा। पं. मदन मोहन मालवीय जी की इस मंडल के महोपदेशकों में गणना होती थी। वे हिन्दू धर्म के मूल सिद्धान्तो के प्रचार हेतु स्थापित इस मंडल के स्थापना काल से लेकर आगे 15 वर्षों तक जुड़े रहे और प्रायः इसकी हर सभाओं में भाग लेकर पं. मालवीय ने सनातन धर्म संस्कृति की विशेषताओं, स्वदेशी की आवश्यकता एवं महत्ता आदि विषयों पर अपने विचार प्रस्तुत किये।[36]

प्रयाग की हिन्दू धर्म प्रबोधिनी सभा से लेकर सनातन धर्म के बड़े सम्मेलनों में शायद ही कोई ऐसी सभा छूटी हो जिसमें मालवीय जी ने सनातन धर्म की महिमा न सुनाई हो और कथाएँ न कही हों। पं. दीनदयाल शर्मा और पं. मदन मोहन मालवीय

ये दोनों ही सनातन धर्म के आधार समझे जाने लगे। सन् 1888 ई. में 24 से 27 मार्च तक वृन्दावन में महामंडल का दूसरा अधिवेशन हुआ। सनातन धर्म की इस अखिल भारतीय संस्था में मालवीय जी की मधुरवाणी पहली बार सुनी गयी। जिस प्रकार राष्ट्रीय महासभा के द्वितीय अधिवेशन में मालवीय जी के पहले भाषण ने ही सबको अपनी ओर आकृष्ट कर लिया था, उसी प्रकार भारत धर्म महामंडल के द्वितीय अधिवेशन में मालवीय जी के पहले ही व्याख्यान ने सनातन धर्मी जनता को यह आभास करा दिया कि 'अब कोई डर नहीं है, रक्षक आ पहुँचा है।'

पं. मदन मोहन मालवीय जी के संगठनात्मक प्रयासों के चलते सन् 1906 ई. में प्रयाग कुम्भ के अवसर पर मालवीय जी की अध्यक्षता में सनातनधर्मियों का एक महासम्मेलन आयोजित किया गया जिसमें उन्होंने 'सनातन धर्म' नाम का एक वृहत् ग्रन्थ तैयार कराकर महासभा में प्रस्तुत किया गया और ग्रन्थ में निर्दिष्ट सिद्धान्तों को एकमत से स्वीकार करते हुए परिणामस्वरूप नवीन सनातन धर्म महासभा की स्थापना की गयी। इसी सम्मेलन में मालवीय जी की प्रेरणा व प्रयासों से हिन्दू धर्म तथा सनातन धर्म की रक्षा के लिए 'हिन्दू विश्वविद्यालय' स्थापित करने का प्रस्ताव भी स्वीकृत किया गया और यह भी निश्चय किया गया कि प्राचीन गुरुकुल प्रणाली के आधार पर बालकों को शिक्षा देने के लिए ऋषिकुल ब्रह्मचर्याश्रम की स्थापना की जाये। मालवीय जी के प्रयासों से 1907 में उसकी स्थापना हुई और वे प्रारम्भ से ही उसके न्यासी रहे और लगभग 10 वर्षों तक उसकी शिक्षा-समिति के अध्यक्ष भी रहे।

इस प्रकार मालवीय जी हिन्दू चिन्तक के रूप में अपने कार्यों के द्वारा हिन्दू समाज को इन विभिन्न संगठनात्मक आयामों के माध्यम से एक सूत्र में आबद्ध करने का प्रयास करते रहे। सनातन धर्म सभा के निर्णयों के अनुरूप प्रति छह वर्ष पर सनातन धर्म सभा का अधिवेशन होता रहा और देश के विभिन्न भागों में धीर-धीरे उसकी शाखाएँ स्थापित होती गयीं। इन कार्यों का मूल्याकंन करते हुए श्रीरामगोविन्द मिश्र ने लिखा है कि हिन्दू इस देश में अपने बहुसंख्यक होने के कारण छोटी-मोटी घटनाओं को उदारतापूर्वक भूल जाते हैं, और अल्पसंख्यक जातियाँ उनकी उदारता का अनुचित लाभ उठाती हैं। हिन्दू जाति के कानों पर तब तक जूँ नही रेंगती जब तक कि विपत्ति का पहाड़ सिर पर आकर न टूट पड़े। 1905 ई. तक तो हिन्दू छकड़े की चाल से सरकते रहे, पर इसी वर्ष बंग-भंग के प्रश्न से इनके कान खड़े हुए और इनमें संगठन का कार्य प्रारम्भ हुआ।

अखिल भारतीय सनातन धर्म महासभा 1928

मालवीय जी सनातन धर्म महासभा के माध्यम से सम्पूर्ण देश में हिन्दू धर्म की अलख जगाते रहे। उन्होंने हिन्दू संगठन के कार्य को सर्वव्यापी व सर्वस्पर्शी बनाने व

संगठनात्मक कार्य व्यवहार की दृष्टि से सनातन धर्म महासभा के कई बड़े अधिवेशनों का आयोजन किया। मालवीय जी की एक बड़ी उपलब्धि यह थी कि उन्होंने तत्कालीन भारत में हिन्दू हितों के रक्षार्थ गठित हुई अन्य संस्थाओं के मध्य आपसी सामंजस्य बनाया और उन्हें एकता के सूत्र में आबद्ध करने का सराहनीय कार्य किया। सीताराम चतुर्वेदी ने सनातन धर्म सभा के कार्यों का मूल्यांकन करते हुए लिखा है कि सन् 1921 ई. में जब एक गाँधी की आँधी में सारा देश उड़ा जा रहा था, उस समय भी मालवीय जी बड़ी शान्ति से सनातन धर्म सम्बन्धी वाटिका में बाड़ लगा रहे थे। सनातन धर्म सभा इन्हीं तूफानी दिनों में बनी और काम करने लगी।

मालवीय जी के प्रयासों के परिणामस्वरूप सन् 1928 ई. में प्रयाग की सनातन धर्म महासभा ने विस्तीर्ण होकर मालवीय जी की अध्यक्षता में अखिल भारतीय सनातन धर्म महासभा का रूप ले लिया। तीर्थराज प्रयाग में संवत् 1984 ई. के माघ कृष्ण 11 से माघ शुक्ल द्वितीया (1928 जनवरी की दिनांक 18 से 24) तक अखिल भारतवर्षीय-सनातन धर्म-महासभा का अधिवेशन मालवीय जी के सभापतित्व में हुआ। इसमें भारतवर्ष के अनेक प्रान्तों के और अनेक हिन्दू राज्यों के प्रसिद्ध शास्त्र जानने वाले पंडित आये और प्रत्येक प्रस्ताव पर अच्छे से विचार हुआ। अखिल भारतवर्षीय-सनातन धर्म-महासभा के मालवीय जी अध्यक्ष पद पर प्रतिष्ठित रहे। सनातन धर्म महासभा के सिद्धान्तों का प्रचार करने के लिए काशी से सनातन धर्म और लाहौर से विश्वबन्धु नामक समाचार पत्रों का प्रकाशन किया जाने लगा। वस्तुतः यह समाचार पत्र सनातन धर्म सभा के प्रचार और उससे कहीं अधिक बढ़कर हिन्दुओं को जाग्रत व संगठित करने का माध्यम थे।

इसके अलावा मालवीय जी के सतत प्रयासों से सनातन धर्म महासभा का कार्य सम्पूर्ण भारतवर्ष में प्रसारित हुआ। विशेषकर उत्तर-पश्चिम प्रान्त में इसका कार्य तीव्र गति से बढ़ा। मालवीय जी ने सनातन धर्म महासभा की ओर से पंजाब का प्रवास किया। वहाँ महासभा की लगभग तीन सौ से अधिक सभाएँ बनीं और सौ से अधिक महावीर दल स्थापित हुए। इसी प्रवास में 21 से 24 अप्रैल, 1924 में रावलपिण्डी में आयोजित सनातन धर्म सम्मेलन भी उनके सभापतित्व में सम्पन्न हुआ। उस सभा में उन्होंने अछूतों को सार्वजनिक विद्यालयों में भर्ती करने सम्बन्धी परामर्श की अनुशंसा की। वहाँ मालवीय जी का जो स्वागत हुआ, जो जुलूस निकाला गया वह अपूर्व ही था। इसके अलावा 1925 ई. में उन्होंने अमृतसर के प्रसिद्ध दुर्गियाना मन्दिर और सरोवर का धर्म यज्ञ करवाकर स्थापना कर हिन्दू समाज के सुदृढ़ीकरण का मार्ग प्रशस्त किया। यह सब मालवीय जी के उद्योग का ही परिणाम था कि प्रतिवर्ष प्रतिपर्व पर स्थान-स्थान पर धार्मिक महोत्सव, कथा इत्यादि होती रहती थी। जिससे धार्मिक वातावरण बनता गया और लोग धर्मनिष्ठ होते गये। कितनी सनातन धर्म सभाओं में मालवीय जी सभापति हुए। कितनी ही संस्थाओं

की नींव रखी यह तो बड़ी लम्बी गाथा है।

पं. मदन मोहन मालवीय के मार्गदर्शन में भारतीय सनातन धर्म महासभा का कार्य और प्रभाव जन-जन में व्याप्त होने लगा। पंजाब और पश्चिमी भारत के कुछ क्षेत्रों में इस सभा के सम्मेलन भी हुए। आपने सिन्ध बलोचिस्तान सम्मेलन का सभापतित्व किया। हिन्दू धर्म के पुनरुद्धार व संरक्षण की दृष्टि से 23 जनवरी से 26 जनवरी 1936 ई. (प्रयाग) तक भारतीय सनातन धर्म सभा आगामी योजनाओं व कार्यक्रमों को निश्चित करने के लिए विशेष अधिवेशन का आयोजन किया गया। 25 जनवरी को दरभंगा नरेश कामेश्वर सिंह जी के सभापतित्व में विद्वज्जनों द्वारा बहुत विचार-विमर्श के पश्चात् अत्यन्त व्यापक और स्पष्ट कार्यक्रम स्वीकार किया गया।

1. वेद स्मृति और पुराणों में प्रतिपादित सनातन धर्म के शिक्षण और प्रचार का प्रयत्न करना। इस उद्देश्य की सिद्धि के लिए ऋषिकुल, गुरुकुल, पाठशाला, स्कूल और कॉलेज का संस्थापन, पुस्तक, पुस्तिका, पत्रिका और पत्रों का प्रकाशन, कथा, धार्मिक व्याख्यान और प्रवचन तथा समय-समय पर अन्य उचित साधनों का अवलम्बन करना।
2. हिन्दू संस्कृति की रक्षा तथा प्रसार का प्रबन्धन करना तथा संस्कृत भाषा और साहित्य, विशेषकर वेदों, स्मृतियों, पुराणों और दर्शनों के अध्ययन को प्रोत्साहित करना।
3. धर्मोपदेशकों को तैयार करने के लिए उपदेशक विद्यालय खोलना तथा धर्म-प्रचार के उपयोगी साहित्य के संकलन के लिए केन्द्रीय पुस्तकालय एवं प्रकाशन विभाग स्थापित करना।
4. शास्त्रानुसार उचित समय पर अल्प मत में धार्मिक संस्कार, विशेषकर उपनयन तथा विवाह करने के लिए प्रोत्साहन देना तथा समस्त सनातन धर्मानुयायियों को मन्त्र दीक्षा दिलाने का प्रबन्ध करना।
5. मठ, मन्दिर, धर्मशाला और तीर्थस्थानों की रक्षा और पुनरुद्धार के लिए उचित उपायों का अवलम्बन करना और धार्मिक उत्सव और पर्व मनाने का सुप्रबन्ध करना।
6. विशेष धार्मिक उद्देश्य से दी हुई जो सम्पत्ति अधिकारियों के हाथ में चली गयी हो, उसका उद्धार करना और उसे यथानिर्दिष्ट कार्य में लगाना।
7. हिन्दुओं की आध्यात्मिक, शारीरिक और मानसिक उन्नति के साधनों को बढ़ाने का प्रयत्न करना।
8. हिन्दू विधवाओं और अनाथों की रक्षा का समुचित प्रबन्ध करना।
9. सनातन धर्म के विशेष कार्य के अतिरिक्त हिन्दू जाति के सर्वसाधारण के हित के कार्यों में सब हिन्दुओं के साथ मिलकर कार्य करना।

10. हिन्दुओं के विभिन्न सम्प्रदायों का गठन करना एवं उनकी धार्मिक तितिक्षा तथा एकता का भाव बढ़ाना और देश के भिन्न-भिन्न धर्म मानने वाले भाइयों में सद्भाव और मेल बढ़ाना।
11. समाज-सेवा तथा हिन्दू जाति की शारीरिक शक्ति बढ़ाने के लिए स्थान-स्थान पर 'महावीर दल' स्थापित करना।
12. जनता को गौ तथा उसकी सन्तान के प्रति दया का बर्ताव करने तथा गौवों की रक्षा एवं उनकी वृद्धि के लिए प्रयत्न करने की शिक्षा देना, सस्ता तथा शुद्ध गौ-घृत, गौ-दुग्ध दिलाना और उनकी उपयोगिता बताना एवं उनको उचित मात्रा में प्राप्त करने के साधनों का अवलम्बन करना, हिन्दुओं को गोवंश बढ़ाने के लिए अच्छे साँड़ छोड़ने (वृणोत्सर्ग) तथा इनकी रक्षा के उपायों की शिक्षा देना। गौरक्षा के लिए कार्य करने वाली संस्थाओं की सहायता और सहयोग से उचित स्थानों पर आवश्यकतानुसार गोशाला, गोपाल-विद्यालय और गौ-चिकित्सालय के संस्थापन को प्रोत्साहन देना।
13. विभिन्न स्थानों पर आवश्यकता के अनुसार गोचर-भूमि छोड़ने तथा उसकी रक्षा का प्रबन्ध करने की व्यवस्था करना।
14. इस महासभा के समान उद्देश्य रखने वाली भारत और उसके बाहर की अन्य संस्थाओं को अपने से सम्बद्ध करना।
15. पूर्ववत् उद्देश्यों और प्रयोजनों को पूरा करने के लिए चल तथा अचल सम्पत्ति संग्रह करना।

ये लक्ष्य और उद्देश्य इतने व्यापक और सर्वसंग्रही थे कि किसी भी सम्प्रदाय या मत को उनमें से किसी पर कोई आपत्ति नहीं हो सकती।

सेवा समिति (1912) की स्थापना

हिन्दू धर्म समाज के संगठन और पुनरुद्धार के अतिरिक्त मालवीय जी का एक और धर्म था मानव सेवा। उनके सामाजिक एवं संगठनात्मक कार्यों के विश्लेषण से ज्ञात होता है कि वे जीवन-पर्यन्त मानव सेवा और मानव धर्म के उत्थान में लगे रहे। वे मानव सेवा को ही प्रभु की सच्ची सेवा मानते थे। अतः इसी संकल्पना को साकार करने के उद्देश्य से उन्होंने व्यापक स्तर पर सामाजिक कार्यक्रमों की अगुवाई की। विशेषकर ऐसे समय में जब युवकों को लोकसेवा के आदर्शों के प्रति निष्ठावान बनाना कठिन कार्य था। हिन्दू समाज में जहाँ एक ओर लोक सेवा के प्रति उदासीनता एवं अरुचि का भाव था। वहीं दूसरी ओर अज्ञान अशिक्षा का बोलबाला था। मालवीय जी ने प्रयाग अर्धकुम्भ के अवसर पर अपने ज्येष्ठ पुत्र पं. रमाकान्त मालवीय को यात्रियों की सेवा के लिए स्वयंसेवक दल गठित करने को प्रोत्साहित किया। 1910 ई. में मालवीय जी जैसे अनेक प्रमुख मानव प्रेमियो के आह्वान पर कुछ स्वयंसेवक

जरूरतमन्दों की सहायता के लिए बाहर आये। इस प्रकार के लोगों के माध्यम से जो संगठन बना उसका नाम दीन रक्षक समिति रखा गया अर्थात् ऐसी समिति जो निर्बलों एवं असहायों की सहायता करे। प्रकारान्तर में सन् 1914 ई. में यही प्रयाग सेवा समिति के रूप में संगठित हुई। मालवीय जी उसके सभापति मनोनीत किये गये। उस समिति ने प्रशंसनीय कार्य किया।[37] पंडित हृदयनाथ कुंजरू, इस समिति के प्रधानमन्त्री थे। महाभारत के बोध वाक्य "मुझे राज्य, स्वर्ग और मोक्ष की कामना नहीं हैं। मैं तो दुःखों से तृप्त प्राणियों के दुःख का निवारण करना चाहता हूँ" जैसा बोध वाक्य ही इस सेवाकार्य का आधार था। पं. मदन मोहन मालवीय के प्रोत्साहन और पं. हृदयनाथ कुंजरू की लगन, क्षमता और सेवा भावना के कारण 'प्रयाग सेवा समिति' ने प्रयाग के बाहर भी जनता की बहुत सेवा की और सन् 1918 में अखिल भारतीय संस्था का स्वरूप धारण कर लिया। अधिकतम स्थानों पर 'प्रयाग सेवा समिति' के प्रतिरूप अनेक सेवा समितियाँ स्थापित की गयीं और उन्होंने अखिल भारतीय सेवा समिति के नेतृत्व में जनता की यथा सम्भव सेवा की। सेवा समिति ने हरिद्वार और कुम्भ के मेलों के अन्यत्र, बाढ़, भूकम्प, अकाल आदि संकटकालीन परिस्थितियों में उपस्थित रहकर समाज की अनन्य सेवा व सहायता की। पंजाब मे सन् 1919 में नृशंस जलियाँवाला बाग हत्याकाण्ड के फलस्वरूप लगाये गये मार्शल लॉ के समय भी मालवीय जी के मार्गदर्शन में सेवा समिति के सदस्यों ने पंजाब पहुँचकर इस घोर संकटपूर्ण हृदयविदारक परिवेश में पंजाब की जनता की जो सेवा की वह अतुलनीय व अविस्मरणीय है। मालवीय जी के श्रम, उत्साह एवं साहस का पंजाब के लोगों पर व्यापक प्रभाव पड़ा और तभी से वे लोकनायक के रूप में प्रतिष्ठित हो गये।

सेवा समिति के स्वयंसेवकों और बालचरों की सेवा-भावना व कार्यप्रणाली से प्रभावित होकर श्रीराम वाजपेयी के सहयोग से मालवीय जी व हृदयनाथ कुंजरू के मार्गदर्शन में 1918 ई. में अखिल भारतीय सेवा समिति ब्वाय स्काउट एसोसिएशन की स्थापना हुई। वाजपेयी जी को कार्यसंचालन का भार दिया। मालवीय जी चीफ स्काउट बने और पं. हृदयनाथ कुंजरू ने प्रधान कमिश्नर होना स्वीकार किया। कालान्तर में इस संस्था का उत्तरोत्तर विस्तार व विकास होता रहा। मालवीय जी के मार्गदर्शन और सहयोग के फलस्वरूप सेवा समिति ब्वाय स्काउट एसोसिएशन की लोकप्रियता बढ़ती गयी। सन् 1921 ई. में प्रयाग में भारतीय सेवा समिति ब्वाय स्काउट एसोसिएशन तथा इंडियन ब्वाय स्काउट एसोसिएशन का संयुक्त सम्मेलन आयोजित हुआ। इस सम्मेलन में इंडियन स्काउट एसोसिएशन का संयुक्त सम्मेलन आयोजित हुआ। इस सम्मेलन में इंडियन स्काउट एसोसिएशन के संस्थापक लार्ड वेडेन पोवेल ने भारतीय स्काउट की प्रशंसा की और उसको भारतीय स्काउट एसोसिएशन से मिलाने का परामर्श दिया लेकिन मालवीय जी स्काउट संगठन के सरकारी स्वरूप के विरुद्ध थे और उन्होंने इस बात पर बल दिया कि भारतीय स्काउट बालकों को

सम्राट के स्थान पर देश के प्रति निष्ठा की शपथ लेनी चाहिए तथा स्काउट गीतों की सूची में राष्ट्रगीत वन्देमातरम् को भी सम्मिलित कर लिया जाना चाहिए। सरकार ने मालवीय जी के प्रस्तावों को अस्वीकृत कर दिया। दोनों संगठनों का प्रस्तावित एकीकरण न हो सका।

वस्तुतः सेवा समिति अथवा ब्वाय स्काउट विशुद्ध स्वरूप में समाजसेवा का संगठन था जो जाति वर्ण धर्म का भेद-भाव किये बिना पूर्णरूपेण मानव सेवा ही इसका एकमात्र उद्देश्य था। फिर भी गठन की दृष्टि से यह पूर्णतया नहीं तो अधिकांशतया एक हिन्दू संगठन था। मालवीय जी इसे एक नवीन युवा संगठन के रूप में विकसित होता देखना चाहते थे। इस उद्देश्य की पूर्ति के लिए प्रत्येक मोहल्ले में ब्वाय स्काउट की इकाई स्थापित करना चाहते थे। सेवा समिति की उनकी धारणा जातीय या राष्ट्रीय पुलिस की थी, ऐसी पुलिस जिसका उद्देश्य समाज सेवा हो। शारीरिक संस्कृति को प्रोत्साहन देने की दृष्टि से अखाड़ा-आन्दोलन की सहायता करने के लिए मालवीय जी की अध्यक्षता में इस अधिवेशन के आयाम का विस्तार हुआ।

अन्ततः कहा जा सकता है कि मालवीय जी ने समाज सुधार की अवधारणा को मानव सेवा के साथ सम्बन्धित करते हुए उसे समग्र रूप से व्यावहारिक बनाने का सराहनीय प्रयास किया। सेवा समिति ब्वाय स्काउट के माध्यम से वह जीवन में एक ऐसा नेतृत्व खड़ा करना चाहते थे जो राष्ट्रीय भावना से ओत-प्रोत हो राष्ट्र जीवन के लिए कुछ कर सके। वे अपनी इस योजना को मूर्त बनाने के लिए स्वयंसेवकों को शारीरिक, मानसिक, बौद्धिक व चारित्रिक रूप से सक्षम बनाने की महत्ता पर भी बल दिया करते थे।

हिन्दू महासभा

पूर्व में उल्लेख किया जा चुका है कि हिन्दू धर्म एवं हिन्दू संस्कृति जीवन-पद्धति और शास्त्रोक्त परम्पराओं के सन्दर्भ में पं. मदन मोहन मालवीय आदर्श आग्रही थे। लेकिन वे हिन्दू धर्म की पतनोन्मुखी दशा और उसके संरक्षण, संवर्धन के लिए सदैव चिन्तित और धर्म रक्षार्थ सदैव तत्पर रहते थे। 19वीं शताब्दी के अन्त में उनके द्वारा हिन्दू समाज के उन्नयन के लिए किये गये कार्य उनकी हिन्दुत्व की छवि को प्रकट करते हैं। मालवीय जी ने प्रारम्भ से ही स्वयं के व्यक्तिगत एवं सामाजिक जीवन के कार्यों में धर्माधारित मूल्यों को महत्ता प्रदान की। उन्होंने हिन्दू समाज के उन्नयन सम्बन्धी अपने प्रारम्भिक कार्यों से उन मिथक अवधारणाओं को निर्मूल सिद्ध कर दिया जिसमें सशक्त हिन्दू समाज के महत्त्व और उसके औचित्य को व्यर्थ का प्रलाप समझा जाता था। मालवीय जी ने हिन्दू समाज को सुसंगठित, सुशिक्षित, संस्कारित व सुदृढ़ करने के लिए हिन्दू समाज के संगठित विविध आयामों केन्द्रीय हिन्दू समाज, सनातन महासभा, भारत धर्म महामंडल, अखिल भारतीय सनातन धर्म

महासभा, सेवा समिति ब्वाय स्काउट, महावीर दल की स्थापना कर समाज जागरण का अद्वितीय कार्य किया। इन विविध आयामों के फलस्वरूप मालवीय जी हिन्दू चिन्तक, उद्धारक के रूप में हिन्दू समाज के लोकप्रिय, विश्वसनीय प्रतिनिधि बन गये।[38]

20वीं शताब्दी के प्रारम्भ में ब्रिटिश साम्राज्य की हिन्दू विरोधी नीति और कांग्रेस के तथाकथित नेताओं की मुस्लिम तुष्टिकरण व अंग्रेज भक्ति के परिणामस्वरूप हिन्दू समाज नारकीय जीवन जीने को विवश था। भारत में चहुँओर हिन्दू अस्मिता, हिन्दू गौरव पर कुठाराघात हो रहा था। जहाँ एक ओर मुस्लिम बहुल क्षेत्रों में हिन्दुओं पर नृशंस पाशविक अत्याचार हो रहे थे। माता, बहनों, मन्दिरो को निशाना बनाया जा रहा था वहीं दूसरी ओर शासन द्वारा प्रायोजित ईसाई मिशनरियाँ अपने छद्म दुश्चक्रों से भारतीय संस्कृति के खण्डन-मण्डन का प्रयास कर रही थीं। हिन्दुओं की वर्तमान दुर्दशा से मालवीय जी के हृदय में बड़ी पीड़ा होती थी। इसलिए उन्होंने हिन्दू जाति का संगठन करने के उद्देश्य से हिन्दू संगठन आन्दोलन चलाया।[39]

वस्तुतः सन् 1905 में बंगाल विभाजन की घोषणा ने हिन्दू समाज को अपने संगठनात्मक स्वरूप के विषय में सोचने के लिए विवश कर दिया। सन् 1905 ई. में बंगाल का विभाजन भारतीय राष्ट्रवाद के इतिहास में अनेक दृष्टियों से महत्त्वपूर्ण मोड़ था। मुसलमानों को सन्तुष्ट करने के लिए किये गये इस विभाजन ने हिन्दुओं के मन में ब्रिटिश साम्राज्यवाद एवं मुस्लिम साम्प्रदायिकतावाद के बीच साँठ-गाँठ की शंका उत्पन्न कर दी। सरकार ने दमन तथा मुस्लिम पक्षपात (विशेषतः नौकरियों के मामले में) की जुड़वाँ नीति का अनुसरण किया। सरकार की इस नीति ने मुस्लिमों के आतंक को प्रश्रय दिया और वे प्रत्यक्ष रूप से अमानवीय कार्यवाहियों पर उतर आये। इसके फलस्वरूप हिन्दुओं के जीवन एवं सम्पत्ति पर अनेक हमले हुए। 1906 में आगा खाँ के नेतृत्व में स्थापित हुई मुस्लिम लीग और वायसराय मिंटो के पृथक मतदान एवं विधायिका में मुस्लिम आरक्षण की सहमति ने हिन्दू विरोधी इस विभिषीका को प्रोत्साहित किया।

मुस्लिमों और ब्रिटिश शासन की इन नीतियों ने हिन्दुओं की शंकाओ को जाग्रत कर दिया तथा हिन्दुओं को मुस्लिम साम्प्रदायिकता के नवीन खतरों के प्रति सचेत कर दिया। उन्होंने यह तय कर लिया कि यदि हिन्दुओं को जीवित रहना है तो उन्हें संगठित होना ही होगा।

सन् 1905 ई. बंग-भंग से वर्तमान हिन्दू संगठन का प्रारम्भ समझना चाहिए। बंगाल के विभाजन के फलस्वरूप हिन्दू एक होने लगे थे। 1905 ई. में राष्ट्रीय महासभा (कांग्रेस) के साथ ही सर गणेश नारायण चन्दावरकर के सभापतित्व में एक सामाजिक कान्फ्रेंस का और बरार के.बी.एन. महाजनी के सभापतित्व में हिन्दुओं की एक विशाल सभा का आयोजन किया गया। इस सम्मेलन की कार्यवाही व नीतियाँ लोकमान्य तिलक के मार्गदर्शन में निर्धारित की गयी थीं। तिलक जी का मत था

कि सामाजिक सुधार समाज के भीतर से ही उद्भावित होने चाहिए, बाहर से नहीं लाना चाहिए क्योंकि ऐसा होने पर संगठन और एकता सम्भव नहीं है।

सन् 1907 ई. में हिन्दू सभा की बैठक हुई और उसमें बहुत से प्रस्ताव पारित किये गये। लेकिन यह समय भारत के संकट का था हिन्दुओं के बड़े नेता लाला लाजपत राय, श्री अरविन्द घोष और लोकमान्य तिलक ब्रिटिश शासन के द्वारा गिरफ्तार कर लिए गये। इसी बीच लार्ड मिण्टो ने पृथक निर्वाचन प्रणाली का कुचक्र चलाया, जिसका विरोध करने के लिए 1909 में हिन्दुओं की विराट सभा हुई और लार्ड मिण्टो साम्प्रदायिक विशेषाधिकार के विरोध में सरकार के पास प्रतिनिधि मंडल भी भेजे गये। इस प्रतिनिधि मंडल के भेजने का श्रेय मालवीय जी को ही है।

इसके पश्चात् हिन्दू महासभा की गतिविधियाँ लगभग चार वर्षों तक सुप्त रही लेकिन 1913 के कानपुर के भयानक दंगों ने इस सुप्त महासभा को पुनः जाग्रत किया। इसी कालावधि में सम्पूर्ण भारत दंगों की पीड़ा से कराह उठा। मुस्लिमों ने अनेक स्थानों पर भीषण अत्याचार किये। 1921 ई. में मालाबार क्षेत्र के मोपलाओं ने हिन्दुओं की दुर्गति की उनका धन लूटा, आग लगाई, स्त्रियों की अस्मिता को भंग किया, उसके कोड़े ने हिन्दुओं की पीठ छील दी। मालवीय जी अस्वस्थ थे वे लाचारीवश वहाँ पहुँच न सके फिर भी उन्होंने पीड़ित हिन्दुओं की सहायता के लिए भरसक प्रयास किये। मोपला की ज्वाला अभी शान्त भी नहीं हुई थी कि मुल्तान में हिन्दुओं का व्यापक स्तर पर नरसंहार हुआ। पं. मदन मोहन मालवीय तत्काल सहयोगियों के साथ मुल्तान पहुँचे और वहाँ के नरसंहार और स्त्रियों के अपमान व बच्चों के कत्लेआम को देखकर बच्चों की तरह रो पड़े। इसके तुरन्त बाद सहारनपुर में ऐसा दंगा हुआ। वहाँ बहुत से हिन्दुओं ने घर में घुसकर किवाड़ के पीछे से अपनी माताओं, बहनों और बेटियों की अस्मिता भंग व निर्दय हत्या होते देखी।

इस प्रकार मुस्लिमों की सीधी कार्यवाही ने सम्पूर्ण भारत के हिन्दू नेताओं को उद्वेलित कर दिया। यहाँ यह भी उल्लेख करना समीचीन जान पड़ता है कि मुस्लिमों के द्वारा प्रारम्भ की गयी इन कार्यवाहियों पर कांग्रेस के नेता मौन थे। इन दंगों के परिणामस्वरूप अनेक हिन्दू नेताओं द्वारा हिन्दुओं को संगठित करने तथा हिन्दू महासभा का अखिल भारतीय अधिवेशन आयोजित करने की आवश्यकता तीव्रता से महसूस की जाने लगी। मालवीय जी का मत था कि महासभा की स्थापना आवश्यक हो गयी है, क्योंकि राजनीतिक संस्था होने के कारण कांग्रेस विभिन्न समुदायों को प्रभावित करने वाले सामाजिक तथा अन्य गैर-राजनीतिक क्षेत्रों से सम्बन्धित प्रश्नों का निराकरण करने में असमर्थ थी। साथ ही चूँकि भारत एक बहुसांस्कृतिक देश है। राष्ट्रीय संस्कृति की सुरक्षा भी आवश्यक है। हिन्दू समुदाय से सम्बन्धी मामलों में, हिन्दुओं की ओर से बोलने के लिए एक हिन्दू संस्था की आवश्यकता पर बल दिया जाने लगा। इसके अन्यत्र वे समाज जीवन के अपने अनुभवों के चलते इस निष्कर्ष

पर पहुँचे कि सच्ची हिन्दू-मुस्लिम एकता तभी सम्भव है, जब दोनों यह अनुभव कर लें कि दूसरा इतना शक्तिशाली है कि अपने ऊपर किये जाने वाले अन्यायपूर्ण आक्रमण का मुँहतोड़ जवाब देने में सक्षम हो।

भारत में चल रही सतत हिन्दू विरोधी गतिविधियों के चलते पंडित मदन मोहन मालवीय, लाला लाजपत राय और स्वामी श्रद्धानन्द जी ने हिन्दुओं को एक सूत्र में बाँधने का संकल्प लिया। उन्हीं के अथक प्रयासों से सन् 1907 ई. वाली हिन्दू सभा और 1914 ई. वाली अखिल भारतीय हिन्दू सभा ने 1923 ई. में एक नया भव्य और परिमार्जित स्वरूप ग्रहण कर लिया और उसका नाम पड़ा अखिल भारतीय हिन्दू महासभा। हिन्दू समाज का संरक्षण और संवर्धन करने वाली इस नवीन अखिल भारतीय सभा की 19 और 20 अगस्त सन् 1923 ई. को काशी के सेंट्रल हिन्दू स्कूल के काशी नरेश हाल में बड़ी भव्य स्वरूप में सभा हुई। मालवीय जी इस सभा के सभापति थे। इस सभा की यह सबसे बड़ी उपलब्धि थी कि इस सभा में हिन्दू धर्म के सभी मत सम्प्रदायों, सनातनधर्मी, आर्य समाजी, बौद्ध, सिक्ख, जैन, पारसी सभी ने इसमें सहभागिता की। भारत के इतिहास में पहली बार यह ज्ञात हुआ कि भारत में पैदा होकर विभिन्न विचार रखकर भी, हम एक ही मंच से बोल सकते हैं, एक स्थान है जहाँ हम सब एक साथ बैठकर विचार कर सकते हैं। इस सभा में एक ओर कट्टर सनातनधर्मी, दूसरी ओर कट्टर आर्यसमाजी और इन दो हिम-शिलाओं के बीच मालवीय जी नाव खे रहे थे। इस विरोधी जनसमूह के द्वारा ही मालवीय जी ने हिन्दू समाज को संगठित कर दिया। इस प्रकार कह सकते हैं कि मुस्लिम लीग की अतिरंजित माँगों, साम्प्रदायिक उपद्रव तथा ब्रिटिश कूटनीति ने देश में ऐसा वातावरण निर्मित कर दिया कि निष्क्रिय हिन्दू महासभा पुनः जीवित हो उठी।[40] सन् 1923 ई. में मालवीय जी की अध्यक्षता में हिन्दू महासभा के प्रमुख लक्ष्य निर्धारित किये गये और नये हिन्दू विधान को स्वीकृत किया गया। हिन्दू समाज की सर्वांगीण उन्नति ही हिन्दू महासभा का मूल उद्देश्य था। हिन्दू महासभा में विस्तृत रूप से हिन्दू धर्म, समाज, संस्कृति के संरक्षण के उद्देश्य को स्वीकृत किया। यहाँ हिन्दू महासभा के निहितार्थों की संक्षिप्त विवेचना करना आवश्यक है।

हिन्दू महासभा के उद्देश्य

हिन्दू महासभा के उद्देश्य किसी के विरुद्ध नहीं थे बल्कि यह हिन्दू समाज के कल्याण हेतु प्रतिपादित किये गये।

1. हिन्दू समाज के सर्वपंथियों में तथा सर्ववंशियों में पारस्परिक प्रेम की वृद्धि करके एकीकरण द्वारा इस अपने महान समाज को सुसंगठित, प्रबल तथा उत्कर्षनिमुख बनाना और उसकी सर्वांगीण प्रगति करना, यही हिन्दू महासभा का उद्देश्य है।

2. संगठित हिन्दू जाति और भारत की अन्य परधर्मीय जातियों के साथ परस्पर सद्भाव उत्पन्न करके भारत को स्वयंशासित, स्वराज्ययुक्त एवं महान राष्ट्र बनाने का प्रयत्न करने के लिए उनसे मित्रता बढ़ाना।
3. हिन्दू जाति के निम्न वर्गों के साथ, सब वर्गों के साथ, सब वर्गों की उन्नति करके उनको ऊँचे उठाना।
4. हिन्दुओं के हित की जहाँ आवश्यकता हो वहाँ रक्षा करना।
5. हिन्दू स्त्रियों की स्थिति सुधारना।
7. गौ-रक्षण तथा गौ-संवर्धन करना।
8. हिन्दू जाति के धर्म, सदाचार, शिक्षण और सामाजिक, राजनीतिक तथा आर्थिक उन्नति के लिए प्रयत्न करना।

टिप्पणी—हिन्दू सभा हिन्दू जाति के किसी भी विशेष मंच का राजनीतिक पक्ष का पक्षपात अथवा विरोध नहीं करेगी अथवा किसी पंथ के मत में रद्दोबदल नहीं करेगी।

इसके अन्यत्र सभा का बाल विवाह के विरुद्ध एक प्रस्ताव था कि चौदह वर्ष के पूर्व कन्या का विवाह न किया जाये। बहुत से लोगों ने इसका विरोध किया और नरक में पड़ने का भय और आशंका प्रकट की। मालवीय जी ने इसका समाधान करते हुए निर्णय दिया कि आठ-दस वर्ष की अवस्था में कन्याओं का विवाह करने से तो रजोदर्शन के बाद भी विवाह करना श्रेष्ठ है और इसके लिए हमें नरक में भी जाना पड़े तो हमें स्वीकार है। इसके पश्चात् हरिद्वार, दिल्ली, कानपुर, कलकत्ता, बेलगाँव, अकोला, अजमेर आदि स्थानों पर हिन्दू-महासभा के वार्षिक अधिवेशन हुए। मालवीय जी ने 1918, 1921 (विशेष), 1922 (विशेष), 1923, 1924, 1926 (विशेष), 1927 (विशेष) तथा 1935 ई. के अधिवेशनों की अध्यक्षता की। इस प्रकार कुल मिलाकर उन्होंने हिन्दू महासभा के आठ अधिवेशनों को सभापति पद से अलंकृत किया। मालवीय जी ने पाँच वर्ष तक हिन्दू महासभा का नेतृत्व किया और हिन्दू महासभा की सर्वांगीण उन्नति के लिए यथासम्भव प्रयास किया। स्वराज्य की माँग की प्राथमिकता का सदा ध्यान रखा। उन्होंने समाज सुधार के काम में सनातन धर्म पर दृढ़ निष्ठा रखने वाले हिन्दुओं की धार्मिक भावनाओं को सदा ध्यान में रखा और शास्त्रों के प्रमाण के आधार पर ही समाज सुधार का कार्य सम्पन्न किया।

27 तथा 28 दिसम्बर, 1929 ई. में बेलगाँव की हिन्दू महासभा में मालवीय जी हिन्दू महासभा के सभापति बनाये गये। यह सभा बेलगाँव कांग्रेस के साथ ही हुई थी। इसमें महात्मा गाँधी, लाला लाजपत राय, देशबन्धु चितरंजनदास, पं. मोतीलाल नेहरू, स्वामी श्रद्धानन्द, श्री केलकर, श्री सत्यमूर्ति, मौलाना मुहम्मद अली और शौकत अली, डॉ. मुंजे आदि भारतीय नेता सम्मिलित हुए।

इसके पश्चात् 19 दिसम्बर 1935 ई. को पूना में तिलक स्मारक हॉल में पूज्य

मालवीय जी के सभापतित्व में हिन्दू महासभा का 17वाँ अधिवेशन बड़े धूम-धाम से सम्पन्न हुआ। हिन्दू सेवा समिति पूना ने उन्हें अभिवादन सम्मान दिया। इसी सम्मेलन में मालवीय जी ने अपने प्रभावी प्रबोधन में मन्त्र दीक्षा का महत्त्व, शारीरिक तथा सैनिक शिक्षा की आवश्यकता, अछूतोद्धार, सार्वजनिक शिक्षा आदि विषयों की महत्ता को स्पष्ट किया। मालवीय जी की अध्यक्षता में महासभा के नवीन लोकप्रिय संविधान का निर्माण किया गया। महासभा की सदस्यता सोलह वर्ष में किसी भी हिन्दू के लिए प्राप्य थी। मालवीय जी महासभा की शाखाओं की स्थापना प्रत्येक गाँव में करना चाहते थे। हिन्दू समाज जिसके पीछे महान नाम तथा महान सभ्यता थी, उसके पुनर्निर्माण की दृष्टि से वे हिन्दू महासभा के तत्वावधान में प्रत्येक गाँव के हिन्दुओं की मासिक बैठक आयोजित करना चाहते थे। इन सब कार्यों का मूल भाव यह था कि वे हिन्दू महासभा और अन्य संगठनों के माध्यम से हिन्दू समाज को सबल और शक्ति सम्पन्न बनाना चाहते थे। मालवीय जी के अथक परिश्रम से महासभा शीघ्र ही सम्पूर्ण देश में लोकप्रिय हो गयी और भारत के अधिकांश क्षेत्र में उसकी शाखाएँ स्थापित हुईं।

1935 के अधिवेशन के पश्चात् भी मालवीय जी हिन्दू महासभा को सहयोग करते रहे। वृद्धावस्था में जब आप रोग शय्या पर पड़े थे उस समय भी हिन्दू हित का विचार और उसकी चिन्ता आपके मस्तिष्क में सदैव बनी रही। भारत विभाजन के प्रस्ताव के समय यद्यपि वे अस्वस्थ थे लेकिन इसका प्रबल विरोध करते हुए कहा कि इस विभाजन से पंजाब तथा बंगाल के हिन्दू सदा गुलाम हो जायेंगे। आपने शीघ्र ही राजगोपालाचारी के प्रस्ताव का विरोध करते हुए लिखा कि "हम भारत की स्वतन्त्रता चाहते हैं, पर हम यह नहीं चाहते कि देश की अखण्डता का घात हो। यह पाकिस्तानी समझौता कोई समझौता नहीं और समस्त देश और विशेषतः हिन्दुओं के लिए घातक होगा। इसलिए इसका सारे देश की ओर से विरोध होना चाहिए। मालवीय जी के इस आह्वान के चलते देश के कोने-कोने से विभाजन का विरोध मुखर हो उठा।

अन्ततः मालवीय जी के जीवन के विविध पहलुओं का विश्लेषण करने से ज्ञात होता है कि वे विभिन्न संगठनात्मक पद्धतियों के माध्यम से हिन्दू-धर्म समाज को सबल बनाना चाहते थे। उनका विचार था कि शक्ति सम्पन्न हिन्दू समाज की अवधारणा से ही स्वराज्य की प्राप्ति हो सकती है और एक सबल हिन्दू मान्यताओं पर आधारित राष्ट्र का निर्माण हो सकता है।

हिन्दू समाज के पुनरुद्धार के लिए कार्य

पं. मदन मोहन मालवीय सच्चे अर्थों में महात्मा थे। वे हिन्दू धर्म, हिन्दू संस्कृति तथा गीता में वर्णित दैवी सम्पत्तियों के तो वे अग्रगामी थे। उन्होंने जनता को ईश्वर

का स्वरूप मानकर जीवन पर्यन्त उसकी सेवा की। वे जनता के कष्टों के निराकरण में यथा सम्भव सहयोग करते थे। उनका व्यक्तित्व एक ऐसे विशाल वटवृक्ष की तरह था कि उनकी छत्रछाया में सब प्रकार के लोगों को सुख-शान्ति का अनुभव होता था।[41] मालवीय जी के पास प्रातःकाल से लेकर रात्रि तक लोग विविध प्रकार की समस्या लेकर आते-जाते रहते थे। उन्होंने इस सम्बन्ध में अपने कनिष्ठ पुत्र स्वर्गीय गोविन्द मालवीय से कहा था कि "मैं जनता का सेवक हूँ और जनता को यह अधिकार है कि वह अपने सेवक से जब चाहे सेवा ले।" मालवीय जी देश विशेषकर हिन्दू समाज की दयनीय दशा से द्रवित थे। मालवीय जी अपने जीवन का अधिकतम समय समाज सेवा में व्यतीत करना चाहते थे। और उनके कार्यों के समग्र मूल्यांकन से यह बात उभरकर सामने आती है। उनकी मनोकामना थी कि देश की दशा बड़ी बुरी हो गयी है। इस दुःख के उमड़ते समुद्र से क्या मुझे मरने की फुरसत है। मुझे सबसे बड़ी चिन्ता यही है कि देश और धर्म की किस प्रकार दशा सुधरे, मैं इसलिए भगवान से प्रार्थना करता हूँ कि वे मुझे इसको करने के लिए आयु देने का अनुग्रह करें।

मालवीय जी ने हिन्दू समाज को संगठित करने के साथ-साथ समाजोद्धार का कार्य भी पूर्ण कुशलता के साथ किया। उन्होंने अपनी कार्यप्रणाली से हिन्दू समाज की प्रत्येक समस्या को स्पर्श करते हुए उसके निराकरण के प्रयास किये। यहाँ उनके द्वारा किये गये हिन्दू पुनरुत्थान सम्बन्धी कुछ महत्त्वपूर्ण कार्य जो उन्हें समाजोद्धारक के रूप में परिगणित करते हैं का विवेचन ही शोध का अभिप्राय है।

गंगा नहर के लिए संघर्ष

सन् 1914 ई. में सरकारी-नहर विभाग ने हरिद्वार में गंगा के प्रवाह को कुछ रोककर नहर निकालने का प्रयास किया जिससे गंगाजी का पानी "हर की पौड़ी" में न जाये अपितु नहर में प्रवाहित हो। पं. मदन मोहन मालवीय उस समय हरिद्वार प्रवास पर थे, इसका विरोध करना आवश्यक समझा और सनातन धर्म सभा में यह प्रस्ताव पारित कराया कि इस योजना को सरकार कार्यान्वित न करे क्योंकि इससे हिन्दू यात्रियों को आघात पहुँचेगा। पं. मदन मोहन मालवीय ने एक माह तक देहरादून में रहकर एक ज्ञापन और आन्दोलन की तैयारी की। और यह आन्दोलन भी प्रारम्भ किया। 18 तथा 19 दिसम्बर सन् 1916 ई. को युक्त प्रान्त के लेफ्टिनेंट गवर्नर सर जेम्स स्कौजी मेस्टन, के.सी.एस.आई., एल.एल.डी. के सभापतित्व में एक सभा हुई जिसमें छह भारतीय, सात सरकारी अफसर और सोलह अन्य सज्जन प्रतिनिधियों ने जिसमें मालवीय जी भी थे। इस बैठक में हर की पौड़ी नदी के बहाव को रोकने की सरकारी योजना का घोर विरोध हुआ। मालवीय जी का मत था कि "हमें नहर से कोई विरोध नहीं है किन्तु हम चाहते हैं कि हमारी आवश्यकता के लिए उसमें

से निरन्तर पर्याप्त मात्रा में जल आता रहे।" निश्चित ही गंगा हिन्दुओं के धार्मिक आस्था और विश्वास का विषय है और दुनियाभर के हिन्दू इस विश्वास से कि गंगाजी की धारा अविरल और शुद्ध है में स्नान कर मोक्ष की कामना लेकर आते हैं। उसका मत था कि धारा बिल्कुल प्राकृतिक होनी चाहिए। उसमें किसी तरह का बाँध आदि नहीं होना चाहिए। मेस्टन के प्रश्नों का उत्तर देते हुए मालवीय जी ने कहा कि "यदि यह फाटक उसी तरह खुला हो जैसे खम्भों पर बना हुआ पुल होता है, तो मुझे कोई आपत्ति नहीं है। पर मैं फाटक या जलद्वार बनाने के विरुद्ध हूँ।" मालवीय जी हिन्दू संस्कृति के प्रेरक थे और उनका यह विश्वास था कि गंगाजी लोगों को शुद्ध करके पापों का नाश करती हैं। उन्हें विश्वास था कि शासन इस विषय को गम्भीरता से हल करने का प्रयास करेगा। शासन ने सभा का निर्णय स्वीकार करते हुए धारा को अविच्छिन्न रखने का प्रबन्ध कर दिया। वस्तुतः जो लोग गंगाजी को एक साधारण नदी समझते हैं उनके लिए यह आन्दोलन भले ही व्यर्थ रहा हो पर जो गंगाजी की पवित्र धारा में अपनी जननी और पालन करने वाली माता का स्वरूप देखता हो और उसमें स्नान करके अपनी सुख-समृद्धि व पापमुक्त होने की कामना करता हो वह हिन्दू समाज गंगा माता का अपमान कैसे सहन कर सकता है। पं. मदन मोहन मालवीय के प्रयासों से यह जन-आन्दोलन सफल हुआ।

प्रयाग में सत्याग्रह

मदन मोहन मालवीय जी ने हिन्दू आस्था की प्रतीक गंगा नदी के लिए प्रयाग में सत्याग्रह किया। यह प्रयाग सत्याग्रह के नाम से जाना जाता है। सन् 1924 में प्रयाग अर्द्धकुम्भ के अवसर पर प्रयाग में गंगा नदी की धारा में अचानक परिवर्तन हुआ। यहाँ के अधिकारियों ने प्रान्तीय सरकार से वार्ता कर यह आदेश पारित किया कि त्रिवेणी संगम पर कोई स्नान न करे। मालवीय जी ने इस समस्या के समाधान के लिए प्रान्तीय सरकार से लिखित में निवेदन किया लेकिन यह निवेदन व्यर्थ रहा। मालवीय जी के लिए यह हिन्दू जाति का अपमान था। जो मालवीय जी के लिए असहनीय था। फलतः मालवीय जी ने भी सत्याग्रह करने का निश्चय किया। वे पं. जवाहर लाल नेहरू सहित दो सौ स्वयंसेवकों के साथ संगम (त्रिवेणी) पहुँच गये। मेला प्रशासन ने ठीक संगम पर एक बल्लियों का मजबूत घेरा बना दिया जिससे कि लोग संगम तक स्नान करने न पहुँच सकें। जवाहर लाल नेहरू हाथ में राष्ट्रीय झण्डा लिए हुए दौड़कर उस अवरोध पर चढ़ गये। पं. मदन मोहन मालवीय भी पुलिस घुड़सवारों के मध्य से वेग से झपटकर नेहरू के पास जा पहुँचे। देखते-देखते वह अवरोधक छिन्न-भिन्न हो गया। इस घटना का उल्लेख करते हुए सीताराम चतुर्वेदी जी ने आत्मचरित में लिखा है कि "मालवीय जी ने जो उस समय करतब दिखाया वह साधारण आदमी के लिए भी कठिन था, फिर बुढ़ापे की काया में लिपटकर

ऐसी फुर्ती दिखाना पड़े तो बड़े आश्चर्य की बात थी।" अन्ततः सब उनके पीछे-पीछे धारा में कूद पड़े। इधर-उधर हाथ-पैर पटककर पुलिस भी वहाँ से हट गयी और सत्याग्रह सफल हो गया।

पुनः हरिद्वार

प्रयाग सत्याग्रह के पश्चात् मालवीय जी ने हरिद्वार में पुनः गंगा नदी के लिए सत्याग्रह व संघर्ष किया। अप्रैल सन् 1927 ई. में हरिद्वार कुम्भ के अवसर पर हिन्दू समाज के प्रचण्ड विरोध के बाद भी मेला अधिकारियों ने गंगा तट से कुछ दूर छोटे से ब्रह्मकुण्ड पर एक पुल बना लिया था। इस पर अधिकारी लोग जूता पहनकर चढ़ते थे और यहाँ खड़े होने वाले को स्नान करती हुई स्त्रियों को नग्न शरीर दिखता था। मालवीय जी ने सरकार को 1300 शब्दों का एक तार भेजा जिसमें उन्होंने अधिकारियों के इस घृणात्मक कदम की निन्दा की और पुल न हटाने पर सत्याग्रह करने की चुनौती दे डाली। परिणामस्वरूप गवर्नर ने तत्काल अधिकारियों के लिए उस पुल का प्रयोग करने पर प्रतिबन्ध लगा दिया। इस प्रकार हिन्दू धर्म आस्था के लिए किये गये संघर्ष के लिए मालवीय जी की यह दूसरी विजय थी।[42]

हिन्दू समाज को संगठित, सुसंस्कारित करने और हिन्दू धर्म में पिछले एक हजार वर्षों के सांस्कृतिक विशृंखलन से व्युत्पन्न दोषों के निराकरण के लिए मालवीय जी ने हिन्दू धर्म और समाज व्यवस्था के गुणों को सही अर्थों में व्याख्यायित करते हुए उसे उसके मूल स्वरूप को समसामयिक वातावरण के साथ परस्पर रूप से सम्बन्धित किया। मालवीय जी ने तत्कालीन समाज में व्याप्त दोषों जैसे अस्पृश्यता की समस्या, नारी समस्या, अशिक्षा, धर्मान्तरण, गौ-रक्षा आदि पर कुठाराघात करते हुए समाज की मूल चेतना को जाग्रत करने का प्रयास किया।

अस्पृश्यता का विरोध एवं मन्त्र दीक्षा

पं. मदन मोहन मालवीय छुआछूत (अस्पृश्यता) की भावना के घोर विरोधी थे। वे हिन्दू समाज की दुर्दशा विघटन के लिए जातिगत छुआछूत को सबसे बड़ा कारण मानते थे। उनके अनुसार किसी भी हिन्दू धर्म-ग्रन्थ में इस प्रथा के सन्दर्भ में कहीं उल्लेख नहीं मिलता। वे बार-बार इस बात पर जोर देते थे कि नीची जाति के लोग अपने अच्छे चरित्र और सुन्दर जीवन के कारण ऊँची जाति के लोगों के गुरु हैं। वे उन्हें धार्मिक बातों की शिक्षा देते हैं, तो ऐसे लोगों को अछूत कैसे मान लिया जाये।[43] मालवीय जी एक ऐसे सनातन नेता थे जिन्होंने सर्वप्रथम 1909 में निम्नवर्ग शिक्षा के लिए कौंसिल में भाषण दिया था। सन् 1921 ई. में मोपला विद्रोह ने मालवीय जी को चौकन्ना कर दिया और उन्होंने हिन्दू महासभा गठित करके हिन्दुओं को एकसूत्र में बाँधे रखने का उद्योग किया। मालवीय जी को इस बात का कोई उचित कारण नहीं समझ में आता था कि अछूतों को समाज में समान अधिकार क्यों नहीं मिलना

चाहिए।[44] वे अस्पृश्यता को हिन्दू समाज पर भारी कलंक तथा राष्ट्रीय विकास के मार्ग में बाधा मानते थे।[45]

हिन्दू समाज में अस्पृश्यता को एक धार्मिक समस्या समझा जाता था। इसलिए मालवीय जी ने इस समस्या के निराकरण के लिए धार्मिक रीति व प्रणालियों का सहारा लिया। यह मालवीय जी की बड़ी उपलब्धि थी। उन्होंने धर्म ग्रन्थों के उद्धरणों को आधार बनाकर इस समस्या को जड़-मूल से समाप्त करने का निश्चय किया। इसके लिए मालवीय जी ने शास्त्र सम्मत परम्परा के अनुशरण का आग्रह किया।[46] मालवीय जी ने अन्त्यजोद्धार विधि में धर्मव्याध और ब्राह्मण के वार्तालाप का वर्णन करते हुए उसे प्रमाण के रूप में उद्धृत किया।[47] सनातन धर्म के लेख (जुलाई सन् 1934 ई.) में मालवीय जी ने यह उल्लेख किया है कि शील सम्पन्न, गुणवान शूद्र भी ब्राह्मण हो जाता है और क्रियाहीन ब्राह्मण भी शूद्र से नीचे गिर जाता है।[48]

मालवीय जी ने हरिजनोद्धार के निमित्त 'अन्त्यजोद्धार विधि' नाम की एक पुस्तक प्रकाशित की। इसमें उन्होंने पौराणिक उद्धरणों के माध्यम से हरिजनोद्धार सम्बन्धी अपनी मीमांसा को लिपिबद्ध किया है। मालवीय जी ने अस्पृश्यता के लिए शास्त्रीय स्वीकृति प्राप्त की और उनकी धारणा थी कि कुछ विशेष परिस्थितियों में कुछ लोग अस्पृश्य हो गये तथा कुछ लोग जन्म से ही अपने पेशे के कारण अस्पृश्य माने जाने लगे। फिर भी उनकी यह धारणा थी कि उन्हीं शास्त्रों में यह निर्दिष्ट है कि तीर्थ, विवाह, यात्रा, संग्राम, देश विप्लव, नगर या ग्राम दाह के अवसर पर अस्पृश्य का दोष नहीं होता। इसी प्रकार तीर्थ-यात्रा, विवाह, यज्ञप्रकरण, उत्सव आदि में भी अस्पृश्य या स्पृश्य का दोष नहीं होता है। मालवीय जी का विचार था कि शास्त्र केवल किसी एक जाति की बपौती नहीं है, वे सवर्ण हिन्दुओं तथा अछूतों दोनों के लिए थे तथा शूद्र वेदों, स्मृतियों के अतिरिक्त सभी पुराणों सहित शास्त्रों, गीता तथा महाभारत को पढ़ने के अधिकारी थे। वे कुओं से जल खींच सकते थे।[49] साथ ही मालवीय जी ने हिन्दुओं को इस तथ्य से भी अवगत कराया कि वे स्वाधीनता आन्दोलन में सबसे आगे हैं, इसलिए सरकार उनकी जाति में विभाजक प्रवृत्तियों को प्रोत्साहन देकर उन्हें कमजोर बनाना चाहती है। सन् 1921 ई. में साम्प्रदायिक दंगों के भड़कने के कारण तथा हिन्दुओं के व्यापक परिमाण में इस्लाम धर्म परिवर्तन की सूचनाओं से इस समस्या को अधिक महत्त्व प्रदान किया जाने लगा। ढाका के नवाब जैसे उत्तरदायी मुस्लिम नेता हिन्दू अछूतों को हिन्दुओं तथा मुसलमानों में बराबर-बराबर बाँट देने की माँग स्पष्ट शब्दों में करने लगे। समस्त हिन्दू जाति को इस्लाम धर्म में परिवर्तित कर दिया जाये। 6 करोड़ की सम्पूर्ण अछूत जनसंख्या का धर्म-परिवर्तन करने की योजनाएँ प्रारम्भ की गयीं, जिसे देश के ही नहीं, विदेशी मुसलमानों का भी सहयोग प्राप्त था। मालवीय जी इस विषय से परिचित थे कि यदि

अछूत हिन्दू-धर्म का परित्याग करके इस्लाम धर्म ग्रहण करेंगे तो न केवल हिन्दुओं की जनसंख्या का अनुपात तेजी से गिर जाता, जिसके राजनीतिक परिणाम अत्यन्त भयंकर होते, साथ ही हिन्दू जन अपनी एकमात्र मातृभूमि भारत ही में अल्पसंख्यक समुदाय के रूप में परिणित हो जाते।

1935 ई. तक तो मालवीय जी यह भी प्रतिपादित करने लगे थे कि अस्पृश्यता धर्मग्रन्थों धर्मग्रन्थों द्वारा मान्य ही नहीं है। उन्होंने कहा कि आज के बाद जन्म के आधार पर कोई भी अस्पृश्य नहीं समझा जाना चाहिए और आज तक जो लोग वैसा समझे जाते रहे, उन्हें भी सार्वजनिक कूपों, सार्वजनिक संस्थाओं तथा सार्वजनिक मार्गों आदि के प्रयोग के सम्बन्ध में वे सारे अधिकार होंगे जो औरो के हैं। उन्होंने मन्दिरो के प्रबन्धकों तथा पुरोहितों के नाम अछूतों को दूर से ही सही, देवदर्शन करने की अनुमति प्रदान करने की अपीलें तथा निवेदन जारी किये। अछूतों को मन्दिर में प्रवेश की अनुमति प्रदान करने के लिए निम्न वर्गों की नैतिक, भौतिक तथा शैक्षिक स्थितियों को सुधारने के लिए मालवीय जी कानून बनाने को छोड़कर किसी भी वैधानिक प्रयास के समर्थक थे। वे निम्न वर्ग को शिक्षित बनाकर उनका उत्थान करना चाहते थे। उनका विश्वास था कि शिक्षा समस्त सामाजिक विभिन्नताओं को दूर कर देगी तथा इन वर्गों में इसके प्रसार से निम्न वर्गों के प्रति दुर्व्यवहार की शिकायतें दूर हो जायेंगी।[50]

मन्त्र-दीक्षा

यद्यपि इस काल विशेष में समाज के सांस्कृतिक क्षरण के चलते हिन्दू समाज में अस्पृश्यता का सम्बन्ध सामाजिक परम्पराओं के साथ-साथ धार्मिक परम्पराओं के साथ परस्पर रूप से सम्बन्धित हो गया था। यद्यपि भारतीय वैदिक वाङ्मय किसी भी रूप में अस्पृश्यता का भावार्थ किसी भी स्थान पर शूद्र से सम्बन्धित प्राप्त नहीं होता है। यहाँ यह भी उल्लेख करना समीचीन जान पड़ता है कि भारत में अस्पृश्यता का छुआछूत सम्बन्धी स्वरूप मुस्लिमकाल से दिखाई पड़ता है। प्रकारान्तर से विद्वानों के एक वर्ग ने अपनी मनचाही व्याख्या के द्वारा इस शब्द का सम्बन्ध वैदिक काल या अन्य ग्रन्थों की समायावधि के साथ करने की कुलषित चेष्टा की है। मालवीय जी ने हिन्दू समाज के निम्न वर्ग के सामाजिक समायोजन के भरपूर प्रयास किये। उस लक्ष्य की प्राप्ति के लिए मालवीय जी ने दीक्षा संस्कार का सुझाव रखते हुए उसकी शुरुआत की। उनका मत था कि इस प्रकार का प्रावधान सनातन धर्म समेत सभी धर्मों में मिलता है। किन्तु हिन्दुओं में कभी इसका उपयोग नहीं किया गया। जिसके परिणामस्वरूप लाखों अछूतों द्वारा धर्म-त्याग प्रक्रिया घटित हुई। मालवीय जी ने शुद्धि का बीड़ा तो उठाया ही साथ ही उन्होंने अपनी सनातन धर्म सभा में अस्पृश्यों को मन्त्र दीक्षा देने का प्रस्ताव भी स्वीकृत करा दिया। मालवीय जी इस तथ्य से

अवगत थे कि अछूतों को हिन्दुओं से अलग करने का षड्यन्त्र किया जा रहा है। वे हमेशा चाहते थे कि यह वर्ग हिन्दू धर्म का सम्मानित अंग बनकर रहे। हरिजनों के प्रति मालवीय जी का दृष्टिकोण उनके इस वक्तव्य में व्यक्त होता है—"अछूतों को मत भूलो। वे हिन्दू समाज के मुख्य अंग हैं। डॉ. अम्बेडकर भ्रम में हैं। कौन नही जानता कि हिन्दू धर्म संसार में सब धर्मों में उदार है। इतनी उदारता और किसी धर्म में है? हरिजनों के लिए भी हमारे वे शास्त्र हैं जो अन्य हिन्दुओं के लिए। क्या कोई अछूत है, जो अपने को हिन्दू नहीं कहता? क्या अछूत कहे जाने वालों में भी जाति भेद नहीं है? फिर यह अलगाव क्यों? क्यों उन्हें लोग अहिन्दू बनाने पर तुले हुए हैं। हिन्दुओं अपने धर्म की रक्षा करो, आपत्यकाल पर विचार करो और समय की प्रगति पर ध्यान दो।"

महात्मा गाँधी ने जब हरिजन आन्दोलन प्रारम्भ किया उस समय मालवीय जी ने अन्त्यजों के उद्धार के लिए पंडितों से व्यवस्था लेकर धर्मशास्त्रानुमोदित अन्त्यजोद्धार विधि का निर्माण किया और अछूत कहलाने वाली जातियों के उद्धार का ऐसा मार्ग खोज निकाला, जो पूर्णतः धर्मशास्त्र निहित था। यद्यपि उनको सामाजिक कठिनाइयों का सामना करना पड़ा और कहीं-कहीं तो संघर्ष की स्थिति से भी गुजरना पड़ा। काशी में रूढ़िवादी पंडितों ने गंगा स्नान के द्वारा हरिजनों की शुद्धि एवं प्रायश्चित्त सम्बन्धी मालवीय जी के कार्यक्रम का डटकर विरोध किया।

हिन्दू समाज में निम्न कहे जाने वाले समाज को मुख्यधारा में लाने के लिए 1927 ई. में काशी में महाशिवरात्रि के दिन दशाश्वमेध घाट पर मालवीय जी ने ब्राह्मण, क्षत्रिय, वैश्य और शूद्र सभी को ॐ नमः शिवाय, ॐ नमो नारायणाय, ॐ रामाय नमः, ॐ नमो भगवते वासुदेवाय आदि मन्त्रों की दीक्षा दी। दीक्षा लेने वालो में ब्राह्मण भी थे चाण्डाल भी थे। इस मन्त्र के दीक्षा समारोह के सन्दर्भ में आचार्य सीताराम चतुर्वेदी ने भावनात्मक टिप्पणी करते हुए लिखा है कि वह दृश्य भूला नहीं जा सकता जिस समय मालवीय जी रेशमी दुपट्टा ओढ़कर एक-एक को मन्त्र और उपदेश देते थे और फिर उनसे वचन लेकर आशीर्वाद देते थे तो जान पड़ता था मानो समुद्र की भीषण लहरों में पड़े हुए सैकड़ों-हजारों प्राणियों को बचाने के लिए कोई दिव्य ज्योति हजारों हाथ बढ़ाकर उन्हें ऊपर उठा रही है। वह उनका तेज देखने ही योग्य था। दीक्षा के समय अछूतों को गंगा में स्नान कराकर पहनने के लिए धोती और रामनामी निःशुल्क दिया जाता था। दीक्षा लेने के लिए समागत इन स्नात तथा पूत हरिजनों से मालवीय जी दस प्रतिज्ञाएँ करवाते थे। और इन प्रतिज्ञाओं की व्याख्या करते हुए उनका पालन करने के लिए उन्हें प्रेरित करते थे। उपस्थित जन-समूह विस्फारित नेत्रों से इस अलौकिक अभूतपूर्व दृश्य को देखता रहता था। इतिहास की पोथियों में पढ़ रखा था कि महात्मा बुद्ध ने अनेक पतितों का उद्धार किया था। उन्होंने पतिता आम्रपाली को पावन बनाया था और अँगुलिमाल को अपनाया था।

पर आज अपनी आँखों के सामने महामना के द्वारा हरिजनों को दीक्षा देकर उनका उद्धार करते देख लोगों के आश्चर्य का ठिकाना नहीं रहा। जिन शूद्रों को छूने पर पंडित लोग स्पर्श-दोष मानते थे, उनको मालवीय जी जैसा महान् पुरुष दीक्षा देकर अपना रहा है। इस दृश्य को देखकर वास्तव में अचरज होता था।

इसी श्रृंखला में 20 दिसम्बर सन् 1928 को कलकत्ता कांग्रेस के अधिवेशन के समय मालवीय जी ने हाबड़ा पुल के पास लोहाघाट पर मन्त्र दीक्षा समारोह आयोजित किया। घोर विरोध एवं व्यक्तिगत अपमान को सहन करते हुए उन्होंने इस मन्त्र दीक्षा समारोह को पूर्ण किया। इस शुभ अवसर पर हिन्दू महासभा के तत्कालीन अध्यक्ष डॉ. मुंजे स्वामी सत्यानन्द बंगाल हिन्दू महासभा के अध्यक्ष, महामहोपाध्याय पंडित प्रमथनाथ तर्क भूषण तथा अनेक प्रतिष्ठित महापुरुष उपस्थित थे। मालवीय जी ने 6 जनवरी 1928 को पुनः मन्त्र दीक्षा समारोह कलकत्ता में प्रारम्भ किया। अबकी बार दीक्षा स्थान के चारों ओर पुलिस और स्वयंसेवकों का पूरा प्रबन्ध था। पूरी सुरक्षा व्यवस्था होने के बावजूद भी मालवीय जी पर प्राणघातक हमला किया गया लेकिन मालवीय जी बाल-बाल बच गये। उन्होंने उच्च वर्ण और निम्न वर्ग के सहस्रों हिन्दुओं को दीक्षा दी। अनेक हिन्दू नेताओं के अलावा कुछ अंग्रेज भी यह मन्त्र दीक्षा का कार्यक्रम देखने पहुँचे। दीक्षा कार्य प्रातःकाल 9 बजे प्रारम्भ होकर अपराह्न 12 बजे पूर्ण उल्लास के साथ समाप्त हुआ।

मालवीय जी ने मन्त्र-दीक्षा कार्यक्रम अनेक स्थानों पर किया। 12 मार्च 1936 ई. को मालवीय जी ने नासिक में गोदावरी नदी के तट पर राजेबहादुर घाट पर लगभग डेढ़ सौ हरिजनों को नमः शिवाय मन्त्र की दीक्षा दी। यहाँ भी मालवीय जी का यथोचित सम्मान हुआ।

मालवीय जी ने अस्पृश्यों के लिए धार्मिक स्थलो में प्रवेश के लिए संघर्ष किया। वे मन्दिरों में प्रवेश के लिए प्रमाण प्रस्तुत करते हुए कहते थे कि नृसिंह पुराण में लिखा है—ब्राह्मण, क्षत्रिय, वैश्य, शूद्र तथा अन्त्यज सभी को देवदर्शन का अधिकार है। जहाँ मन्दिर के अधिकारी प्रसन्नता से जाने का अवसर दें, वहाँ गर्भद्वार के बाहर से ही उन्हें दर्शन करा दिया जाये। उनका विचार था कि प्रत्येक बस्ती में ऐसे मन्दिर बनवा दिये जायें, जिनमें सब जातियाँ जा सकें और भजन कीर्तन तथा उपदेश सुन सकें। उन्होंने आगे कहा कि हमें इन अछूतों को जल देना है और इन्हें शिक्षा देनी है। मैं चाहता हूँ कि उनके चार करोड़ घरों में मूर्तियाँ रखी हों और भगवान का भजन हो, तभी वास्तव में मंगल होगा। मालवीय जी ने अछूतों को सार्वजनिक जलस्रोतों से जल लेने का समर्थन किया। वे कहते हैं कि यदि कुएँ पर एक हमारा अछूत भाई रामदास जाये, जिसके सर पर चुटिया है जो एकादशी व्रत रखता है, सत्यनारायण की कथा सुनता है, गंगा स्नान करता है, यदि वह प्यासा रह गया तो समझ लो कि हमारे पूर्वज सब प्यासे रह गये।

हरिजनों के उद्धार के लिए मालवीय जी ने इतना ही नहीं किया वरन् कई बार हरिजनों के मुहल्ले देखने के लिए गये, उन्हें स्वच्छता का उपदेश दिया और उनके मकान बनवाने के लिए उद्योग किया।

पं. मदन मोहन मालवीय ने हरिजनों के उद्धार के लिए संगठनात्मक रूप से भी प्रयास किये। उन्होंने 26 जून 1936 ई. में भारतवर्षीय सनातन धर्म महासभा के अधिवेशन में इस वर्ग के उद्धार के लिए क्रियात्मक प्रस्ताव पारित किये। और यह अनुशंसा की कि अस्पृश्य मानी जाने वाली जातियाँ हिन्दू धर्म का एक महत्त्वपूर्ण अंग हैं और इस प्रकार वे उन समस्त सुविधाओं के उपयोग के अधिकारी हैं जिसका कि अधिकार उन्हें है।

यहाँ यह भी उल्लेख करना समीचीन जान पड़ता है कि महात्मा गाँधी द्वारा हरिजन आन्दोलन आरम्भ किये जाने के बहुत पूर्व सन् 1909 ई. में मालवीय जी ने विधान परिषद के द्वारा दलित वर्ग की दुर्दशा के प्रति ब्रिटिश सरकार का ध्यान आकर्षित किया था। इससे पूर्व प्रयाग के केन्द्रीय हिन्दू समाज और वहाँ की हिन्दू धर्म प्रवर्द्धिनी सभा भी अस्पृश्य वर्ग को उनकी अधिकृत सुविधाएँ दिलाने के लिए प्रयत्नशील थी। यहाँ तक कि प्रकारान्तर में महात्मा गाँधी और भीमराव अम्बेडकर के बीच होने वाला पूना समझौता भी मालवीय जी के प्रयासों का सुफल था।[51] साथ ही उन्हीं के नेतृत्व में जन्मना अस्पृश्यता की धारणा को निरस्त करने का प्रस्ताव पारित हुआ तथा सन् 1932 ई. में छुआछूत विरोधी संघ का निर्माण किया गया।[52] यहाँ यह कहना अतिशयोक्तिपूर्ण नहीं होगा कि वस्तुतः महात्मा गाँधी जीवन-पर्यन्त मालवीय जी की योजनाओं का ही अनुसरण करते रहे। उनका चिन्तन सर्वथा मौलिक नहीं था। वे समाज जीवन के प्रत्येक विषय के सन्दर्भ में मालवीय जी से बहुत अनुभवहीन थे। मालवीय जी ने अस्पृश्यता के इस आन्दोलन का धर्म सिद्धान्तों के साथ तादात्म्य स्थापित करते हुए धार्मिक रूप से उनके निराकरण का प्रयास किया। जिसके परिणामस्वरूप गाँधी जी की तुलना में इनकी अपील को व्यापक जन समर्थन मिल सका। वस्तुतः मालवीय जी का चिन्तन महात्मा गाँधी की तुलना में अधिक व्यवहारवादी था। उन्हीं के सभापतित्व में बम्बई में अखिल भारतीय अस्पृश्यता संघ (ऑल इंडिया अनटचेबिलिटी लीग) के निर्माण का निर्णय लिया गया।[53] इसका उद्देश्य था कि बिना किसी अनिवार्यता अथवा शक्ति का प्रयोग किये बिना समस्त सार्वजनिक कुओं, धर्मशालाओं, मार्गों आदि को अछूत वर्गों के लिए खोल देने की घोषणा की कि जहाँ तक व्यावहारिक हो यथाशीघ्र कदम उठाये जायें तथा इनके पक्ष में निरन्तर प्रचार किया जाये। अस्पृश्यता हटाने के कार्य में मालवीय जी ने अनेक प्रसिद्ध हिन्दू नेताओं का सहयोग प्राप्त किया तथा उनकी सहायता से लीग की प्रान्तीय समितियों का गठन किया।

मालवीय जी के अस्पृश्यता विरोधी अछूतोद्धार सम्बन्धी चिन्तन के सन्दर्भ

में विश्लेषणात्मक रूप से कहा जा सकता है कि मालवीय जी छुआछूत को हिन्दू धर्म के लिए कलंक मानते थे और उन्होंने इसी को हिन्दू धर्म के पतन का प्रमुख कारण माना। उन्होंने इस समस्या के दुष्परिणामों का प्रत्यक्ष सम्बन्ध समाज व्यवस्था एवं राष्ट्रहितों के साथ करने का महनीय कार्य किया। वे छुआछूत के फलस्वरूप हो रहे धर्मान्तरण व हिन्दू विघटन से भी चिन्तित थे। हिन्दू समाज की शिथिलता का मुख्य कारण वे अस्पृश्यता को ही मानते थे। उनके अस्पृश्यता आन्दोलन का स्वरूप व्यावहारिक था। उन्होंने अपने इस आन्दोलन में ऐसे प्रयोग किये जो पूर्व में कभी किसी सामाजिक नेता ने नहीं किये। मन्त्र-दीक्षा, शुद्धिकरण जैसे आन्दोलन का प्रभाव वृहत् था। निश्चित ही उस युग के समाज में मालवीय जी की ये बातें द्विजातियों की सामान्य धारणा के विपरीत थीं। इस सम्बन्ध में बात करने वालों को समाज का प्रबुद्ध वर्ग हेय और घृणित दृष्टि से देखता था। ऐसे समय में शास्त्रों का मन्थन करके उक्त तर्क सम्मत बात रखकर मालवीय जी ने भारत के अनेक जात-पात में वर्गीकृत हिन्दू समाज में अछूत वर्ग के उत्थान के लिए भारतीय प्रमाण के आधार पर अन्त्यजों को उनका अधिकार दिलाने का अथक प्रयास किया। उन्होंने एक युग प्रवर्तक के रूप में अपने इन प्रयासों से सामाजिक जनमत को तैयार करने में महत्त्वपूर्ण भूमिका का निर्वहन किया।

शुद्धिकरण का नव आवाहन और मालवीय जी के द्वारा किये गये हिन्दू धर्म के उत्थान व संगठन के कार्यों से यह बात उभरकर सामने आती है कि वे तत्कालीन तथाकथित समाज सुधारकों से कहीं अधिक हिन्दू धर्म के प्रवर्तक थे। उन्होंने अपने जीवन काल में हिन्दू धर्म को राष्ट्र धर्म के रूप में परिणित करने की सार्थक चेष्टा की। मालवीय जी ने उस काल विशेष में हिन्दू समाज को नवचेतना प्रदान करने और एक संगठित समाज के रूप में आबद्ध करने के लिए शास्त्रोक्त अवधारणाओं को वर्तमान में चरितार्थ करने का उल्लेखनीय कार्य किया। वस्तुतः मालवीय जी ने अपनी नव कार्य-पद्धति से अपनी धर्ममयी संकल्पना को मूर्त रूप दिया। उनकी यही कार्य-पद्धति हिन्दू समाज के जागरण का अभिनव प्रयोग थी। जिसका प्रयोग मालवीय जी ने उन विवशतापूर्ण बन्धनों को तोड़ने के लिए किया जिससे हिन्दू समाज को पूर्वाग्रह एवं दुराग्रहों से जकड़ रखा था। मालवीय जी एक ऐसे चिन्तक मनीषी थे जिनका विचार यह था कि प्रत्येक मनुष्य का वही देश है, जहाँ वह पैदा हुआ और पला है। अर्थात् जिसकी श्रद्धा अपनी मातृभूमि व कर्मभूमि और धर्मभूमि के प्रति हो। इसलिए उन्होंने इस बात पर अधिक बल दिया कि अन्य धर्मावलम्बी (मुस्लिम) विदेश से इतनी संख्या में नहीं आये थे, उनकी वृद्धि भारत में हुई थी। और वे भारतीय सन्तान हैं। निश्चित ही मालवीय जी हिन्दू समाज के हो रहे धर्मान्तरण से व्यथित थे। इसलिए उन्होंने स्वामी दयानंद की शुद्धिकरण की नीति के समर्थक थे। वह सनातन धर्म में शुद्धिकरण व्यवस्था कायम करना चाहते थे।[54]

पं. मदन मोहन मालवीय का अभिमत था कि "इस देश में आज सात करोड़ मुसलमान दिखाई दे रहे हैं। उनमें से बहुत थोड़े से विदेश से आये हुए हैं। अरब और अफगानिस्तान से अधिक से अधिक पचास लाख मुसलमान यहाँ आये होंगे। बाकी सब यहीं के बनाये हुए मुसलमान हैं। कोई मुसलमान यदि ईसाई हो जाये तो फिर कलमा पढ़कर मुसलमान हो सकता है। परन्तु हिन्दू ऐसा नहीं कर सकते। यह बड़े दुःख की बात है। आगे वह लिखते हैं कि वर्तमान में घटते-घटते हम लोगो में से साढ़े छह करोड़ हिन्दू परधर्म में चले गये। हिन्दुओं को मुसलमान बनाने के लिए नाना प्रकार के उपाय से काम लिया जाता है। मलकाना, राजपूत, सभी गोआ प्रान्त में हिन्दू, इन सबको ऐसे ही हम खो बैठे। परधर्मियों का संसर्ग हुआ कि हम मनुष्य को भ्रष्ट कह देते हैं। वह समाज से निकाल दिया जाता है। जो लोग बलात् जबरदस्ती से परधर्म में गये हैं उनको शुद्ध करना चाहिए। इनमें से बहुत से ऐसे भी हैं जिनको हिन्दुओं ने छोड़ दिया है और फिर भी वह अपने प्राचीन आचार पर अटल हैं।

हिन्दू समाज की इस विसंगति या कहें कि महाभूल से हिन्दू समाज व्यापक रूप में धर्म परिवर्तन कर रहा था। यह स्थिति इतनी विकट थी कि एक हिन्दू बालक ने गलती से एक मुसलमान के डिब्बे का पान खा लिया। उसने मुझे सब हकीकत लिखी। मैंने उसे बुला लिया। यह सनातन धर्माभिमानी और बड़ा कुलीन लड़का था। मैंने उससे कहा—जात-पाँत पूछे नहिं कोई। हरि का भजे सो हरि का होई। परमेश्वर का नाम स्मरण करो गंगाजल प्राशन करो। तुम्हारे सब पाप दूर हो जायेंगे। अगर ऐसा न किया होता तो वह बालक मुसलमान हो जाता।

इस प्रकार हिन्दू समाज में बढ़ रही धर्मान्तरण सम्बन्धी प्रवृत्तियों ने पं. मालवीय को शुद्धिकरण आन्दोलन चलाने के लिए प्रेरित किया। 29 दिसम्बर 1935 ई. को हिन्दू महासभा के 17वें अधिवेशन में जो कि मालवीय जी की अध्यक्षता में सम्पन्न हुआ था। इसी सम्मेलन में मालवीय जी ने कहा था कि जो लोग भूले से या प्रलोभन से विधर्मी हो गये हैं, उन्हें फिर से मन्त्र दीक्षा के द्वारा हिन्दू समाज में ग्रहण कर लिया जाये। मालवीय जी हिन्दू धर्म की बन्द व्यवस्था को मुक्त करना चाहते थे। इसलिए उन्होंने काशी में विद्वानों की सभा बुलाई, जिन्होंने यह व्यवस्था दी कि शास्त्रों ने हिन्दू समाज में पुनः प्रवेश का आदेश दिया है। यहाँ अछूतोद्धार विधि नामक पुस्तक का प्रचार किया गया। और जब अधिकांश विद्वानों ने उसका समर्थन किया तब उन्होंने उसका अधिक प्रचार करके शुद्धि सभा की स्थापना की। मालवीय जी का मत था कि एक ओर मुसलमान व ईसाई और दूसरी ओर हिन्दू बनाने में प्रतिबन्धक अभेद्य धर्म की दीवार इसी वजह से लाखों हिन्दू परधर्म में चले गये हैं। अगर परिस्थिति ऐसी ही रही तो कुछ दिनों में हिन्दू धर्म का नाम-निशान तक नहीं रहेगा। वे वैदिक उदाहरण देते हुए स्पष्ट करते हैं कि जिस प्रकार प्राचीन काल में ऋषियों ने अनार्यों को आर्य और सभ्य बना लिया था जो लोग आज भी स्वेच्छा

से हिन्दू धर्म स्वीकार करना चाहें उन्हें ऐसा करने का अधिकार है। ईश्वर का नाम लेकर चारों ओर यह घोषणा कीजिए। इससे हिन्दू धर्म का अँधेरा दूर होकर धर्म सूर्य का उदय होगा और हिन्दू समाज विशाल और बलवान बनेगा।

20वीं शताब्दी के प्रारम्भ में भारत में मुस्लिमों के नृशंस अत्याचारों व छद्म प्रयासों से धर्मान्तरण की समस्या विकराल रूप धारण कर रही थी। पूर्वी बंगाल तथा असम के नवनिर्मित प्रान्त में सन् 1905-06 ई. में सर बी.फुलर के शासन में मुसलमानों द्वारा हिन्दू स्त्रियों के अपहरण का उल्लेख मिलता है। मुसलमानों ने तब लीग और तंजीम आन्दोलन प्रारम्भ कर दिये। मालवीय जी धर्म परिवर्तन के खतरों का तीव्रता से अनुभव कर रहे थे। उन्होंने बहुत पहले सन् 1908 ई. में उत्तर प्रदेश विधान सभा में अनाथों के धर्म-परिवर्तन के विरुद्ध आवाज उठाई थी।[55] इसके अलावा उन्होंने इंपीरियल कौन्सिल में सन् 1914 ई. में इस विश्वास से इस विषय पर पुनः जोर दिया कि हिन्दू लोग ईसाई मिशनरियों की ओर कोई ऐसा संगठन निर्मित कर लेंगे जो अपने को धर्म परिवर्तन कराने वाले संगठनों से रक्षा कर सकेगा।[56]

1921 में मोपला दंगों के बाद मालवीय जी ने बलपूर्वक धर्म परिवर्तित हिन्दुओं को पुनः हिन्दू धर्म में स्वीकृत करने की प्रान्तीय धार्मिक नेताओं के नाम अपील जारी की। उन्होंने हिन्दू महासभा के विशेष अधिवेशन (1922) में धर्म परिवर्तन सम्बन्धी प्रस्ताव का अनुमोदन कर दिया और सांतवे प्रस्ताव के द्वारा मालाबार के हिन्दुओं के प्रति सहानुभूति प्रदर्शित की तथा प्रान्तीय हिन्दू नेताओं से आह्वान किया कि वे उन्हें बेहिचक अपनी पूर्व जाति तथा सामाजिक स्तर को पुनः प्रदान करते हैं।[57] 24 से 27 जनवरी को प्रयाग में आयोजित विद्वत् परिषद का आयोजन किया, जिसमें उन्हीं की प्रेरणा से अहिन्दुओं को हिन्दू धर्म में स्वीकार करने के प्रस्ताव पर सहमति बनी और प्रयाग (4 जनवरी 1924) के विशेष अधिवेशन में इस प्रस्ताव का अनुमोदन हुआ। इस प्रकार मालवीय जी ने रूढ़िवादी ब्राह्मणों के एक वर्ग के समर्थन के साथ हिन्दुओं की घर वापसी का मार्ग प्रशस्त किया। महाराजा दरभंगा की अध्यक्षता में आयोजित जनसभा में बलात् धर्म परिवर्तित लोगों को पुनः हिन्दू धर्म में स्वीकार करने का प्रस्ताव पारित हुआ। इसी के प्रयास का अनुगमन करते हुए 29वें परिव्राजक महामंडल ने निर्णय दिया कि स्वधर्म-वापसी की धार्मिक स्वीकृति है।[58]

इस प्रकार मालवीय जी के सतत प्रयासों से शुद्धिकरण अर्थात् हिन्दुओं की घर वापसी अभियान को सामाजिक प्रशासनिक स्वीकार्यता मिल गयी। मालवीय जी के प्रयासों के परिणामस्वरूप 31 दिसम्बर 1922 ई. को शाहपुर (मेवाड़) के राजाधिराज सर नाहरसिंह के नेतृत्व में आगरे में अखिल भारतीय क्षत्रिय महासभा का अधिवेशन हुआ, जिसमें साढ़े चार लाख मुस्लिम राजपूतों के शुद्धिकरण का निर्णय लिया गया। मालवीय जी के प्रयासों से हजारों की शुद्धि की गयी। यद्यपि इसका विरोध भी हुआ। महात्मा गाँधी मालवीय जी के शुद्धिकरण आन्दोलन के विरोधी थे।

मालवीय जी का अन्ततः शुद्धिकरण अर्थात् घर वापसी का आन्दोलन एक युगान्तकारी घटना थी। इस आन्दोलन ने न सिर्फ हिन्दू समाज का जागरण किया अपितु उन सम्भावित खतरों की ओर भी देश का ध्यान आकर्षित किया जो धर्मान्तरण के रूप में उत्पन्न हो रहा था। मालवीय जी का यह प्रयास एक उजाले की ओर संकेत था कि जो स्वधर्मी परिस्थितिजन्य कारणों से विधर्मी हो गये हैं उन्हें अपने स्वधर्म अर्थात् पुरा प्राचीन धारा में पुनः समाहित हो जाना चाहिए। मालवीय जी का यह प्रयास उन लोगों के लिए एक विश्वास था जो कई शताब्दियों से परधर्म रूपी भयानक नरक में अपनी मुक्ति या त्राण का मार्ग खोज रहे थे। वस्तुतः वह एक भावनात्मक कदम था जिसने उन लोगों को सोचने पर विवश कर दिया जो मजबूरी वश अपने स्व-समुदाय के बाहर जीवन यापन कर रहे थे और अपने पूर्वजों की परम्पराओं के आँचल में लिपटकर बिलख-बिलख कर रोना और यह कहना चाहते थे कि हम इसी परम्परा की सन्तान अर्थात् हिन्दू परिवार की सन्तान हैं।

मालवीय जी : स्त्रियों के प्रति दृष्टिकोण

पं. मालवीय धर्मग्रन्थों के परामर्श को यथा किंचित संशोधन-परिवर्द्धन के साथ स्वीकार करना चाहते थे। वे धर्मग्रन्थों में वर्णित नारी माहात्म्य के अनुरूप हिन्दू-धर्म में नारी का उत्थान चाहते थे। जहाँ एक ओर तत्कालीन समाज में विशेषकर मुस्लिमों के कारण उनकी स्थिति शोचनीय बनी हुई थी। हिन्दू स्त्रियों की अस्मिता जैसा विषय समाज के समक्ष था। मालवीय जी ने स्त्रियों पर अपना दृष्टिकोण व्यक्त करते हुए कहा था कि—"मैं चाहता हूँ कि हमारे देश की सारी स्त्रियाँ अंग्रेज महिलाओं की भाँति पिस्तौल और बन्दूक रखें और उनको चलाना सीखें। वे किसी भी आक्रमण से अपने सतीत्व की रक्षा कर सकें। इसके अतिरिक्त उन्होंने हिन्दू जनता से अनुरोध किया कि वे उन सब सामाजिक कुरीतियों को दूर करे जो स्त्री-जाति की उन्नति में बाधक हैं। वे बाल-विवाह का सदैव विरोध करते हुए कन्या के लिए 16 वर्ष तथा बालक के लिए 20 वर्ष आयु को शास्त्रानुमोदित तथा विधिसम्मत मानते थे।[59] मालवीय जी (8 वर्ष या 12 वर्ष) के पूर्व कन्या के विवाह के शास्त्रीय मत के विपरीत इस प्रकार के विवाह को अनुचित मानते थे। उनके मतानुसार अल्पायु में बालक और बालिकाओं का विवाह करने पर बल घट जाता है। इसके अन्यत्र मालवीय जी दहेज जैसी कुरीतियों के विरोध में थे वे सादगी से विवाह करने के पक्ष में थे। इसके लिए उन्होंने शास्त्र परम्परा के अनुसरण पर बल दिया। उन्होंने सामाजिक उन्नति के लिए स्त्री शिक्षा पर भी जोर दिया। वे स्त्री के हृदय और मन की सम्पूर्ण क्षमता का सम्यक विकास आवश्यक समझते थे।[60]

पं. मदन मोहन मालवीय स्त्रियों के शोषण के प्रति अत्यन्त सचेत थे उन्होंने 1912 ई. में विधान कौंसिल में माँग की कि नाबालिग लड़कियों का अनैतिक व्यापार

बन्द होना चाहिए और सहवास की आयु बढ़ानी चाहिए। उन्होंने वेश्याओं द्वारा छोटी लड़कियों को गोद लेने की तथा पत्नियों के हस्तान्तरण जैसे घृणित व्यवहार को भी बन्द करने की जोरदार माँग की थी। इसके अलावा उन्होंने विधवाओं की रक्षा तथा उनके सम्मान और भरण-पोषण की ओर भी विशेष ध्यान दिया। विधवा विवाह के सम्बन्ध में उनका मत था कि विधवा चाहे तो उसका विवाह कर देना चाहिए। परन्तु वे विधवाओं के हित में कोई सार्थक पहल न कर सके। यह विवाद उन्हें अन्तिम क्षण तक खलता रहा।

मालवीय जी और गौ-रक्षा

पं. मदन मोहन मालवीय ने हिन्दू समाज के पुनरुद्धार के लिए जिन विषयों को केन्द्र में रखा उनमें गौ-रक्षा भी प्रमुख विषय था। मालवीय जी के अन्तःकरण में गायों को लेकर एक भावनात्मक शुचिता थी। वस्तुतः हिन्दू धर्म अर्थात् सनातन संस्कृति में हिन्दू वह है, जो गंगा, गऊ, गायत्री का भक्त है। निश्चित ही यह तीनों अवधारणाएँ हिन्दू समाज का जातिगत विषय है, क्योंकि इन तीनों विषय के प्रति आस्था वैदिक काल के प्रस्फुटनकाल से ही थी। मालवीय जी गौ-रक्षा के विषय को धर्म से सम्बन्धित करते हैं न कि आर्थिक उपक्रम से। भारतीय संस्कृति में गाय को देवों का वास बताया गया है। उनके दूध को अमृत की संज्ञा से अभिहित किया गया है। वह घास खाकर दूध जैसा पौष्टिक रसायन देती है। उसके बछड़े किसानों के साथी हैं जो भूमि को अन्न के मोतियों से भरते हैं। हिन्दू धर्म की दृष्टि से देश का हित जनता का हित इन दोनों का पर्याय गऊ है।[61] गऊ और उसका दूध साक्षात ईश्वर है। वेदों के अनुसार एक वस्तु के उपकार की मात्रा है किन्तु गऊ से जितना हित या उपकार होता है उसकी मात्रा नहीं है।[62]

गौ भारतीय संस्कृति का सनातन केन्द्र बिन्दु है। गावस्तु लोक मातरः जननी का निरपराध वध देखकर पंडित मदन मोहन मालवीय का हृदय द्रवित हो रहा था। उनका मत था कि हिन्दुओं की ये माताएँ उसी पवित्र हिमालय की गोद में, जहाँ से गंगा निकलती है और उन्हीं हिन्दुओं के सामने तश्तरियों में परोस दी जाती हैं। जहाँ एक ओर आँख में आँसू भरकर पच्चीस करोड़ पुत्रों के होते हुए भी वह माता बेबस होकर प्राण देती है। पं. मदन मोहन मालवीय जी का विचार था कि भारत में कभी वह समय था, जब मनुष्य की सम्पत्ति और समृद्धि उसकी गायों की संख्या से आँकी जाती थी और गौ-दान ही सबसे उत्तम माना जाता था। वैदिक ऋषि अपने मन्त्रों में गौ की चिन्ता करता है। असुरों और देवों में गौ के लिए संघर्ष हुआ था। वैदिक ग्रन्थों के अन्यत्र कौटिल्य के अर्थशास्त्र से ज्ञात होता है कि उस काल विशेष में दुधारू पशुओं की रक्षा के लिए राज्य की ओर से कैसे-कैसे उपाय किये जाते थे। जो ग्वाले गर्मी के दिनों में बछड़ों के लिए पर्याप्त दूध नहीं छोड़ते थे उनके अँगूठे

काट दिये जाते थे। किसी बछड़े, साँड़ या गौ को मारने की आज्ञा नहीं थी। यह प्रथा बनी चली आयी और गौ केवल हिन्दुओं की माता नहीं बल्कि तीनों लोकों की माता कहलायी जाने लगी।

अति प्राचीन काल से ही सम्भवतः जब मानव संस्कृति की प्रथम किरण भू-धरा पर प्रस्फुटित हुई थी शायद तभी से गाय को माता का स्थान प्राप्त हुआ था। सतयुग से त्रेता, त्रेता से द्वापर, द्वापर से कलियुग में प्रारम्भिक चरण तक उसका यह स्थान बना रहा। लेकिन ईसा के जन्म के पश्चात् से मुस्लिम सम्प्रदाय के उद्‌भव से यह आसुरी शक्तियाँ उस देवमाता के विनाश के लिए आतुर हो उठीं। तभी से इस गूँगी माँ की सुरक्षा के आधे-अधूरे प्रयास प्रवर्तन में लाये जा रहे हैं। इसी क्रम में सन् 1977 में मद्रास में 'जीव रक्षा समाज' की स्थापना हुई थी जिसके निरीक्षकों को पुलिस के अधिकार मिले हुए थे। जो व्यक्ति जीवों को कष्ट पहुँचाते अथवा घायल रोगी जीव से काम लेता पाया जाता उसके विरुद्ध कार्यवाही की जाती थी।

सन् 1908 में सर आशुतोष मुखर्जी की अध्यक्षता में गौ-रक्षा संघ स्थापित हुआ। यह आन्दोलन 20वीं शताब्दी के आरम्भ में इतना प्रबल हो चला कि देश भर में सैकड़ों पिंजरापोल गौ-शाला और गौ-रक्षक मंडल स्थापित हो गये।

मालवीय जी का गौ-रक्षा आन्दोलन से बड़ा सम्बन्ध रहा है। राष्ट्रीय महासभा (कांग्रेस) के जन्म के बाद ही उसी के साथ प्रतिवर्ष गौ-रक्षा सम्मेलन भी होने लगा। और मालवीय जी उसमें बढ़-चढ़कर भाग लेने लगे। हरिद्वार के पास गौ वर्णाश्रम धर्म-सभा कनखल ने और भारत धर्म महामंडल और सनातन धर्म सभाओं ने गोरक्षा के लिए आन्दोलन किया और मालवीय जी इनमें से अनेक गौ-रक्षा सम्मेलनों के सभापति रह चुके हैं। मालवीय जी ने केवल प्रचार ही नहीं किया बल्कि स्थान-स्थान पर गौशालाओं और पिंजरापोलों के लिए रुपया भी इकट्ठा किया। राजाओं, महाराजाओं, जमींदारों और तालुकेदारों से मिलकर गोचर भूमि के लिए जगह छुड़वायी। मथुरा के हासानन्द का नाम गौ-रक्षा के इतिहास में अमर रहेगा। मालवीय जी ने हासानन्द को पूर्ण सहयोग प्रदान किया।

सन् 1928 ई. में मालवीय जी की अध्यक्षता में प्रयाग में जो सनातन धर्म महासम्मेलन हुआ उसमें गौ-रक्षा के सम्बन्ध में बड़े महत्त्वपूर्ण प्रस्ताव हुए। यह केवल प्रस्ताव मात्र नहीं है बल्कि गौ-रक्षा की पूरी कार्य प्रणाली ही है।

1.(क) इस महासभा को यह देखकर बहुत सन्ताप होता है कि इस देश मे गौवंश का बड़ा भयंकर संहार हो रहा है। अतएव महासभा हिन्दू भाइयों से सानुरोध प्रार्थना करती है कि वे गौवों को वधिकों के हाथ पड़ने से बचावें और वन्ध्या और बूढ़ी गौवों को ऐसे स्थानों में जंगलों में और रियासतों में रखने का प्रबन्ध करें जहाँ कानून से गौ-हत्या निषिद्ध हो।

(ख) यह महासभा जमींदारों से निवेदन करती है कि वे गाँवों में गोचरण के

लिए काफी भूमि छोड़ने का नियम करें और जहाँ गोचरण भूमि को खेती में मिला लिया गया हो उसे छोड़ दें तथा गवर्नमेण्ट से अनुरोध करती है कि ऐसी जमीन पर मालगुजारी न ले।

(ग) जहाँ-जहाँ उचित जान पड़े एक-एक आदर्श गोशाला खोली जाये।

(घ) यह महासभा गोदान करने वालों को-आदेश करती है कि वे योग्य पात्र ही को गौवों का दान करें तथा गोदान लेने वालों से प्रार्थना करती है कि उन्हें गौ के रखने की सामर्थ्य न हो तो उसका दान न लें।

(ङ) यह सनातन धर्म महासभा सब सनातन धर्मानुयायी सज्जनों से निवेदन करती है कि वृषोत्सर्ग में वे साँड़ केवल उत्तम जाति के छोड़े और वहीं छोड़े जहाँ उनकी आवश्यकता हो। और छोड़ने से पहले म्युनिसिपल या डिस्ट्रिक्ट बोर्ड से या रियासतों की सरकार के साथ इस बात का पक्का प्रबन्ध कर लें कि उनके छोड़े साँड़ का ठीक-ठीक पालन-पोषण और रक्षा होगी। बिना ऐसा प्रबन्ध किये साँड़ को छोड़ना इस कलियुग में पाप का मोल हो गया है और उससे प्रत्येक धर्मशील प्राणी को बचाना चाहिए।

(च) यह महासभा हिन्दू मात्र के प्रति आदेश करती है कि कसाईयों के साथ किसी तरह के लेन-देन का व्यवहार न करें, और जो इसके विरुद्ध लेन-देन करे या गौ को वधिकों के हाथ बेचे, उसे उचित सामाजिक दण्ड दें।

(छ) यह महासभा प्रत्येक हिन्दू से अनुरोध करती है कि वह जहाँ तक हो सके चमड़े का व्यवहार कम करे।

2. इस महासभा का यह निश्चय है कि गोवध केवल मांस के कारण ही नही बल्कि चमड़ा, चरबी इत्यादि वस्तुओं के कारण भी होता है, और वध की हुई गाय का चमड़ा काम में लाने से गौ-हत्या को उत्तेजना मिलती है। इसलिए यह महासभा हिन्दू मात्र से अनुरोध करती है कि वे स्वाभाविक मौत से मरे हुए पशुओं के ही चमड़े से बने हुए जूते आदि को काम में लावें और हिन्दू धनिकों से प्रार्थना करती है कि स्वाभाविक मौत से मरे हुए पशुओं के चमड़े से जूते वगैरह बनवा करके सब हिन्दुओं के लिए उनका प्राप्त होना सुलभ कर दे, और हिन्दू मिलवालों से अनुरोध करती है कि वे कपड़े की माँड़ी इत्यादि में चरबी के स्थान पर अन्य निर्दोष वस्तुओं का प्रयोग करें।

3. इस महासभा की राय में आजकल बड़े शहरों में दूध बेचने वाले लोग गौओं से बहुत बुरा बर्ताव कर रहे हैं, जिससे वह पूर्ण युवावस्था में ही प्रायः वन्ध्या होकर मार डाली जाती है और उसके बच्चों को भी मार देते हैं। इसलिए यह महासभा सब गोशालाओं और पिञ्जरापोलों के व्यवस्थापकों से अनुरोध करती है कि वे उनको दुग्धालय के रूप में परिणित कर दें। वृद्ध अशक्त और दूध न देने वाली गौवों को, जहाँ उनके पालन का खर्च कम हो, ऐसे स्थान पर भेज दें, और अपने साँड़ों के

जरिए गौवों की नस्ल इस तरह सुधार दें और उनका दूध बढ़ा दें कि किसी के लिए भी उनका वध करना आर्थिक दृष्टि से असम्भव हो जाये।

4. सनातन धर्म महासभा को यह देखकर अत्यन्त दुःख होता है कि बड़े-बड़े नगरों में दूध देने वाली गौवें ले जाई जाकर दूध बन्द होने पर कसाइयों के हाथ बेच दी जाती हैं और उनसे बच्चे नहीं लिए जाते। इस भयंकर पाप और हानि को रोकने के लिए सन् 1913 ई. में जो बोर्ड ऑफ एग्रिकल्चर ने कोयम्बटूर में कानून की आवश्यकता बतलाया था, उसकी ओर महासभा सरकार और कौंसिलों के मेम्बरों का ध्यान दिलाती है।

गौ-रक्षा कोष पर भी महासभा ने अपने प्रस्ताव पारित किये—

1. यह सनातन धर्म महासभा निश्चित करती है कि हिन्दू जाति के परम कल्याण के साधन गौधन और गौ-रक्षा की वृद्धि के लिए एक 'अखिल भारतीवर्षीय गौ-रक्षा-कोष' की स्थापना की जाये जिससे गोचर भूमि की वृद्धि और गौ-रक्षा के और-और साधन प्रस्तुत किये जायें।

2. यह सनातनधर्म महासभा आदेश करती है कि सनातन धर्म की सभाएँ इस विषय के अन्य भाइयों से मिलकर काम करें।

3. यह सनातन धर्म महासभा अपनी कार्यकारिणी समिति को आदेश करती है कि यह स्थान-स्थान पर गोचर-भूमि के छुड़ाने और गौ-रक्षा के इन आवश्यक उपायों को करने के लिए, विशेषकर सरकारी जंगलों में गौ-चर भूमि छोड़े जाने के लिए प्रान्तीय कौंसिलों तथा व्यवस्थापिका सभा तथा देशी राज्यों के द्वारा कानून बनाने का प्रयत्न करें।

4. यह सनातन धर्म महासभा निश्चय करती है कि कार्तिक शुक्ल प्रतिपदा से कार्तिक शुक्ल अष्टमी अर्थात् गोवर्द्धन-पूजा के दिन से गोपाष्टमी तक प्रतिवर्ष भारतवर्ष में गो-सप्ताह मनाया जाये, जिसमें गौ-रक्षा सम्बन्धी उत्सव, गो पूजा, गोकथा गोमाहात्म्य व्याख्यान तथा गोपरिपालन के साहित्य का प्रचार किया जाये, और प्रतिपदा के दिन सारे हिन्दू जगत में गौ-रक्षा के लिए दान माँगा जाये। और यह सब द्रव्य अखिल भारतवर्षीय गौ-रक्षा-कोष, काशी में भेजा जाये, और बैंक में महासभा के हिसाब से अलग रखा जाये और गौ-रक्षा के काम में ही व्यय किया जाये।

5. सनातन धर्म की यह महासभा जमींदारों से निवेदन करती है कि उनकी जमींदारी के भीतर, जहाँ गौ-बैल के बाजार लगते हों, उनमें ये ऐसा प्रबन्ध करें कि वहाँ धोखे में पड़कर कोई हिन्दू किसी गौ को कसाई के हाथ न बेचे और धोखा देकर कोई कसाई गौ को न खरीद सके।

इन प्रस्तावों को भली-भाँति प्रसारित किया गया और इनके सुखद परिणाम भी निकले। मालवीय जी की गौ-भक्ति उनके जीवन से परिलक्षित होती है उनके घर में पर्याप्त मात्रा में गौ-धन था जिसकी सेवा वे स्वयं किया करते थे। गाय के छोटे

बछड़ों को उछलकूद करते देख उन्हें आत्म सन्तोष प्राप्त होता था। वे अपने निज जीवन से अधिक महत्त्व गौ-धन को देते थे।

मालवीय जी गौ को राष्ट्र को समृद्ध करने वाली शक्ति मानते थे। उसे गूंगी माँ कहकर उसकी रक्षा पर बल देते थे। गौ-रक्षा के लिए उन्होंने देश में बड़े-बड़े कार्य किये। गोपाष्टमी को राष्ट्रीय पर्व के रूप में मनाये जाने का श्रेय मालवीय जी को ही जाता है।[63] प्राचीन निष्ठा को लेकर अर्वाचीन विज्ञान की पूरी सहायता से गौवंश और दुग्ध उत्पादन की उन्नति, यह मालवीय जी के हाथ की लिखी हुई हुण्डी है, जिसे हम सबको सकारना है।[64]

यही नहीं मालवीय जी को जिस दिन से ज्ञात हुआ कि जूते के लिए बढ़िया चमड़ा जानवरों को यातना देकर निकाला जाता है, तब से उन्होंने चमड़े के जूतों का उपयोग बन्द कर दिया। मालवीय जी के जीवन में दुर्लभ संयोग यह रहा कि मालवीय जी ने सन् 1877 ई. में सोलह वर्ष की अवस्था में मिर्जापुर में प्रथम भाषण गौ-रक्षा पर दिया था जिसमें उन्होंने आकांक्षा प्रकट की थी कि मैं अपना जीवन गो सेवा में ही समर्पित कर डालूँगा और यह अद्‌भुत संयोग ही था कि उनका अन्तिम भाषण भी उनके द्वारा शिवपुर (काशी) में संस्थापित च्यवनाश्रम में गोपाष्टमी के उत्सव पर 2 नवम्बर 1946 ई. को गौ-रक्षा पर ही हुआ था।

निःसन्देह मालवीय जी वास्तविक निहितार्थों में हिन्दू (भारतीय) संस्कृति के सच्चे प्रतिनिधि थे। उन्होंने जन हिन्दू चेतना के विषयों को सुदृढ़ करने का प्रयास किया जिससे भारतीय संस्कृति का उत्थान होना था। वे हिन्दू धर्म के प्रेरक थे। इसलिए गौमाता की भक्ति व सेवा उनके दर्शन का प्रमुख अंग थी। गौसेवा को वह एक पुनीत धार्मिक कृत्य समझते थे। गौसेवा में उन्हें विशेष आनन्द की अनुभूति होती थी। बचपन से लेकर अपने अवसान काल तक वे गौसेवा करते रहे। यह कहना भी अतिशयोक्तिपूर्ण नहीं होगा कि गौसेवा करते हुए उन्होंने अपने प्राण त्यागे। गौ-रक्षा आन्दोलन को देशव्यापी बनाने का उन्होंने सदैव प्रयत्न किया। विडम्बना यह है कि स्वतन्त्रता के पश्चात् भी मालवीय जी का गौ-रक्षा का स्वप्न साकार नही हो सका और वर्तमान में भी गौ-संरक्षण की समस्या जस की तस बनी हुई है। स्वतन्त्रता के पश्चात् स्थापित सरकारें भारतीय संस्कृति विशेषकर मालवीय जी के आदर्शों को स्वीकार नहीं कर सकीं। मालवीय जी का दिवास्वप्न साकार नहीं हो सका और आज भी वही गूँगी माँ हिन्दू समाज के समक्ष विधर्मियों की तश्तरियों में परोसी जा रही हैं।

मालवीय जी के हिन्दू संगठन व पुनरुत्थान सम्बन्धी कार्यों का विश्लेषण

मालवीय जी की अनुपम कृति 'हिन्दू धर्मोपदेश' उनके धार्मिक विचारों की पूर्ण अभिव्यक्ति है। इस पुस्तक के अनुशीलन से ज्ञात होता है कि वे भारतीय संस्कृति के सच्चे प्रतिनिधि थे। प्राचीन मन्त्र द्रष्टा ऋषि, मनीषियों की प्रतिमा उन पर चरितार्थ

होती थी। वे सनातन धर्म के वास्तविक अनुयायी और धर्मनिष्ठ थे। हिन्दू समाज की सेवा को ही वे भगवान की भक्ति मानते थे। उन्होंने जीवन पर्यन्त इस बात पर बल दिया कि भगवान का सबसे सबल, यथार्थ और सुलभ रूप मानव है। वे जब तक इस मृत्युलोक में रहे उन्होंने मनसा, वाचा, कर्मणा जनता की सेवा की और पुनः इस मातृ-भू पर जन्म लेने की आकांक्षा के साथ उन्होंने इस नश्वर देह का त्याग किया। समाज सेवा तो मालवीय जी का जीवनप्रण था। प्रतीत होता है कि हिन्दू समाज की सेवा व भक्ति के लिए ही उनका जन्म हुआ था।

मालवीय जी के चिन्तन की प्रमुख विशेषता यह थी कि उन्होंने धर्म का प्रत्यक्ष सम्बन्ध राष्ट्रधर्म के साथ स्थापित करने का महनीय कार्य किया। राष्ट्रसेवा के लिए उन्होंने समाज सेवा विशेषतया हिन्दू समाज के संगठित स्वरूप को आधार स्तम्भ बनाया। उनके चिन्तन का प्रारम्भ राजनीति से नहीं होता है वे राष्ट्रनीति के आधार पर राजनीति की दिशा तय करते थे। वे समाजाधारित राजनीति के प्रेरक थे। इसलिए प्रकारान्तर के अन्य नेताओं ने अपने राजनीतिक सिद्धान्तों में मालवीय जी के दर्शन को आत्मसात करने का प्रयास किया। यद्यपि वे अपने इस प्रयास में पूर्णरूपेण सफल नहीं हो सके क्योंकि उन्होंने अपनी कार्य-पद्धति से उस मूल तत्त्व हिन्दुत्व को पृथक कर दिया जो मालवीय जी के राष्ट्रजीवन का प्रमुख स्रोत था। राष्ट्र के इन कर्णधारों ने अपने निज स्वार्थों के संपोषण के लिए, मुस्लिम समर्थक नीति व हिन्दू समाज के विभाजन सम्बन्धी रीति-नीति को प्रमुखता से अंगीकार किया।

हिन्दुत्व ही मालवीय जी के लिए जीवन-दायिनी शक्ति थी। इसलिए उन्होंने शक्ति संचयन के लिए हिन्दू समाज के संगठन को प्राथमिकता प्रदान की और हिन्दू समाज में व्याप्त विविध दोषों के उन्मूलन की कार्ययोजना को मूर्तरूप देने का प्रयास किया। हिन्दुओं की जीवन-शक्ति के सम्बन्ध में मालवीय जी का चिन्तन है कि मुसलमानों के आने से पहले हिन्दू राजा राज्य करते थे। आपस में कुछ मनमुटाव हुआ और विप्लव प्रारम्भ हुआ। कुछ लूट-पाट की और इस प्रकार हम लोगों ने अपने को दूसरे के हाथों में सौंप दिया। हम अपने ही देश में दलित हो गये। हमारा धर्म सन् 1100 से लेकर सन् 1750 तक पूरे साढ़े छह सौ वर्षों तक अवनत होता रहा। इस अवधि में हमारी सभ्यता की जो दुर्दशा हुई, उसका वर्णन नहीं किया जा सकता। परन्तु पीपल के वृक्ष की तरह इसकी जड़ बहुत गहरी और बहुत दूर तक फैली हुई थी। ऋषियों के तपोबल तथा केवल वायु और जल के आधार पर ही की गयी तपस्या ने इसकी रक्षा की और इसलिए वह कल्पलता आज भी हरी है। उन्हीं की तपस्या के कारण हिन्दू जाति आज भी जीवित है। अनगिनत जातियाँ यहाँ आयीं हजारों हमले हुए, परन्तु परमात्मा की कृपा से हिन्दू-धर्म आज भी जीवित है। मुसलमानों के आक्रमणों के समय से हिन्दू धर्म के ऊपर जो आघात हुए, उनका वर्णन मैं नहीं कर सकता। हम कौन थे और आज क्या हो गये?

मालवीय जी ने अपने चिन्तन से हिन्दुओं को संगठित शक्ति का अनुभव कराकर उन्हे एक सूत्र में बाँधने का कार्य किया। उन्होंने हिन्दुओं को अपने कर्तव्यों के प्रति सजग करते हुए कहा कि ऐसी दशा में हम लोगों का जो उनके प्रति प्रेम करते हैं जो हिन्दू हैं जो आर्य हैं, उनके प्रति हमारा सामुदायिक कर्तव्य है या नहीं? हमको ऐसी संगठित शक्ति बढ़ानी चाहिए कि मुसलमानों पर भी असर हो और सरकार पर भी। आपके सामने यह प्रश्न है कि हिन्दू सन्तान आर्य सन्तान ऐसे संगठित हो जायें कि ऐसे बखेड़े ही न हों और न ही ऐसी बेइज्जती ही सहनी पड़े। वे हिन्दुओं को अपने गौरवपूर्ण इतिहास भाव के माध्यम से हिन्दुओं की सुप्त एवं विस्मृत हुई चेतना को जाग्रत करना चाहते थे। उनका प्रयास था कि हिन्दू शक्ति को जाग्रत करना जिससे विश्व की कोई भी शक्ति उस शक्ति का अनर्थ न कर पाये। इसलिए उन्होंने हिन्दू संगठन की आवश्यकता को महत्त्वपूर्ण समझा।

मालवीय जी का धार्मिक पुनरुद्धार के पीछे एकमात्र यही निहितार्थ था कि हिन्दुओं के मानस में निष्ठा एवं स्वाभिमान की नव भावना जाग्रत हो। उन्होंने अपने कार्यों और बौद्धिक क्रियाकलापों, लेखन, सहायता कार्यों तथा संगठनात्मक रचनाओं से हिन्दुओं का एक सुसंगठित समुदाय के रूप में संगठित करने का उद्योग किया। वस्तुतः हिन्दुओं के लिए किये जाने वाले उनके कार्य उनके व्यापक राष्ट्रीय कार्यक्रम के ही अंग थे।[65]

मालवीय जी ने न केवल हिन्दुओं के संगठनात्मक पक्ष पर बल दिया वरन् उन्होंने प्रशासनिक रूप से उन शासकीय प्रस्तावों का भी विरोध किया जो कि मुस्लिम तुष्टीकरण की नीति से प्रभावित थे। सन् 1909 के मुस्लिमपरस्त कानूनों के अधीन नियमों के प्रकाशन के विरोध में मालवीय जी ने अपने विभिन्न लेखों तथा अपने साप्ताहिक पत्र 'अभ्युदय' की टिप्पणियों के द्वारा उन्होंने नौकरियों तथा विभिन्न प्रतिनिधि संस्थाओं में प्रतिनिधित्व के प्रश्न पर सरकार की मुस्लिमपरस्त नीति का विरोध किया।

मालवीय जी मुस्लिमों की बढ़ती उग्रता व हठधर्मिता से क्षुब्ध थे वहीं हिन्दुओं की दुर्दशा से चिन्तित थे। वे हिन्दुओं को वैचारिक, मानसिक, शारीरिक रूप से शक्ति सम्पन्न बनाना चाहते थे। उनका कहना था कि निर्बल शरीर से ईश्वर की पूजा सम्भव नहीं है। तथा शारीरिक शक्ति के बिना हिन्दू कभी भी अपनी स्त्रियों के सम्मान पर किये जाने वाले आक्रमणों से बचाव नहीं कर सकते। मालवीय जी ने अपने इन उद्देश्यों की पूर्ति के लिए विविध वैचारिक संगठनात्मक आयाम खड़े किये। सेवा और संघर्ष की स्थिति के लिए महावीर दल, अखाड़ा आदि संगठनों के निर्माण की ओर ध्यान दिया। उनका एक ही मन्तव्य था कि सम्पूर्ण भारत एवं विश्व में बिखरे हुए हिन्दुओं को एकजुट तथा संगठित करना। वे जीवन पर्यन्त एक ऐसे सेतु

के रूप में कार्य करते रहे जिसने अपने कार्यों से हिन्दू धर्म की विभिन्न विचारधाराओं चाहे वे सनातनी हों या आर्यसमाजी अथवा सनातनियों में ब्राह्मण अथवा गैर ब्राह्मणों के मध्य आपसी सामंजस्य व आन्तरिक सौहार्द स्थापित करने में महत्त्वपूर्ण भूमिका का निर्वहन किया। इस प्रकार विभिन्न परस्पर विरोधी तत्वों[66] को हिन्दू समाज के परिसर में एकत्रित करना तथा उन्हें प्रभावशाली ढंग से संगठित करना, महान कार्य था, जिसे मालवीय जी महासभा के लिए करना चाहते थे। वे हिन्दू समाज को विनाश से बचाने के लिए संगठित एवं ईमानदारीपूर्ण प्रयास करने की आवश्यकता पर बल दिया करते थे। इस उद्देश्य को प्राप्त करने का साधन संगठन था। इसका अर्थ था। संगठित क्रिया से सुरक्षा।[67] संगठन के इस भाव के लिए आवश्यक था हिन्दू समाज में व्याप्त दोषों का निराकरण, शक्ति संचयन की साधना, निम्न वर्गों का उत्थान तथा उन्हें धार्मिक शिक्षा देना और इन क्रियात्मक गतिविधियों के माध्यम से हिन्दुओं को अपनी सुरक्षा-हेतु शारीरिक रूप से ठीक रखना था। इन उद्देश्यों की पूर्ति के लिए मालवीय जी ने शारीरिक अभ्यास के लिए अखाड़ों, निशानेबाजी तथा घुड़सवारी के लिए क्लबों तथा शरीर निर्माण एवं अस्त्र-शस्त्र संचालन का प्रशिक्षण पाने के लिए व्यायामशालाओं आदि की स्थापना की संस्तुति की।

वस्तुतः मालवीय जी को उन विषम परिस्थितियों में मुस्लिमों की बढ़ती अराजकता हिन्दू समाज व राष्ट्र के लिए घातक प्रतीत हो रही थी। मुस्लिमों के अमानवीय कृत्यों व अवैधानिक माँगो ने देश के हिन्दू नेताओं को सोचने के लिए विवश कर दिया। मुस्लिम स्वयं को देश का भाग्य विधाता समझने लगे थे। उन्होंने 18 जुलाई 1923 ई. में मस्जिदों के सामने संगीत के कार्यक्रमों पर आपत्तियाँ उठानी शुरू कर दीं। हिन्दुओं के सार्वजनिक जीवन में मुस्लिमों का यह हस्तक्षेप हिन्दुओं के लिए असहनीय था। सन् 1926 ई. में पहली बार मालवीय जी ने मुस्लिमों के इस निर्णय का विरोध किया व हिन्दुओं को परामर्श दिया कि वे किसी भी स्थिति में संगीत न बन्द करें। हिन्दू पक्ष को स्पष्ट करते हुए मालवीय जी ने कहा संगीत हिन्दू प्रार्थना का एक अंग है तथा धार्मिक, वैवाहिक, अन्त्येष्टि सम्बन्धी जुलूसों में इसका प्रयोग आये दिन होता ही रहता है। ध्यातव्य है कि यह भारतीय राजनीति का वह समय है जब कांग्रेस के राजनीतिक मंच पर महात्मा गाँधी का आगमन हो चुका था और देश में राष्ट्रीयता के साथ-साथ ब्रिटिश व मुस्लिम भक्ति अपने चरमोत्कर्ष पर थी। प्रकारान्तर में चलकर यही भक्ति कांग्रेस को भारी पड़ी जिसका परिणाम देश-विभाजन के रूप में सामने आया। इस विभाजन की त्रासदी का दंश हिन्दू समाज ने झेला। यद्यपि यहीं भी विचारणीय है कि कांग्रेस इन सब कुकर्मों के बल पर अन्ततोगत्वा सत्ता प्राप्त करने में सफल रही। पं. जवाहर लाल नेहरू के लिए देश का विभाजन एवं लाखों हिन्दुओं का नरसंहार करवाकर अपनी सत्तारूपी क्षुधा को तृप्त करना क्या आवश्यक था? चिन्तनीय व विचारणीय है।

मालवीय जी को यदि युगद्रष्टा कहा जाये तो कोई आपत्ति नहीं होनी चाहिए। ध्यातव्य है कि जिस समयावधि में मालवीय जी का जन्म हुआ था उसी कालावधि में अनेक मनीषियों जैसे स्वामी विवेकानन्द, डॉ. केशव बलिराम हेडगेवार, महात्मा गाँधी जैसे युग प्रवर्तक चिन्तकों का जन्म हुआ था जिन्होंने अपनी जीवन अवस्था के प्रारम्भिक क्षणों में हिन्दू निर्बलता के कारण होने वाले कालान्तर के विनाश को अनुभव कर लिया था। इसलिए इन चिन्तकों ने हिन्दुत्व को अपनी शक्ति व ऊर्जा का स्रोत बनाकर अपनी भावी हिन्दू राष्ट्रोत्थान की परिभाषा लिखने व हिन्दू राष्ट्र को गढ़ने के स्वप्न को साकार करने का पर्याप्त प्रयत्न किया। इस सन्दर्भ में मालवीय जी एक युग-प्रवर्तक हिन्दू मनीषी थे जिन्होंने प्रकारान्तर में मुस्लिमों के द्वारा उत्पन्न किये जाने वाले घोर अराजकतापूर्ण अन्धकार को समय से पूर्व ही भाँप लिया था।

राजनीतिक व प्रशासनिक प्रश्रय मिलने के फलस्वरूप मुस्लिमों का दुःसाहस दिन-प्रतिदिन बढ़ता जा रहा था। 6 अगस्त 1946 को मुस्लिम लीग ने सीधी कार्यवाही के रूप में मनाया। परिणामस्वरूप हिन्दुओं पर वीभत्स अत्याचार हुए। मुस्लिम लीग के मंत्रिमंडल के प्रशासन में बंगाल सबसे बुरी तरह प्रभावित हुआ तथा नोआखली तो हिन्दुओं पर किये गये अत्याचारों की एक मिसाल ही बन गया। मुस्लिमों के नृशंसात्मक व घृणात्मक अत्याचारों ने हिन्दुओं को ऐसे घाव दिये जिन्हें हिन्दू समाज सदियों तक विस्मृत नहीं कर सकता। निश्चित ही मालवीय जी हिन्दू समाज के रक्षक थे। जब कभी हिन्दुओं पर किसी भी प्रकार की आपत्ति आती थी, तब सबकी दृष्टि मालवीय जी की ओर घूम जाती थी। क्योंकि उन्हें विश्वास था कि वे ही उनके रक्षक हैं और उनकी विपत्ति और कठिनाइयों को दूर करने में सक्षम हैं। नोआखली की घटना ने मालवीय जी को व्यथित कर दिया। उन्होंने 1 नवम्बर 1946 ई. को हिन्दू राष्ट्र के नाम अपना अन्तिम वक्तव्य प्रकाशित किया। उन्होंने अनुभव किया कि हिन्दू धर्म एवं संस्कृति खतरे में है तथा जब तक हिन्दू अपने को एक जाति के रूप में घोषित नहीं कर देते, तब तक हिन्दू-मुस्लिम समस्या अपनी समस्त विध्वंसक क्षमताओं के साथ मैदान में उपस्थित रहेगी। अतः उन्होंने हिन्दुओं को संगठित करने, हिन्दुओं की रक्षा के लिए आखिरी दम तक लड़ने का परामर्श दिया। वे चाहते थे कि हिन्दू लोग शक्तिशाली ढंग से अपनी रक्षा करें तथा धर्म परिवर्तन रोकें।[68] यदि हिन्दू अपनी रक्षा नहीं करेंगे तो वे मर जायेंगे। यदि वे अपना संगठन नहीं करेंगे तो उनके नष्ट होने में देर नहीं लगेगी। उन्हें मरने से कभी नहीं डरना चाहिए। उन्हें परस्पर भाई-भाई की तरह प्रेम करना चाहिए और प्रत्येक हिन्दू के प्रति सहनशील बनना चाहिए। परन्तु मुसलमानों के प्रति सहनशील बिल्कुल नहीं होना चाहिए जो उन्हें शान्ति के साथ रहने देना नहीं चाहते...केवल धर्म संस्कृति के नाम पर नहीं, अपनी प्यारी जन्मभूमि के नाम पर भी मैं समस्त हिन्दुओं से अपील करता हूँ कि

यदि वे भारतवर्ष में चिरकाल के लिए शान्ति चाहते हैं तो एक हो जायें और अपनी रक्षा करें। इसलिए सदा के लिए अपनी आँखें मूँद लेने से कुछ दिन पूर्व नोआखली (पूर्वी बंगाल) तथा अन्य स्थानों में हिन्दुओं पर किये गये जघन्य अत्याचारों के विषय में एक जोशीला वक्तव्य प्रकाशित कर आपने हिन्दू जाति को स्वरक्षार्थ अपने पैरों पर खड़ा होने के लिए ललकारा था—यही महामना का हिन्दुओं के प्रति अन्तिम सन्देश था। सन् 1946 ई. में नोआखली में हिन्दुओं पर हुए अमानुषिक अत्याचारों से मालवीय जी का हृदय दहल गया और उन्होंने हिन्दुओं को संगठित होने के लिए जो भावनात्मक क्रियात्मक अन्तिम सन्देश दिया, वह इस बात का प्रमाण है कि उनके हृदय में हिन्दुओं के कल्याण के लिए कितनी तीव्र आकांक्षा विद्यमान थी। इस घटना ने उनके हृदय में इतना कठोर आघात किया कि उनका ऋषिकल्प जीवन संगठित समर्थ हिन्दू राष्ट्र का दिवास्वप्न अपने अन्तःकरण में लिए सहसा 1946 ई. में चिरनिद्रा में विलीन हो गया।

हिन्दू महासभा विशेषकर उनके कार्यों को समग्रता प्रदान करते हुए स्वर्गीय सेठ गोविन्ददास ने लिखा है[69]—"हिन्दू महासभा के तो महामना जन्मदाता थे। हिन्दू संगठन, हिन्दू धर्म उनका प्राण था। उनका सदा एक सन्देश था—प्रत्येक हिन्दू घर में एक गाय हो। प्रत्येक गाँव में अखाड़ा हो। प्रत्येक हिन्दू बलवान बने। लेकिन उनके मन में द्वेष का स्थान नहीं था।"

अन्ततः यह कहना शोधमूलक होगा कि मालवीय जी ने अपना सम्पूर्ण जीवन हिन्दुत्व के उत्थान को ध्यान में रखकर व्यतीत किया। वे हिन्दुत्व की शक्ति को सृजनात्मक रूप से संगठित कर उसका उपयोग राष्ट्र के विकास के लिए करना चाहते थे। वस्तुतः उनका हिन्दुत्व राष्ट्र-भक्ति का पर्याय था जिसके लिए वे जीवन-पर्यन्त संघर्ष करते रहे। हिन्दुत्व के उत्थान को सुदृढ़ राष्ट्र की परम आवश्यकता के रूप में स्वीकार किया। इसी को आदर्श मानकर उन्होंने सर्वप्रथम हिन्दू समाज में व्याप्त दोषों को समाप्त कर एक जाति की संगठनात्मक अवधारणा की परिधि में लाने का कार्य किया। निश्चित ही मालवीय जी हिन्दू समाज राष्ट्र के उद्गाता थे।

धर्मनिरपेक्षता

भारतीय राजनीति में धर्मनिरपेक्षता अथवा सेकुलर शब्द का जितना उपयोग हुआ है ऐसा दूसरा उदाहरण किसी देश के इतिहास में नहीं मिलता। अपने निहित स्वार्थों के लिए कांग्रेस जैसे राजनीतिक दलों ने इस शब्द का खूब उपयोग किया और इसके राजनीतिक प्रतिमान बनाये। आजादी के पहले और बाद में कांग्रेस ने इसका खूब राजनीतिक लाभ लिया। आजादी के बाद तो इस राजनीतिक दल ने भारत के संविधान की मूल भावना या प्रस्तावना को ही बदल दिया और उसमें धर्मनिरपेक्षता एवं समाजवादी शब्द जोड़ दिये गये।[70]

धर्मनिरपेक्षता शब्द का प्रयोग इस प्रकार किया जाने लगा जिसमें इस देश की बहुसंख्यक आबादी को साम्प्रदायिक करार दे दिया गया तथा इस देश के धर्म संस्कृति की बात करने वाले नेताओं को भी साम्प्रदायिक करार दे दिया गया, इस शब्द के माध्यम से सभी को अपने धर्म एवं पूजा पद्धति मानने की स्वतन्त्रता के स्थान पर हिन्दू धर्म एवं संस्कृति पर कुठाराघात किया गया। धर्म एवं संस्कृति का सम्मान करने वाला व्यक्ति ही सच्चे अर्थों में धर्मनिरपेक्ष हो सकता है और पं. मदन मोहन मालवीय इसके उदाहरण थे। महामना ने 1909 के कांग्रेस अधिवेशन में अध्यक्षीय भाषण देते हुए कहा था, "मैं अपनी भावनाओं से हिन्दू हूँ लेकिन इसका यह मतलब नहीं है कि मैं अन्य धर्मों का सम्मान नहीं करता, हाँ अपने धर्म को अवश्य ही नहीं बदलूँगा। इतना ही नहीं यदि मैं मुस्लिम और क्रिश्चियन की तरह लाभ चाहूँ जो उन्हें मिला हुआ है तो मैं सच्चे अर्थों में न तो हिन्दू रहूँगा और न ही ब्राह्मण। मुस्लिम और क्रिश्चियन को विशेष लाभ प्राप्त है, उस प्रकार के लाभ की हिन्दू अपेक्षा नहीं करता। मुस्लिम लीग की विभाजनकारी राजनीति ने देश के विकास को पीछे धकेल दिया निःसन्देह यह कठिन समय है, जिसको प्राप्त करने में वर्षों लगे उसको चन्द नेताओं ने अपने निहित स्वार्थों के लिए पीछे धकेल दिया।"

मालवीय जी ने इसी अधिवेशन में आगे कहा कि, "हमें अतीत को भूलना होगा यह खतरनाक है। चन्द नेता तात्कालिक लाभ के लिए मुस्लिम समुदाय का इस्तेमाल करें, ऐसी स्थिति में राष्ट्रीय हित का क्या होगा? हिन्दू, मुस्लिम, पारसी, ईसाई सभी को कन्धे से कन्धा मिलाकर काम करना होगा तथा अपने छोटे-छोटे लाभ को त्यागना होगा तभी हम राष्ट्रीय चरित्र का निर्माण कर सकते हैं।"[71]

पं मदन मोहन मालवीय जीवन पर्यन्त सामाजिक-धार्मिक समरसता के लिए प्रयत्नशील रहे। उनका यह स्पष्ट मत था जो व्यक्ति अपने धर्म का सम्मान नहीं करता वह दूसरे के धर्म का भी सम्मान नहीं कर सकता। 24 जनवरी 1925 को सभी पार्टियों का सम्मेलन बुलाया गया जिसकी अध्यक्षता महात्मा गाँधी ने की। इसका उद्देश्य था राजनीतिक और साम्प्रदायिक एकता का रास्ता खोजना जिससे स्वराज के लक्ष्य को प्राप्त किया जा सके। मुस्लिम लीग लखनऊ समझौते को बदलकर पंजाब एवं बंगाल में साम्प्रदायिक बहुलता के आधार पर स्थायी प्रतिनिधित्व चाहते थे। महात्मा गाँधी और कांग्रेस द्वारा हिन्दुओं पर दबाव बनाया तथा उन्हें मजबूर किया गया कि वह मुसलमानों की साम्प्रदायिक माँग को स्वीकार करें। इसी अधिवेशन में महामना ने कहा था "हिन्दू साम्प्रदायिक प्रतिनिधित्व को नहीं मानते, साम्प्रदायिक प्रतिनिधित्व और राष्ट्रीय सरकार साथ-साथ नहीं चल सकते। मुस्लिम लखनऊ समझौते को तोड़ना चाहते हैं, हिन्दू आज भी उसका सम्मान करते हैं।"[72]

महामना सच्चे अर्थों में धर्मनिरपेक्ष नहीं धर्म सापेक्ष थे जो अपने धर्म के साथ-साथ दूसरे धर्म का पूर्ण सम्मान करते थे। धर्म के आधार पर विभाजन उन्हें स्वीकार न था।

1. वैदिक काल में ऋषि अगस्त्य एक ऐसे महान चिन्तक मनीषी थे जिन्होंने वैदिक धर्म की स्थापना और लोकजागरण के निमित्त प्राचीन बृहत्तर भारत में प्रचलित मानव सम्प्रदायों को एक कर लोक संग्रह करने का अद्वितीय कार्य किया था। विस्तार जानने के लिए देखें, अरुण, भारत की पहली धार्मिक क्रान्ति, यश पब्लिकेशन, नयी दिल्ली (पाद टिप्पणी)
2. चतुर्वेदी सीताराम, महामना मदन मोहन मालवीय, प्रथम खण्ड, विक्रम संवत् 1933, पृ. 192
3. लाल मुकुट बिहारी, महामना मदन मोहन मालवीय : जीवन और नेतृत्व, प्रथम संस्करण, 1977 पृ. 28
4. चतुर्वेदी सीताराम, महामना पं. मदन मोहन मालवीय जी का जीवन चरित, प्रथम संस्करण, 1936, पृ. 15
5. पंवार मदनलाल, मदन मोहन मालवीय : व्यक्तित्व व कृतित्व, 2004, ज्योति प्रकाशन, जयपुर, पृ. 50
6. सिंह सोरन, मदन मोहन मालवीय : व्यक्तित्व एवं कृतित्व, प्रथम संस्करण, 1989, राधा प्रकाशन, नयी दिल्ली, पृ. 16
7. त्रिपाठी रामनरेश, मालवीय के साथ तीस दिन, सन् 1946, सस्ता साहित्य मंडल, पृ. 33
8. तिवारी उमेशदत्त, भारत भूषण महामना पं. मदन मोहन मालवीय, काशी हिन्दू विश्वविद्यालय प्रकाशन, प्रथम संस्करण, 1988, पृ. 206
9. डॉ. हर्षवर्धन, मनु का दण्ड विधान, प्रथम संस्करण, 2014, अखिल भारतीय इतिहास संकलन योजना, नयी दिल्ली, पृ. 1
10. जगद्गुरु श्री भारतीकृष्ण तीर्थ जी महाराज, सनातन धर्म का स्वरूप, कल्याण धर्मांक, पृ. 7
11. ऋग्वेद, 4/13/8-10
12. अन्यत्र धर्मादन्यत्रा धर्मादन्यत्रास्मात् कृताकृतात्, कठोपनिषद, 1/2/14; 2/1/14; सत्यम वद्। धर्मचरः, तैत्तिरीय संहिता, 2/11/1
13. मनु का दण्ड विधान, पूर्वोद्धृत, पृ. 54
14. कुमार सुरेन्द्र, विशुद्ध मनुस्मृति, आर्ष साहित्य प्रचार ट्रस्ट, दिल्ली, पृ. 2
15. मनुस्मृति–वेदाभ्यासः तपः ज्ञानम्, इन्द्रियाणां च संयमः धर्मक्रिया, आत्मचिन्ता च निःश्रेयसंकट परम्।
16. कल्याण धर्माङ्क, हमारा धर्म, महर्षि अरविन्द, पृ. 35
17. डॉ. राधाकृष्णन, हिन्दू और समाज, सम्पादक ईश्वर प्रसाद वर्मा, किताबघर, गाँधीनगर, दिल्ली, पृ. 208-209
18. द्विवेदी कृष्णदत्त, भारतीय पुनर्जागरण और मदन मोहन मालवीय, विश्वविद्यालय प्रकाशन, वाराणसी, 1981, पृ. 120
19. ज्ञानकर्मोपासनादिर्देवताशधनै रतः। शांतो दातो दयालुश्च ब्राह्मणस्य गुणैः कृतः ॥ शुक्रनीतिसार, 1/40
20. सम्मेलन पत्रिका, श्रद्धांजलि विशेषांक, भाग-48, पृ. 46
21. लाल मुकुट बिहारी, महामना मदन मोहन मालवीय : जीवन और नेतृत्व, पूर्वोद्धृत, पृ. 628
22. चतुर्वेदी सीताराम, पं. मदन मोहन मालवीय अभिनन्दन ग्रन्थ, द्वितीय खण्ड, तारा प्रकाशन, 1936, पृ. 130-131
23. सम्पादक–पद्मकान्त मालवीय, मालवीय जी के लेख, नेशनल पब्लिशिंग हाउस, 1962,

पृ. 172-73
24. अभ्युदय, भाद्रपद शुक्ल, 6, 1964
25. मालवीय पद्मकान्त, मालवीय जी : जीवन झलकियाँ (संकलन) 1962, दिल्ली, पृ. 202
26. अग्रवाल वासुदेवशरण, मालवीय जी के लेख और भाषण, भाग-1, धार्मिक, पृ. 178
27. सनातन धर्म, वर्ष 1, अंक 5
28. वर्मा ईश्वर प्रसाद, मालवीय जी के सपनों का भारत, पृ. 139
29. मालवीय पद्मकान्त, पूर्वोद्धृत, पृ. 2, नमो धर्मार्थ महते, धर्मो धारयते प्रजा।
30. चतुर्वेदी सीताराम, महामना पं. मदन मोहन मालवीय अभिनन्दन ग्रन्थ, द्वितीय खण्ड, पृ. 84-85
31. मिश्र रामगोविन्द, पं. मदन मोहन मालवीय जी का जीवन चरित्र, आषाढ़ 2003, प्रथम संस्करण, पृ. 59
32. मालवीय पद्मकान्त, मालवीय जी के लेख : काम बनाने का मार्ग प्रायश्चित् और संकल्प से उद्धृत।
33. चतुर्वेदी सीताराम, सांस्कृतिक परिप्रेक्ष्य में भारतीय जीवन (प्रथम खण्ड, महामना मालवीय जी), लखनऊ, भारतीय प्रकाशन मन्दिर, 1965, पृ. 2
34. वर्मा ईश्वर प्रसाद, मालवीय जी के सपनों का भारत में संकलित मालवीय जी के लेख एवं उपदेश, पृ. 122
35. अभ्युदय, 25 जनवरी, 1909
36. तिवारी उमेश दत्त, भारत भूषण पं. महामना मदन मोहन मालवीय, पृ. 276
37. 'आज', 5 जनवरी, 1927, 12 फरवरी, 1932
38. 'सेवा समिति' प्रयाग (इलाहाबाद) वार्षिक प्रतिवेदन, 1928-29, और भी देखिए 'आज', 4 जनवरी, 1934
39. सुमन रामनाथ, हमारे राष्ट्र निर्माता और झाँकियाँ, प्रथम संस्करण, 1933, पृ. 169
40. दीक्षित प्रभा, साम्प्रदायिकता का ऐतिहासिक सन्दर्भ, संस्करण सन् 1980, पृ. 139
41. विड़ला जुगुल किशोर, मालवीय जी के सपनों का भारत, पृ. 36
42. सम्मेलन पत्रिका, श्रद्धांजलि विशेषांक, सीताराम चतुर्वेदी का लेख, पृ. 69
43. शर्मा फतहचन्द 'अराधक', युगपुरुष मालवीय जी, पृ. 69 पर उद्धृत सी.एफ. एण्ड्रूज का संस्मरण
44. 'आज', 12 अप्रैल, 1924
45. 'आज', 7 जुलाई, 1927
46. महाभारत, वनपर्व, 180-21/25/26

टिप्पणी : महाभारत में युधिष्ठिर-तक्षक संवाद का उल्लेख मिलता है जिसमें कहा गया है कि—शूद्र में यदि ब्राह्मण के गुण हों और ब्राह्मण में वे गुण न हों, तो न वह शूद्र है और न वह ब्राह्मण ब्राह्मण। हे नागेन्द्र! जिसमें सत्य, दान, क्षमा, शील, अहिंसा, तप, दया दिखाई दे, उसको ब्राह्मण कहते हैं। जहाँ अच्छा शील स्वभाव दिखाई दे, उसको ब्राह्मण कहना जहाँ वह दिखाई न दे उसे शूद्र कहना चाहिए।

47. महाभारत, वनपर्व, 212/11, 12

पाद टिप्पणी : शूद्रयोनि में भी उत्पन्न हुआ पुरुष यदि अपने में अच्छे गुण सम्पन्न करे, तो हे ब्राह्मण, तो वह वैश्य हो जाता है और क्षत्रिय भी। यदि वह सदाचारपूर्ण जीवन बिताये तो उसमें ब्राह्मण की योग्यता भी प्राप्त हो जाती है।

48. शूद्रोऽपि शीलसम्पन्नो गुणवान् ब्राह्मणो भवेत्।
ब्राह्मणोऽपि क्रियाहीनः शूद्रात प्रत्यवरो भवेत् ॥ महाभारत, वनपर्व, 180/25
49. 'द हिन्दुस्तान टाइम्स', 2 अक्टूबर, 1932
50. इंडियन राउंड टेबल कान्फ्रेंस, सेकेण्ड सीजन, वॉल्यूम-1, पृ. 194
51. गुप्ता एस.एल., पंडित मदन मोहन मालवीय : ए सोसियो पोलिटिकल स्टडी, पृ. 12
52. 'द हिन्दुस्तान टाइम्स', 28 अगस्त, 1922
53. 'द हिन्दुस्तान टाइम्स', 2 अक्टूबर, 1932
54. द्विवेदी कृष्णदत्त, भारतीय पुनर्जागरण और मदन मोहन मालवीय, पृ. 127
55. अब्स्ट्रेक्ट ऑफ द प्रोसिडिंग्स ऑफ द लेजिस्लेटिव कौंसिल फार द यूनाइटेड प्रोविन्सेस ऑफ आगरा एण्ड अवध, 7 अप्रैल, 1908, पृ. 59
56. प्रोसिडिंग्स ऑफ इम्पीरियल लेजिस्लेटिव कौंसिल, वोल्यूम-2, 15 मार्च, 1914, पृ. 77
57. 'न्यू इंडिया', 1 जनवरी, 1923
58. 'आज', 2 जून, 1923
59. अग्रवाल वासुदेव शरण, महामना पंडित मदन मोहन मालवीय के लेख और भाषण, भाग-1, धार्मिक, प्रथम संस्करण, 1962, पृ. 188
60. अभ्युदय, मार्गशीर्ष शुक्ल 9, संवत् 1964
61. सोरन सिंह, वही, पृ. 341
62. सम्मेलन पत्रिका श्रद्धांजलि विशेषांक, पूर्वोद्धृत, पृ. 17
63. शर्मा फतहचन्द, युगपुरुष मालवीय जी, अराधक, पृ. 23
64. सम्मेलन पत्रिका, पूर्वोद्धृत, पृ. 18
65. शास्त्री जी.डी., महामना पं. मदन मोहन मालवीय, बर्थ सेंचुरी कोमोमोरेशन, वोल्यूम-28, दिसम्बर 1961, पृ. 200-201
66. 'आज', 20 अप्रैल, 1925
67. 'न्यू इंडिया', 23 अगस्त, 1923, 'आज', 5 फरवरी, 1924
68. 'नेशनल हेराल्ड', 3 नवम्बर, 1946
69. वर्मा ईश्वर प्रसाद, मालवीय जी के सपनों का भारत, पृ. 9 पर सेठ गोविन्द दास 'हिन्दू महासभा के जन्मदाता' शीर्षक लेख।
70. देखें, भारत का मूल संविधान, राष्ट्रीय अभिलेखागार, नयी दिल्ली
71. मदन मोहन मालवीय का कांग्रेस के लाहोर अधिवेशन, 1909 में दिया गया अध्यक्षीय भाषण, राष्ट्रीय अभिलेखागार, साथ ही देखें, पाण्डेय विश्वनाथ 'पं. मदन मोहन मालवीय एण्ड द फोरमेटिव ईयरर्स ऑफ इंडियन नेशनलिज्म', एल.जी. पब्लिशर्स, नयी दिल्ली, पृ. 1
72. फाइल सं. XX/1, पी.के. मालवीय संग्रह, राष्ट्रीय अभिलेखागार

अध्याय-3

शैक्षणिक दृष्टिकोण

महामना पं. मदन मोहन मालवीय एक राजनीतिज्ञ से ज्यादा शिक्षाशास्त्री थे। उदात्त बौद्धिक एकता के प्रतिमान तथा शिक्षा क्षेत्र में पथप्रदर्शक थे तथा उनका शैक्षणिक दृष्टिकोण बहुत विस्तृत था। युगीन परिस्थितियों पर गौर करते हुए मालवीय जी इस निष्कर्ष पर पहुँचे कि हमारी सारी समस्याओं की जड़ अज्ञानता ही है। किसी

महामना, महात्मा एवं अन्य, लन्दन

भी सश्रय एवं समुन्नत समाज की बुनियाद उसकी शिक्षा है। इसके अभाव में विवेकहीनता एवं विनाश की स्थिति उत्पन्न होगी।

मालवीय जी का शिक्षा के प्रति दृष्टिकोण बिल्कुल स्पष्ट था। वह शिक्षा को पुरातन एवं नवीनतम मूल्यों के बीच एक सेतु के रूप में देखते थे। इन्हीं दो धारणाओं को ध्यान में रखकर मालवीय जी ने काशी हिन्दू विश्वविद्यालय की स्थापना की। उनके दृष्टिकोण को स्पष्ट करते हुए पं. जवाहर लाल नेहरू ने कहा था "हम न तो

करके, दोनों के समन्वय की बहुत जरूरत है। मालवीय जी ने इन्हीं दोनों उदेश्यों को सामने रख कर इस विश्वविद्यालय की स्थापना की।"[1]

महामना जीवन के हर ओर देखते थे। शिक्षा की ओर उनका ध्यान बहुत पहले ही हो गया था। हमारे ऊपर पश्चिम का जो असर पड़ा उससे हमने अच्छी चीजें तो नहीं ली थीं किन्तु ऊपरी चीजें लेकर नकली बनने लगे थे। जिन चीजों ने हमारे देश को बड़ा किया उनको हम भूलने लगे थे मालवीय जी ने इसको महसूस किया और आध्यात्मिक और वैज्ञानिक शिक्षा पर बल दिया।

तत्कालीन समय में शिक्षा के स्वरूप को लेकर गम्भीर चर्चा हो रही थी जिसमें एक वर्ग पाश्चात्य शिक्षा पद्धति का अन्धानुकरण कर रहा था तो दूसरा प्राचीन भारतीय शिक्षा पद्धति का पोषक था। मालवीय जी ने दोनों शिक्षा पद्धतियों के समन्वय पर बल दिया।

मानव जीवन की पूर्णता और मुक्ति के लिए इन दोनों प्रकार के ज्ञान की आवश्यकता है। इसके परस्पर विरोध में नहीं बल्कि परस्पर समन्वय में ही हमारे देश का सन्तुलित विकास सम्भव है।[2]

ये दोनों ज्ञान एक-दूसरे के पूरक एवं सहायक हैं। महामना दरिद्रता में पैदा हुए थे, निर्धनता में ही उनका जीवन बीता और देश में फैली भयंकर दरिद्रता का दर्द लेकर शरीर त्याग किये। अतः स्वाभाविक रूप से दरिद्रता को मानव जीवन के लिए अभिशाप समझते थे। देश को उस भीषण दरिद्रता से मुक्त कराने के लिए आधुनिक, वैज्ञानिक और तकनीकी शिक्षा का व्यापक प्रसार आवश्यक मानते थे। ताकि कृषि और औद्योगिक संसाधनों का दोहन एवं उपयोग कर भौतिक उन्नति की ओर अग्रसर हुआ जा सके। परन्तु यह भी सत्य है कि आर्थिक उन्नति ही हमारे जीवन को समुन्नत एवं सार्थक नहीं बना सकती। इसके लिए आवश्यक है आध्यात्मिक बल, नैतिकता एवं लगन की भावना। मालवीय जी के अनुसार शिक्षा वह जो मुक्ति के लिए हो—'साविद्या या विमुक्तये' हर तरह से मुक्ति—आर्थिक, राजनीतिक, सामाजिक, धार्मिक और आध्यात्मिक—अर्थात् संकीर्णताओं तथा स्वार्थपरता की जगह त्याग एवं समर्पण की भावना का विकास।

महामना स्कूलों और कालेजों में दी जाने वाली शिक्षा को ही सब कुछ नहीं समझते थे बल्कि वे विद्यार्थियों को आदर्शनिष्ठ, चरित्रवान् बनाने के पक्षपाती थे। वे कहा करते थे—

सत्येन ब्रह्मचर्येण व्यायामे नाथ विद्यवा।
देश भक्तयाऽत्यागेन सम्मानहिः सदा भव ॥[3]

अर्थात् सत्य का अनुसरण कर, ब्रह्मचर्य का पालन कर, नित्य व्यायाम कर, देशभक्ति से ओत-प्रोत होकर और आत्मत्याग से अपने को सम्मान के योग्य बनाओ।

सन् '19 में एक दिन गीता प्रवचन के अवसर पर कहा था—"इस विद्यालय में केवल विद्या ही पढ़ना नहीं है, इसी के साथ चरित्र भी बनाना है। ज्ञान और चरित्र दोनों का मेल कर देने से संसार में मान होगा।"[4] एक अन्य अवसर पर उन्होंने कहा था—"विश्वविद्यालय में निवास करने का पहला कर्तव्य है कि व्यायाम करके शरीर बनावें, पहले स्वास्थ्य सुधारें फिर विद्या पढ़ें। उनका यह स्पष्ट मानना था कि स्वस्थ शरीर में ही स्वस्थ मन का निवास रहता है। विद्यार्थियों को चाहिए कि वे सुबह-शाम व्यायाम करें। शाम को खेले। मैदान में विचरें। जल्दी भोजन करें और नियम से नित्य अध्ययन करें। धार्मिक उत्सवों, एकादशी कथा, गीता प्रवचन आदि में उपस्थित रहें और विद्वानों का उपदेश लें। उनका अनुभव ग्रहण करें और आशीर्वाद लें।

इस प्रकार मालवीय जी को बालकों की शिक्षा का बहुत ध्यान था। मालवीय जी चाहते थे कि विद्यार्थी पढ़ाई-लिखाई के साथ-साथ शरीर निर्माण पर भी ध्यान दें। वह निम्न्न दोहे में यह उपदेश दिया करते थें।

दूध पियो कसरत करो, नित्य जपो हरिनाम।
हिम्मत से कारज करो, पूरेंगे सब काम ॥

काशी हिन्दू विश्वविद्यालय की स्थापना का एक मुख्य प्रेरक तत्त्व चरित्र निर्माण था। लार्ड रीडिंग ने इस तथ्य को उद्‌घाटित करते हुए कहा था—"आप बौद्धिक क्षेत्र में कुछ भी अर्जित कर लें किन्तु यदि चरित्र की प्राप्ति नहीं हो पायी तो शिक्षा का प्राथमिक उद्देश्य निष्फल हो गया।"[5]

महामना ने अपने भाषणों में सदैव विश्वविद्यालय का उद्देश्य धर्म एवं नीतिशास्त्र को शिक्षा का अंग बनाकर विद्यार्थियो का चरित्र निर्माण करना बताया।[6]

जीवन का सर्वांगीण विकास मालवीय जी की शिक्षा-पद्धति का मूल मन्त्र था और मालवीय जी इसके लिए प्राथमिक शिक्षा को निःशुल्क तथा अनिवार्य बनाना चाहते थे। मालवीय जी शिक्षा को मानव मात्र का अधिकार, तथा उसका समुचित प्रबन्ध राज्य का कर्तव्य समझते थे। वे चाहते थे कि राष्ट्रीय प्रणाली के आधार पर प्रारम्भिक और माध्यमिक स्कूलों में सर्वसाधारण के लिए शिक्षा निःशुल्क दी जाये जो अनिवार्य भी हो। उनका कहना था कि सब स्तर पर शिक्षा का ऐसा प्रबन्ध हो कि कोई बच्चा निर्धन होने के कारण उससे वंचित न रह पाये।[7]

मालवीय प्राथमिक शिक्षा को अनिवार्य मानते थे और यह सरकारी स्कूलों या विद्यालयों में नहीं बल्कि गाँव-गाँव सभा संगोष्ठियों के माध्यम से, पाठशाला, उपदेश आदि के माध्यम से दी जानी चाहिए। मालवीय जी के अनुसार—

ग्रामे-ग्रामे सभा कार्या,
ग्रामे-ग्रामे कथा शुभा।
पाठशाला मल्लशाला,
प्रति पर्व महोत्सवः॥

अनाथ विधवा रक्ष्याः,
मन्दिराणि तथैव च।
धर्म संगठनं कार्या,
देयं दानं च तद्धितम्॥
स्त्रीणां समादरः कार्यो
दुःखितेषु दया तथा।
टहिंसकाः न हन्तव्यः
आततायी वधार्हिणः॥

गाँव-गाँव में पाठशाला हो, कथा, उपदेश एवं संगोष्ठियाँ हों जिनके माध्यम से जनसामान्य को जागरूक बनाया जाये तथा समाज में विधवाओं, अनाथों का सम्मान हो। इसके लिए मालवीय जी प्राथमिक शिक्षा को प्रथम सीढ़ी मानते थे।[8]

मालवीय जी ने प्राथमिक शिक्षा को अनिवार्य बनाने के लिए सतत प्रयत्न भी किये, 1911 में इम्पीरियल लेजिस्लेटिव कौंसिल में गोखले द्वारा प्रस्तुत 'प्रारम्भिक शिक्षा' के प्रस्ताव को सशक्त समर्थन प्रदान किया जिसमें सरकार से माँग की गयी थी कि वह इसे शनैः-शनैः सारे भारत में अनिवार्य एवं निःशुल्क बना दे। साथ ही उन्होंने 1917 में बी.एन. शर्मा के प्राथमिक शिक्षा सम्बन्धी प्रस्ताव का भी समर्थन किया। जिसमें शाही सरकार से कहा गया था कि वह उसे पन्द्रह वर्षों में सार्वजनिक, अनिवार्य तथा निःशुल्क कर दे।

वस्तुतः मालवीय जी ने प्राथमिक शिक्षा को विशेष महत्त्व प्रदान किया। उनका विश्वास था कि प्राथमिक शिक्षा के बिना औद्योगिक तकनीकी शिक्षा की स्थायी नींव नहीं डाली जा सकती और न ही कृषि सम्बन्धी सुधार प्रभावशाली हो सकते हैं। इन्हीं कारणों से मालवीय जी ने बालक-बालिकाओं के लिए अनिवार्य सार्वजनीन तथा निःशुल्क प्राथमिक शिक्षा की वकालत की। उन्होंने प्रतिपादित किया कि यह अज्ञानता, अस्पृश्यता तथा साम्प्रदायिकता, कटुता आदि की समस्याओं का समाधान कर देगा तथा लोगों में स्वच्छता सम्बन्धी आदतों का विकास कर देगा। यह लोगों को सैनिक युद्ध तथा आर्थिक युद्ध की स्थिति में अपना बचाव करने के लिए शारीरिक, नैतिक और बौद्धिक दृष्टि से अधिक सक्षम बनायेगा। यह स्त्रियों तथा हरिजनों के स्तर में सुधार लाने में सहयोग प्रदान करेगा। प्राथमिक शिक्षा को उन्होंने कारीगर तथा श्रमिक जनसंख्या के लिए भी अनिवार्य बताया।[9]

महामना माध्यमिक शिक्षा को प्राथमिक एवं विश्वविद्यालय शिक्षा के बीच की कड़ी मानते थे। इसकी सफलता पर ही विश्वविद्यालय की शिक्षा की सफलता निर्भर करती है। विश्वविद्यालयों में अच्छे विद्यार्थियों के प्रवेश के लिए यह आवश्यक है। मालवीय जी चाहते थे कि माध्यमिक शिक्षा इस ढंग से संगठित की जाये कि इसके बाद विश्वविद्यालयों में होने वाले व्याख्यान विद्यार्थी आसानी से समझ सकें तथा

लिए उन्होंने वैज्ञानिक शिक्षा के साथ-साथ तकनीकी और औद्योगिक शिक्षा पर बल दिया।[10] मालवीय जी की योजना में 14 से 18 वर्ष के हाई स्कूल तथा इंटरमीडिएट के छात्र माध्यमिक शिक्षा में आते थे। वे चाहते थे कि प्रत्येक जिले में कम-से-कम एक इंटरमीडिएट कालेज हो। उन्होंने माध्यमिक अंग्रेजी स्कूलों को कम करने के प्रयासों का भी विरोध किया।

महामना मालवीय जी को विश्वविद्यालय की स्थापना एवं उसके संचालन का व्यावहारिक अनुभव था। मालवीय जी के अनुसार विश्वविद्यालय शिक्षा, शिक्षा की महत्त्वपूर्ण शाखा है जो किसी देश की राष्ट्रीय प्रगति तथा औद्योगिक समृद्धि को प्रभावित करती है। विश्वविद्यालयों को महामना शिक्षा का पावर हाउस मानते थे तथा विश्वविद्यालय शिक्षा को देश और समाज की प्रगति का आधार-स्तम्भ।[11] मालवीय जी की यह स्पष्ट अवधारणा थी कि विश्वविद्यालय का स्थान ऐसा होना चाहिए जहाँ समस्त ज्ञान उसके विद्यार्थियों को अध्यापकों द्वारा पढ़ाया जाये। विश्वविद्यालय कालेज स्तर की संस्थाओं से घिरा रहे तथा उसके समीप ही विद्यार्थी आवासीय भवनों में रहें। मालवीय जी का दृष्टिकोण विश्वविद्यालय के सम्बन्ध में विद्यार्थियों के बौद्धिक विकास का साधन जुटाना ही नहीं बल्कि वह चाहते थे कि विश्वविद्यालय देश की राष्ट्रीय एकता के केन्द्र बनें।

महामना विश्वविद्यालय की स्वायत्तता के समर्थक थे। उनका मानना था कि शिक्षा के क्षेत्र में राज्य को हस्तक्षेप नहीं करना चाहिए बल्कि राज्य को तो एक जन प्रतिनिधि की भूमिका निभाना चाहिए।[12] वह चाहते थे कि शिक्षा अधिकारियों पर कम-से-कम नियन्त्रण हो तथा वह जो कुछ सर्वोत्तम समझे उसकी उन्हें छूट होनी चाहिए। मालवीय जी चाहते थे कुलपति का सीनेट द्वारा चुनाव एवं कुलाधिपति द्वारा अनुमोदन होना चाहिए न कि उसके द्वारा नामांकित होना चाहिए।

महामना की विश्वविद्यालय शिक्षा बहुत ही महत्त्वाकांक्षी थी। उनका यह स्पष्ट मत था कि योग्य अध्यापकों पर ही इसकी सफलता निर्भर करती है। अध्यापक ही अपनी संस्कृति के माध्यम से विश्वविद्यालय में ऐसा वातावरण बना सकते हैं जो विद्यार्थियों के लिए प्रेरणास्रोत होगा। वह चाहते थे कि विश्वविद्यालय राष्ट्रीय शिक्षा के केन्द्र बनें जहाँ सच्चे इतिहास की शिक्षा दी जाये, साथ ही आधुनिक वैज्ञानिक शिक्षा का भी पूरा प्रबन्ध हो।[13] वह चाहते थे कि विश्वविद्यालय में कृषि, इंजीनियरिंग आदि की शिक्षा का समुचित प्रबन्ध हो।

प्राचीन भारतीय संस्कृति तथा संस्कृत साहित्य को विश्वविद्यालय शिक्षा का आवश्यक अंग मानते थे। काशी हिन्दू विश्वविद्यालय के तृतीय दीक्षांत समारोह के अवसर पर उन्होंने कहा था–मुझे तब तक सन्तोष न होगा जब तक यह विश्वविद्यालय संस्कृत का सबसे बड़ा केन्द्र न बन जाये। महामना को प्राचीन गौरव

सदैव अभिभूत करता रहता था। वह चाहते थे कि विश्वविद्यालय ऐसा हो जहाँ ऊँचे-ऊँचे भवनों के साथ पर्णकुटी भी सुशोभित हो और विद्यार्थी प्राचीन रीति के अनुसार अध्ययन करें।

मुस्लिम शासनकाल में और फिर ब्रिटिश शासनकाल में भी भारत के अधिकांश प्रदेशों की कचहरी की भाषा फारसी और उर्दू ही थी। यह बहुत बड़ा कारण था कि जिससे संस्कृत और हिन्दी का बहुत ह्रास हुआ। पढ़े-लिखे लोग संस्कृत और हिन्दी के बदले फारसी और अंग्रेजी में निष्णात होना अधिक महत्त्वपूर्ण समझते थे क्योंकि शिक्षित और साहित्यिक समाज में उन्हीं का बोलबाला था।[14] समय-समय पर कुछ लोग यह प्रयास भी करते थे कि हिन्दी को उसका हक मिले और ब्रिटिश सरकार हिन्दी के प्रति जो सौतेला व्यवहार कर रही है वह बन्द हो।

इन्हीं सात्त्विक प्रयासों के फलस्वरूप प्रयाग में हिन्दी उद्धारिणी प्रतिनिधि सभा की स्थापना हुई। इस सभा में मालवीय जी बहुत ही उत्साही कार्यकर्ता के रूप में सम्मिलित हुए। मालवीय जी ने हिन्दी के पक्ष में लेख लिखे। एक लेख उन्होंने 'कोर्ट कैरेक्टर एण्ड अवध' शीर्षक से लिखा जो 1893 में इंडियन प्रेस इलाहाबाद में छपा। फुलस्केप साइज के सौ पृष्ठों का यह आलेख एक लघु शोधप्रबन्ध ही था।[15] जिस पर अदालतों में एवं स्कूलों में हिन्दी भाषा और नागरी लिपि के प्रचलन की राजाज्ञा अथवा डिग्री प्राप्त हुई। इतना ही नहीं, जब प्रसिद्ध विद्वान् बालकृष्ण भट्ट ने ने अपना हिन्दी मासिक प्रदीप निकाला तो मालवीय जी उसके सक्रिय और नियमित लेखक बन गये। इसी समय काशी में बाबू श्यामसुन्दर दास, पं. रामनारायण मिश्र और ठाकुर शिवकुमार सिंह ने 'काशी नागरी प्रचारिणी सभा' की स्थापना की। मालवीय जी इसके लिए पूर्णतः समर्पित हो गये।

वास्तव में मालवीय जी के यह प्रयास उनकी इस अवधारणा के थे "साहित्य और देश की उन्नति अपने देश की भाषा द्वारा ही हो सकती है।" उनका यह स्पष्ट मत था कि सार्वजनिक शिक्षा का कार्य बिना मातृभाषा के नहीं हो सकता। जनता का राजकाज जनता की भाषा में ही सुचारु रूप से चल सकता है। जनभाषा ही लोकतन्त्र की भाषा हो सकती है। उस भाषा में ही जन साधारण ठीक तौर पर ज्ञान प्राप्त कर सकते हैं, अपने विचार और भाव व्यक्त कर सकते हैं। राज्य के क्रिया-कलापों में सक्रिय रूप से भाग ले सकते हैं। इसलिए जिस देश की जो भाषा है उसी में उस देश के न्याय, कानून, राजकाज, कौंसिल इत्यादि का कार्य होना चाहिए।[16] और वही भाषा शिक्षा का माध्यम होनी चाहिए। अतः मालवीय जी के विचार में हमें केवल स्कूलों में ही नहीं बल्कि विश्वविद्यालयों तथा उच्च श्रेणियों में भी देशी भाषाओं के माध्यम द्वारा शिक्षा की व्यवस्था करनी चाहिए।[17]

इसके साथ ही मालवीय जी अंग्रेजी के पूर्णतः त्याग के भी पक्ष में न थे। उस समय भाषा के साथ लिपि का प्रश्न भी उठ खड़ा हुआ था, मालवीय जी का लिपि

के सम्बन्ध में यह स्पष्ट मत था कि हिन्दी भाषा फारसी या रोमन लिपि की बजाय नागरी लिपि में ही लिखी जाये।

मालवीय जी सरल हिन्दी के पक्ष में थे। उनका कहना था कि "हिन्दी में फारसी-अरबी के बड़े-बड़े शब्दों का व्यवहार जैसा बुरा है, हिन्दी को अकारण ही संस्कृत शब्दों से गूँथ देना भी वैसा ही बुरा है। जहाँ तक हो हिन्दी में हिन्दी ही रखी जाये।"[18] वास्तव में मालवीय जी हिन्दी को जन-जन की भाषा बनाना चाहते थे, उन्हें कठिन एवं गूढ़ शब्दों से परहेज था, वह ऐसी हिन्दी के पक्षपाती थे जो सर्वग्राह्य हो। पद्मकान्त मालवीय ने लिखा है पूज्य बाबूजी (मालवीय जी) तक का मत था कि यदि अच्छी हिन्दी लिखना चाहते हो तो उसमें लम्बे-लम्बे समास शब्दों का प्रयोग मत करो, हमें तो ऐसी हिन्दी का निर्माण करना है जिसे समय आने पर मुसलमान भी अपनी बना सकें।

मालवीय जी हिन्दी को राष्ट्रीय एकता के लिए आवश्यक मानते थे। इसलिए सदैव हिन्दी को राष्ट्रभाषा का गौरव दिलाने के लिए प्रयत्नशील रहे।[19] तथा हिन्दी का वर्तमान समृद्ध रूप जो हमारे सामने है, इस समृद्ध रूप के देने वाले कर्णधारों में मालवीय जी का नाम अग्रगण्य है।[20]

शिक्षा की कोई भी योजना कितनी भी अच्छी क्यों न हो वह तब तक अपूर्ण रहेगी जब तक कि किसी समुदाय से आधे हिस्से को उससे दूर रखा जायेगा। मालवीय जी स्त्री-शिक्षा का समुचित प्रबन्ध समाज का पुनीत कर्तव्य समझते थे। उनका कहना था कि पुरुषों की शिक्षा से स्त्रियों की शिक्षा अधिक महत्त्वपूर्ण है क्योंकि वे ही भारत की भावी सन्तानों की माताएँ हैं, वे हमारी भावी राजनीतिज्ञों, विद्वानों, तत्वज्ञानियों, व्यापार तथा कला कौशल के नेताओं आदि की प्रथम शिक्षिकाएँ हैं। मालवीय जी चाहते थे कि स्त्रियाँ शिक्षा ग्रहण करें और भारत के भावी जीवन के निर्माण में अपना योगदान दें।

वस्तुतः मालवीय जी की दृष्टि में बालक और बालिकाओं की शिक्षा बराबर महत्त्व रखती थी। वे चाहते थे कि लड़कियाँ सीता और सावित्री की तरह पवित्र हों, गार्गी और मैत्रेयी की तरह विदुषी हों। आज भी स्त्री-शिक्षा की कल्पना काशी हिन्दू विश्वविद्यालय में महिला विद्यालय और छात्रावास के रूप में विद्यमान है।[21] स्त्री शिक्षा समस्त समाज-सुधार की धुरी है और मालवीय जी जीवनपर्यन्त स्त्री-शिक्षा के लिए प्रयत्नशील रहे। सन 1904 में मालवीय जी ने स्व. पं. बालकृष्ण भट्ट और राजर्षि पुरुषोत्तमदास टंडन के सहयोग से प्रयाग में बालिकाओं के लिए गौरी पाठशाला की स्थापना की।

मालवीय जी छात्रों को पुत्रवत और छात्राओं को पुत्री के समान मानते थे। और उनके शारीरिक और मानसिक स्वरूप तथा चरित्र संगठन पर पढ़ाई से अधिक जोर देते थे। वे कहा करते थे कि यही तो स्त्री-शिक्षा का पावन स्रोत है।[22] वे एक

धर्मनिष्ठ तथा जागरूक शिक्षाशास्त्री थे जो स्त्रियों और बालिकाओं का सम्पूर्ण अभ्युदय चाहते थे और उसके लिए अथक परिश्रम और प्रयत्न करते थे। मालवीय जी शिक्षा और शील से सम्पन्न स्त्रियों को देखकर बहुत प्रसन्न होते थे। उनका विचार था कि स्त्रियों को ऐसी शिक्षा दी जाये जिसके द्वारा उनमें स्त्रियोचित गुण उत्पन्न हों और वे अपने कर्तव्यों को ठीक समझकर देश में स्वस्थ नागरिक के निर्माण में मदद करें। मालवीय पर्दा इत्यादि सामाजिक कुरीतियों का इसी कारण विरोध करते थे कि इनसे स्त्रियों की शिक्षा में बाधा पड़ती है।

मालवीय जी ने स्त्रियों के सम्मान के सम्बन्ध में अनेक बार अपने विचार व्यक्त किये हैं। उनका सदैव यह विचार रहा है कि स्त्रियों का अधिक-से-आधिक सम्मान किया जाये और स्त्रियों में आत्मरक्षा का भाव भी उदय होना चाहिए। समय-समय पर मालवीय जी महाविद्यालय में पढ़ने वाली छात्राओं से यह पूछा करते थे कि तुम व्यायाम करती हो कि नहीं? अपने शुभचिन्तकों को उनका सदा यह परामर्श रहा करता था कि समय-समय पर जो व्यक्ति स्त्रियों का अपमान करते हैं उन आततायियों को समाज से मिटा देना चाहिए। उनका यह विश्वास था कि जो लोग स्त्रियों को शृंगार का पात्र समझकर इस दिशा में यत्न करते हैं कि वे सही मार्ग पर नहीं हैं। प्रत्येक स्त्री में संकट पड़ने पर आत्म रक्षा करने का साहस होना चाहिए। मालवीय जी इस बात पर सदैव बल देते थे। समाज के साथ स्त्रियों की शिक्षा का उन्होंने पूर्ण समर्थन किया।

महामना का दृढ़ विश्वास था कि देश की उन्नति तभी सम्भव है जब समाज का प्रत्येक वर्ग शिक्षित हो। वह समाज के दलित एवं पिछड़े वर्ग के लोगों को विशेषतः हरिजनों को उच्च शिक्षा प्रदान करने के लिए सदैव प्रयत्नशील रहते थे। वैसे तो जाति-पाँति का भेदभाव किये बिना वे हर वर्ग के छात्रों को हर प्रकार की सहायता प्रदान करना अपना कर्तव्य मानते थे किन्तु हरिजन छात्रों के प्रति उनके हृदय में विशेष करुणा का भाव था, वे उनकी कठिनाइयों को दूर करने तथा उच्च शिक्षा के लिए उन्हें प्रोत्साहन देने में सदैव सचेत रहते थे। मालवीय जी की इस उदार दृष्टि का परिचय डॉ. ईश्वरप्रसाद वर्मा ने इस प्रकार दिया है—सन् 1925-26 की एक घटना स्मरण आ रही है। बाबू जगजीवन राम आरा टाउन स्कूल से मैट्रिक पास करके अपने भविष्य के लिए चिन्तित और परेशान थे। पूज्य मालवीय जी महाराज बिहार प्रान्तीय हिन्दू महासभा की अध्यक्षता करने छपरा पधारे और वहीं से पटना होकर आरा। आरा शहर के उत्तर में गोरक्षिणी के मैदान में मालवीय जी महाराज का भाषण था। पचास हजार से कम की भीड़ न होगी सर अली इमाम, सर हसन इमाम, मौलाना मजरूलहक आदि सभी उस सभा में विद्यमान थे। भाषण समाप्त हो चुकने पर पूज्य बाबूजी जब कार में बैठ चुके तो भुवनेश्वरनाथ मिश्र, जगजीवन राम को साथ लेकर उनसे निकट पहुँचे और बतलाया कि हमारे जिले के चमार का एक

बालक मैट्रिक पास करके अपनी पढ़ाई-लिखाई के लिए बेहद चिन्तित एवं परेशान है। पूज्य मालवीय जी ने एक बार बहुत ध्यान से जगजीवन बाबू की ओर देखा और फिर भुवनेश्वर से बोले—'इन्हें अपने साथ ही विश्वविद्यालय में ले आना, जहाँ बैठकर मेरा गोविन्द पढ़ता है वहाँ यह भी पढ़ेंगे। जगजीवन राम हिन्दू विश्वविद्यालय में आये और मालवीय जी ने उनके पढ़ने-लिखने, रहन-सहन, भोजन, आवास आदि की सारी व्यवस्था कर दी।

इस प्रकार मालवीय जी का हरिजनों का शिक्षा के प्रति समर्पण स्पष्ट होता है। उस समय सम्पूर्ण देश में छुआछूत का बोलबाला था तथा शिक्षण संस्थाओं में हरिजनों के प्रवेश पर प्रतिबन्ध लगे हुए थे, किन्तु महामना के विद्यामन्दिर; काशी हिन्दू विश्वविद्यालय में इस छुआछूत के अभिशाप का प्रवेश नहीं था। उनके हृदय में ऊँच-नीच का भेदभाव जैसे आया ही नहीं था। उनका ब्राह्मणत्व तो दूसरों को पवित्र करने वाला, दूसरों का उद्धार करने वाला था।[23]

उनका झुकाव सदैव हरिजनों की ओर रहा। बस उनको मालूम भर हो जाना चाहिए था कि यह बालक हरिजन है, और उनकी उदारता के कपाट उनके लिए खुल जाते थे। विश्वविद्यालय की फीस और छात्रावास की फीस तो माफ हो ही जाती थी, उसके दूसरे खर्चे भी महामना अपने पास से पूरे कर दिया करते थे।

वस्तुतः मालवीय जी ने काशी हिन्दू विश्वविद्यालय के कुलपति के रूप में अगणित हरिजन बालकों की आर्थिक एवं अन्य प्रकार की सहायता करके उच्च शिक्षा प्राप्त करने में उन्हें विशेष सहयोग प्रदान किया। धार्मिक शिक्षा को महामना शिक्षा का अनिवार्य अंग मानते थे। उनका मानना था धार्मिक शिक्षा के द्वारा ही विद्यार्थियों के चरित्र का निर्माण किया जा सकता है। लार्ड हार्डिंग ने काशी हिन्दू विश्वविद्यालय के शिलान्यास के अवसर पर कहा था 'धर्म के बिना शिक्षा व्यर्थ है।'[24] हार्डिंग ने आगे कहा कि इस विश्वविद्यालय में साम्प्रदायिकता को कोई स्थान नहीं होगा और जो इस प्रकार की शंकाएँ करते हैं उनकी शंकाएँ निर्मूल हैं।

मालवीय जी ने काशी हिन्दू विश्वविद्यालय बिल विधान सभा में प्रस्तुत भाषण में धार्मिक शिक्षा, विश्वविद्यालय के नाम में आये हिन्दू शब्द के सम्बन्ध में यह स्पष्ट कर दिया था कि इस विश्वविद्यालय में संकुचित साम्प्रदायिकता को आश्रय नहीं दिया जायेगा वरन् उस व्यापक उदारता और धार्मिक भावना को प्रोत्साहन दिया जायेगा जो मनुष्य और मनुष्य के बीच भ्रातृत्व की भावना का विकास कर सके। दुर्भाग्यवश हम सभी जानते हैं कि धार्मिक विश्वविद्यालयों के न होने से और हमारे राज्य के विश्वविद्यालयों में अनिवार्य धार्मिक शिक्षा न होने से देश में जातीयता की भावना का विकास रुका नहीं। श्रीमान् मेरा विश्वास है धार्मिक सत्य की शिक्षा से चाहे वह हिन्दू हों या मुस्लिम धर्म के हों और चाहे वह काशी हिन्दू विश्वविद्यालय के छात्रों को दी जाये, या अलीगढ़ मुस्लिम विश्वविद्यालय के; ऐसे व्यक्ति बनेंगे जो

यदि अपने धर्म के लिए सत्यनिष्ठ होंगे तो वे ईश्वर, मनुष्य और स्वदेश के लिए ही सत्यनिष्ठ होंगे। मैं उस दिन की प्रतीक्षा कर रहा हूँ जब ऐसे विश्वविद्यालयों से निकले हुए छात्र अधिक आत्मीयता के साथ और एक ही मातृभूमि के पुत्रों के समान प्रगाढ़ता से एक-दूसरे से मिल सकेंगे।

महामना धर्म की सजीव शक्ति में विश्वास रखते थे। उन्हें इस बात का दुःख था कि हिन्दू विद्यार्थी अपने धर्म के विषय में बिल्कुल नहीं या बहुत ही कम जानते हैं तथा देश में धार्मिक शिक्षा का अभाव था। हिन्दू विश्वविद्यालय विधेयक की अन्तिम स्वीकृति के अवसर पर मालवीय जी ने कहा था मैं धर्म की सजीव शक्ति में विश्वास रखता हूँ और हम लोगों को यह जानकर सन्तोष है कि आप भी धार्मिक शिक्षा के बहुत बड़े पक्षपाती हैं। हमारे विद्यालयों और महाविद्यालयों में इस प्रकार की धार्मिक शिक्षा की कमी का अनुभव बहुत दिनों से हो रहा था। ब्रिटिश सरकार ने पिछले साठ वर्षों से जो सुन्दर शिक्षा प्रणाली चलायी, उसमें धार्मिक शिक्षा की व्यवस्था न होने के कारण जो दुर्भाग्यपूर्ण परिणाम हुए हैं, मैं उनका वर्णन नहीं करना चाहता। मुझे यही सन्तोष है कि इस प्रस्तावित शिक्षा केन्द्र से यह कमी दूर हो रही है, जो संयोगवश ऐसे स्थान पर स्थापित हो रही है जो हिन्दू धर्म और विद्या का सबसे प्रधान केन्द्र है। श्रीमन्! मैं आशा करता हूँ कि धार्मिक शिक्षा के सम्बन्ध में, काशी हिन्दू विश्वविद्यालय का सुन्दर प्रभाव समीप और दूर की अन्य संस्थाओं पर भी पड़ेगा। कुछ वर्षों में ही सरकार और जनता द्वारा समर्पित विद्यालय और महाविद्यालय में धार्मिक शिक्षा को शिक्षा का महत्त्वपूर्ण अंग बना दिया जायेगा।

मालवीय जी जापान की कृषि शिक्षा की व्यवस्था के बहुत प्रशंसक थे। उनका कहना था कि जापान में कई सौ कृषि स्कूल हैं जिनमें प्रारम्भिक शिक्षा प्राप्त विद्यार्थियों को खेती की प्रारम्भिक शिक्षा दी जाती है। और बहुत-सी माध्यमिक कृषि शिक्षा संस्थाएँ हैं जिनमें भावी कृषकों को कृषि सम्बन्धी व्यावहारिक और वैज्ञानिक शिक्षा दी जाती है। मालवीय जी चाहते थे इस प्रकार के कृषि स्कूल सारे देश में खोले जायें तथा विश्वविद्यालय में कृषि कालेज हों जहाँ कृषि की उच्च तकनीकी शिक्षा दी जाये।[25] मालवीय जी प्रारम्भ से ही चाहते थे कि काशी हिन्दू विश्वविद्यालय में कृषि कालेज हो तथा उन्हें इस बात का अत्यधिक दुःख रहा कि विश्वविद्यालय के आरम्भिक वर्षों में कृषि कालेज न बन सका। वे यह भी चाहते थे कि प्रत्येक प्रान्त में कृषि महाविद्यालय खुलें जिनमें योग्य विद्यार्थियों को कृषि की उच्च शिक्षा दी जाये, बड़े पैमाने पर खेती की समस्याओं पर अनुसन्धान किया जाये तथा कृषि शिक्षक तैयार किये जायें तथा समस्त देश के कृषि विशेषज्ञ एक-दूसरे से मिलकर कार्य करें। मालवीय जी आधुनिक भारत के निर्माण में आधुनिक विज्ञान शिक्षा तथा तकनीकी शिक्षा को अनिवार्य मानते थे। उन्होंने इस बात पर बल दिया कि विद्यार्थियों को माध्यमिक

स्तर से ही तकनीकी शिक्षा दी जानी चाहिए ताकि यदि वे उच्च शिक्षा प्राप्त न कर सकें तब भी अपनी आजीविका आसानी से कमा सकें। बनारस हिन्दू विश्वविद्यालय के कुलपति एन.एच. भगवती ने बॉम्बे विश्वविद्यालय के दीक्षांत भाषण में कहा था कि "महामना इस बात पर अत्यन्त बल देते थे कि देश के विकास के लिए तकनीकी एवं वैज्ञानिक शिक्षा आवश्यक है।"

वह तकनीकी शिक्षा को इस ढंग से समायोजित करना चाहते थे कि उसे भारतीय सभ्यता एवं संस्कृति के साथ दिया जा सके। वह चाहते थे कि तकनीकी और इंजीनियरिंग शिक्षा देश में भारी उद्योगों का आधार बने। पद्मकान्त मालवीय के अनुसार बापू का चर्खा देश में घर-घर तक पहुँच रहा था, उधर मालवीय जी ने औद्योगिक और इंजीनियरी क्षेत्र में प्रगति के लिए हिन्दू विश्वविद्यालय में औद्योगिक और तकनीकी शिक्षा सम्बन्धी अधिक-से-अधिक विभाग खोले, उनका सपना था कि इन विभागों से निकले उपाधिधारी देश में खिलौने से मोटर उद्योगों तक की प्रतिष्ठा कर सकेंगे।[26] अन्य विभागों के ऊपर इंजीनियरिंग विभाग महामना के लिए हिन्दू विश्वविद्यालय में सबसे ज्यादा दिलचस्पी का विषय था। इस विभाग की सफलता पर उनके सपनों के भारत का भविष्य जो निर्भर करता था। इस विभाग की अध्यक्षता करने के लिए उन्होंने बड़ी खोजबीन के बाद प्रिंसिपल किंग जैसे अनुभवी और योग्य अध्यापक को चुना था। वस्तुतः मालवीय जी तकनीकी और इंजीनियरिंग शिक्षा के लिए समर्पित थे और इसी के द्वारा वह अपने सपनों के भारत का निर्माण करना चाहते थे।

आयुर्वेदिक शिक्षा, भारतीय शिक्षा प्रणाली की महत्त्वपूर्ण विशेषता रही है। इस विधा द्वारा असाध्य बीमारियों का इलाज किया जाना प्रमाणित है, किन्तु महामना इस बात से अत्यधिक दुःखी थे कि अंग्रेजों के समय में इस विद्या का बहुत ह्रास हुआ। वह इस विद्या को पुनः प्रतिष्ठित करना चाहते थे। महामना के अनुसार अंग्रेजों के समय में आयुर्वेद विद्या का ह्रास हुआ है। उसको शास्त्रोक्त रीति से पुनर्जीवित करना चाहिए और यह कार्य हम यहाँ काशी हिन्दू विश्वविद्यालय में करेंगे और भारतीय आयुर्वेद शास्त्र की शास्त्रीयता जनता के सामने सिद्ध करके दिखा देंगे।

यह सर्वविदित है कि आयुर्वेद वैध औषधियों का निर्माण स्वयं कर सकता है। जबकि अंग्रेज डॉ. औषधियों के लिए दूसरे पर आश्रित रहता है। अतः महामना चाहते थे कि विश्वविद्यालय में आयुर्वेद की शिक्षा दी जाये और औषधियों का निर्माण करना सिखाया जाये। महामना ने यह विशेष रीति से कहा था, इस काशी विश्वविद्यालय की भूमि में अनेक ऐसी वाटिकाएँ तैयार की जायेंगी जहाँ उन औषधियों के पौधे होंगे जो औषध निर्माण के कार्य में सहायक हैं। इसका उपयोग यहाँ के वैद्य करेंगे

जिससे चिकित्सा होती रहेगी और औषध निर्माण भी होगा।

शिक्षा के सम्बन्ध में मालवीय जी का दृष्टिकोण व्यापक था, वह देश में व्यापत सारी बुराइयों की जड़ अज्ञानता को मानते थे तथा शिक्षा को इससे दूर करने का ब्रह्मास्त्र। प्राथमिक शिक्षा को वे अनिवार्य बनाना चाहते थे ताकि प्रत्येक भारतवासी को उसका अधिकार मिल सके। माध्यमिक शिक्षा को वह विश्वविद्यालय शिक्षा की प्रथम श्रेणी तथा जीवनयापन के लिए सहयोगी मानते थे। उनका यह मानना था कि माध्यमिक शिक्षा का स्वरूप ऐसा होना चाहिए कि विद्यार्थी किसी कारणवश उच्च शिक्षा प्राप्त न कर सके तो उन्हें अपनी आजीविका कमाने में कोई कठिनाई न हो।

विश्वविद्यालय शिक्षा को वह शिक्षा का 'पावर हाउस' मानते थे तथा किसी भी देश की प्रगति का प्रतीक इसलिए उन्होंने अपनी सारी मेधा, अपना सारा जीवन हिन्दू विश्वविद्यालय के उत्थान के लिए समर्पित कर दिया।

देश के विकास के लिए उन्होंने शिक्षा पर बहुत बल दिया तथा इंजीनियरिंग शिक्षा को आवश्यक बताया। वैज्ञानिक और तकनीकी शिक्षा को वह प्रगति का आधार-स्तम्भ मानते थे। वास्तव में उनके शैक्षणिक दृष्टिकोण में पाश्चात्य एवं भारतीय शिक्षा-प्रणाली का अद्भुत सम्मिश्रण था और उन्होंने मनुष्य के समग्र विकास के लिए भारतीय आध्यात्मिक, नैतिक शिक्षा के साथ-साथ पाश्चात्य वैज्ञानिक शिक्षा को आवश्यक बताया।

सन्दर्भ

1. पी.के. मालवीय संग्रह, राष्ट्रीय अभिलेखागार, पंडित जवाहर लाल नेहरू का भाषण, बनारस, दिसम्बर 2, 1961
2. तिवारी उमेश दत, भारत भूषण, महामना पं. मदन मोहन मालवीय, बी.एच.यू.ए., 1988, पृ. 129
3. पी.के. मालवीय संग्रह, XX/192, राष्ट्रीय अभिलेखागार
4. व्यास सुनीत, मदन मोहन मालवीय, 1954, पृ. 48।
5. मिश्रा ए.वी., मालवीय जी वर्ष सेंटनरी वॉल्यूम, पृ. 119
6. अभ्युदय, अप्रैल 30, 1921, मालवीय जी का दीक्षांत भाषण, तृतीय दीक्षांत समारोह, बनारस हिन्दू विश्वविद्यालय
7. एब्सट्रेक्ट ऑफ द प्रोसीडिंग्स ऑफ द लेजिसलेटिव काउंसिल फॉर द यूनाइटेड प्रोविन्सिस, आगरा एंड अवध, अप्रैल 15, पृ. 25
8. पी.के. मालवीय संग्रह, राष्ट्रीय अभिलेखागार, महामना की शिक्षा, दिसम्बर 1961
9. रिपोर्ट ऑफ द इंडियन इंडस्ट्रियल कमीशन, 1916, पृ. 275
10. सुन्दरम वी.ए., बनारस हिन्दू विश्वविद्यालय, 1936, पृ. 490
11. पी.के. मालवीय संग्रह, राष्ट्रीय अभिलेखागारर, लीडर, फरवरी 25, 1962, एन.एच. भगवती द्वारा मुम्बई विश्वविद्यालय में दिया गया भाषण
12. द लीडर, जनवरी 18, 1916

13. अभ्युदय, अप्रैल 30, 1921, राष्ट्रीय अभिलेखागार
14. चतुर्वेदी, सीताराम, पंडित मदन मोहन मालवीय, 1970, पृ. 39
15. परमानन्द प्रज्ञा, ही. ज. अंक, पृ. 42
16. पी.के. मालवीय संग्रह, राष्ट्रीय अभिलेखागार, हिन्दी साहित्य सम्मेलन, सन् 1919 में मालवीय जी द्वारा दिया गया अध्यक्षीय भाषण
17. लीडर, फरवरी 25, 1962
18. पी.के. मालवीय संग्रह, राष्ट्रीय अभिलेखागार, पी.के. मालवीय का हरगोविन्द सिंह (शिक्षामन्त्री उ. प्र. सरकार) को लिखा गया पत्र, इलाहाबाद, दिनांक सितम्बर 10, 1953
19. साप्ताहिक भारत, दिसम्बर, 1961
20. पी.के. मालवीय संग्रह, राष्ट्रीय अभिलेखागार, वर्मा कमलकान्त (भूतपूर्व मुख्य न्यायाधीश, प्रयाग उच्च न्यायालय) भारत की चिरस्मरणीय विभूति : मालवीय जी
21. व्यास सुनीत, मदन मोहन मालवीय (उद्धृत) पृ. 60
22. शर्मा फतहचन्द 'आराधक', युगपुरुष मालवीय जी, पृ. 24
23. पी.के. मालवीय संग्रह, राष्ट्रीय अभिलेखागार, पी.के. मालवीय का हरगोविन्द सिंह (शिक्षामन्त्री उ. प्र. सरकार) को लिखा गया पत्र, इलाहाबाद दिनांक, मार्च 10, 1953
24. अभ्युदय, फरवरी 5, 1916
25. अभ्युदय, अप्रैल 30, 1921
26. पी.के. मालवीय संग्रह, राष्ट्रीय अभिलेखागार, महामना के जीवन का एक प्रेरणा प्रसंग

महामना और महात्मा : एक लम्बी रेलयात्रा

अध्याय-4
बनारस हिन्दू विश्वविद्यालय

"काशी हिन्दू विश्वविद्यालय संसार में एक विशेष उद्देश्य और निश्चित कार्यक्रम लेकर उत्पन्न हुआ है। अपने मन्दिर के ज्ञानमय स्तम्भों को अन्धकार में पड़े हुए संसार को प्रकाश देने और मनुष्य मात्र को परम ज्योतिर्मय परमेश्वर की झाँकी दिखलाने के लिए यह पैदा हुआ है।"[1]—पंडित मदन मोहन मालवीय

तत्कालीन समय में देश में विश्वविद्यालयीय शिक्षा की दशा भोचनीय थी यद्यपि बॉम्बे, कलकत्ता, मद्रास एवं इलाहाबाद में विश्वविद्यालयों की स्थापना हो चुकी थी किन्तु सामान्य विद्यार्थी के लिए यहाँ प्रवेश असम्भव था। अंग्रेजी जानने वाले, राज परिवारों एवं धनाढ्य वर्ग के लिए ही इनके दरवाजे खुले थे, मालवीय जी चाहते थे कि एक ऐसा विश्वविद्यालय बनाएँ जिसके दरवाजे सबके लिए खुले हों।

"बनारस हिन्दू विश्वविद्यालय महामना पं. मदन मोहन मालवीय जी की सृष्टि है। इसका निर्माण, मातृभूमि की सेवा में किये गये मालवीय जी के कार्यों में सर्वश्रेष्ठ है।"[2]

काशी में विश्वविद्यालय की स्थापना मालवीय जी के महानतम कार्यों में गिना जाता है। मालवीय जी का पूरा जीवन देश के लिए समर्पित रहा है, समाज, धर्म, राजनीति सभी पर अपनी छाप छोड़ी है, शिक्षा, साहित्य, संस्कृति, राष्ट्रीय आन्दोलन में उनकी भूमिका महत्त्वपूर्ण रही है, किन्तु इन सभी कार्यों में बनारस हिन्दू विश्वविद्यालय की स्थापना का अपना अलग स्थान है।[3]

मालवीय जी देश की एकता में विश्वास रखते थे। इसके लिए अन्तरप्रान्तीय ऐक्य, एक राष्ट्रभाषा, एक जातीयता, स्वदेश भक्ति, भारतीय कलाओं की उन्नति, औद्योगिकीकरण के लिए विशेष वैज्ञानिक और तकनीकी शिक्षा, गरीबों को भी शिक्षा प्राप्त कर ऊँचा उठा सकने का अवसर, कृषि तथा फौजी शिक्षा और सर्वोपरि आत्माभिमान तथा चरित्र निर्माण के लिए स्वधर्म में आस्था, यही देश की महान आवश्यकताएँ तब भी थीं और आज भी हैं। काशी विश्वविद्यालय में इन सभी बातों को एक साथ देखा जा सकता है। वस्तुतः हिन्दू विश्वविद्यालय मालवीय जी के सपनों के भारत का एक छोटा सा सफल, सचल तथा स्थूल चित्र है। उनके पावन चरित्र की ही तरह दिव्य और महान। डॉ. तेज बहादुर सप्रू के शब्दों में यदि इस

विश्वविद्यालय को बनाने और उसे उसकी वर्तमान स्थिति में पहुँचा देने के अलावा अन्य कोई काम न किया होता तो भी भारतीय इतिहास में उनका नाम अमर रहता। महात्मा गाँधी ने भी मालवीय जी के इस कार्य को उनके समस्त कार्यों में श्रेष्ठतम बताया है। मालवीय जी के काम बहुत हैं और बहुत बड़े हैं, उनमें सबसे बड़ा है हिन्दू विश्वविद्यालय।[4]

जब वह विद्यालय में ही पढ़ते थे तभी से वह उस दिन का स्वप्न देखने लगे थे जब भारत के युवकों और युवतियों को उच्च शिक्षा के लिए विदेश जाने की आवश्यकता न रह जाये। उन्हें यह देखकर भी बड़ा क्लेश होता था कि जहाँ एक ओर अन्य मतावलम्बी छात्र अपने-अपने सम्प्रदायों के सम्बन्ध में बहुत कुछ जानते हैं वहाँ हिन्दू छात्र अपने समृद्ध धर्म और संस्कृति के सम्बन्ध में कुछ नहीं जानते। आगे चलकर जब वह इलाहाबाद के म्योर सेंट्रल कालेज में पढ़ने लगे तब वहाँ उन्हें यह जानकर और भी दुःख होता था कि जो अनेक भारतीय युवक उच्च शिक्षा के लिए इंग्लैण्ड जाते थे वह अपने देश और संस्कृति के प्रति अत्यन्त कुत्सित भावना लेकर लौटते थे। मालवीय जी ने सोचा कि इसका एक मात्र समाधान यही है कि एक विश्वविद्यालय स्थापित करके उसमें हिन्दू युवकों में भारतीय आदर्श और भारतीय जीवन पद्धति का शुद्ध संस्कार डाल दिया जाये।[5] सन् 1904 में काशी नरेश प्रभु नारायण सिंह के सभापतित्व में 'मिंटो हाउस' काशी में पहली सभा हुई जिसमें मालवीय जी ने काशी हिन्दू विश्वविद्यालय का नियमित प्रस्ताव रखा।

प्रस्ताव को सुनकर सभी स्तम्भित रह गये किसी को भी विश्वास न हुआ कि पूर्व और पश्चिम की सभी विधाओं को अपने भीतर संपोषित करने वाला इतना बड़ा विश्वविद्यालय बन जायेगा। सन्देह व्यक्त करने वालों में सभा के सभापति स्वयं काशी नरेश भी थे। एक बार उन्होंने सेंट्रल हिन्दू कालेज में भाषण देते हुए स्वयं कहा भी था जब हमारे माननीय मित्र पंडित मदन मोहन मालवीय जी ने जिन्होंने इस पवित्र कार्य का सूत्रपात किया है मुझसे पहले पहल हिन्दू विश्वविद्यालय स्थापित करने का विचार कहा मुझे इस कार्य की सफलता में सन्देह था।[6] मन में सन्देह होते हुए भी सभी ने उस योजना को स्वीकार कर लिया, अब तो मालवीय जी को बड़ा उत्साह मिला।

अक्टूबर 1905 में प्रस्तावित विश्वविद्यालय की योजना की रूपरेखा विभिन्न प्रान्तों के सम्भ्रान्त हिन्दू सज्जनों के पास भेजी गयी। इस योजना के प्राक्कथन में हिन्दू समाज और हिन्दू धर्म की तत्कालीन स्थिति पर प्रकाश डालते हुए ज्ञान के व्यापक प्रसार और धर्म की पुरानी प्रतिष्ठा फिर से स्थापित करना देश की उन्नति के लिए आवश्यक बताया गया। उसमें कहा गया कि "भारत के प्राचीन धर्म की शिक्षा है कि प्रत्येक मनुष्य अपने को एक बड़ी समष्टि की इकाई समझकर उसके हित के लिए जीवित रहे और काम करे, लोक कल्याण और लोक संग्रह को परम

पुरुषार्थ समझे।"[7] उसमें यह भी बताया गया कि प्राचीन धर्म लौकिक अभ्युदय और पारलौकिक सिद्धि दोनों के लिए प्रयत्न करना मानव का कर्तव्य निर्धारित करता है, और हमारे ऋषियों द्वारा प्रतिपादित नैतिकता में उन सब गुणों का समावेश है जो मानव समाज के अनक्रान्त अस्तित्व और मैत्रीपूर्ण सहयोग के लिए आवश्यक है। इस प्राक्कथन में भारतीय संस्कृति के बहुत से अन्य सद्गुणों की विवेचना करते हुए उसकी समुचित शिक्षा, हिन्दुओं के वास्तविक उत्थान के लिए आवश्यक बतायी गयी। पर इसके साथ ही लौकिक अभ्युदय के लिए आधुनिक ज्ञान-विज्ञान के अध्ययन और प्रयोग की आवश्यकता को स्वीकार करते हुए उसकी समुचित शिक्षा के प्रबन्ध पर भी जोर दिया, और यह भी बताया गया कि देश में विज्ञान का व्यापक प्रसार और प्रयोग भारतीय भाषाओं के माध्यम से ही सम्भव है। इस तरह प्राक्कथन में हिन्दू धर्म और प्राचीन भारतीय विद्याओं की शिक्षा के साथ ही साथ भारतीय भाषा के माध्यम से आधुनिक ज्ञान विज्ञान और शिल्प शास्त्र की शिक्षा को प्रस्तावित विश्वविद्यालय का लक्ष्य निर्धारित करते हुए उसके पाठ्यक्रम का संक्षिप्त विवरण प्रस्तुत किया गया।

31 दिसम्बर सन् 1905 को बरार के श्री बी.एन. महाजन की अध्यक्षता में काशी में राष्ट्रीय महासभा के अधिवेशन के समय ही काशी के टाउन हाल में सार्वजनिक सभा हुई जिसमें सब धर्मों और प्रसिद्ध शिक्षाशास्त्रियों के सम्मुख काशी हिन्दू विश्वविद्यालय की योजना प्रस्तुत की गयी। यह योजना सर्वसम्मति से स्वीकृत हुई। और 1 जनवरी सन् 1906 को कांग्रेस के पाण्डाल में हिन्दू विश्वविद्यालय स्थापित करने का प्रस्ताव सार्वजनिक रूप से उद्घोषित कर दिया गया जिसका बस लोगों ने उल्लास के साथ स्वागत किया।[8] उसी वर्ष कुम्भ के अवसर पर प्रयाग में जगद्गुरु शंकराचार्य की अध्यक्षता में अनेक सन्तों, विद्वानों तथा महात्माओं की सभा में यह प्रस्ताव पुनः दुहराया गया जो इस प्रकार है।[9]

1. भारतीय विश्वविद्यालय के नाम से काशी में एक हिन्दू विश्वविद्यालय की स्थापना की जाये जिसके निम्नलिखित उद्देश्य है–
   (अ) श्रुतियों तथा स्मृतियों द्वारा प्रतिपादित वर्णाश्रम धर्म के सिद्धान्तों का प्रचार करने के लिए धर्म के शिक्षक तैयार करना।
   (आ) संस्कृत भाषा और साहित्यिक अध्ययन की अभिवृद्धि।
   (इ) भारतीय भाषाओं तथा संस्कृत के द्वारा वैज्ञानिक तथा शिल्पकला सम्बन्धी शिक्षा के प्रचार में योगदान देना।
2. विश्वविद्यालय में निम्नांकित संस्थाएँ है–
   (अ) वैदिक विद्यालय–जहाँ वेद, वेदांग, स्मृति, दर्शन, इतिहास तथा पुराणों की शिक्षा दी जाये। ज्योतिष विभाग में ज्योतिष तथा अन्तरिक्ष विद्या

सम्बन्धी वेधशाला भी निर्मित की जाये।

(आ) आयुर्वेदिक विद्यालय—जिसमें एक प्रयोगशाला हो तथा वनस्पति शास्त्र के अध्ययन के लिए एक उद्यान भी हो। एक सर्वोत्कृष्ट चिकित्सालय तथा पशुचिकित्सालय की स्थापना भी की जाये।

(इ) स्थापत्य वेद तथा अर्थशास्त्र जिसमें तीन भाग हों—

—भौतिक शास्त्र विभाग

—प्रयोगों तथा अन्वेषणों के लिए प्रयोगशाला

—मशीन तथा बिजली का काम सीखने वाले इंजीनियरों की शिक्षा के लिए यन्त्रालय की स्थापना की जाये।

(ई) रसायन विभाग—जिसमें प्रयोगों तथा अन्वेषणों के लिए प्रयोगशालाएँ तथा रासायनिक द्रव्य बनाने की शिक्षा के लिए यन्त्रालय स्थापित किया जाये।

(उ) शिल्प कला विभाग—जिसमें यन्त्र के द्वारा व्यवहार में आने वाली नित्य प्रति की वस्तुएँ तैयार की जायें। इस विभाग में भू-गर्भ शास्त्र, खनिज तथा धातु शास्त्र की शिक्षा भी सम्मिलित रहें।

(ऊ) कृषि विद्यालय—जिसमें प्रयोगात्मक और सैद्धान्तिक दोनों प्रकार की शिक्षाएँ कृषि शास्त्र के नवीन अनुभवों के अनुसार दी जायें।

(ए) गन्धर्व वेद तथा अन्य ललित कलाओं का विद्यालय।

(ऐ) भाषा विद्यालय—जहाँ अंग्रेजी, जर्मन, तथा अन्य विदेशी भाषाएँ इस उद्देश्य से पढ़ाई जायें ताकि उनकी सहायता से भारतीय भाषाओं का साहित्य भंडार नये रत्नों से परिपूर्ण हो तथा विज्ञान और कला के नवीन शोधों द्वारा उनके विकास में अभिवृद्धि हो।

3\. (अ) इस विश्वविद्यालय का धर्म सम्बन्धी कार्य तथा वैदिक विद्यालय का कार्य उन हिन्दुओं के अधिकार में हो जो श्रुति, स्मृति तथा पुराणों द्वारा प्रतिपादित सनातन धर्म के सिद्धान्तों के मानने वाले हों।

(आ) इस विद्यालय में वर्णाश्रम धर्म के अनुसार ही प्रवेश हो।

(इ) इस विद्यालय के अतिरिक्त अन्य विद्यालयों में धर्मावलम्बियों तथा सब जातियों का प्रवेश हो तथा संस्कृत भाषा की अन्य शाखाओं की शिक्षा बिना जाति-पाँति का भेदभाव किये सबको दी जाये।

4\. (अ) निम्नांकित सज्जनों की एक समिति बनायी जाये जिन्हें अपने सदस्यों की संख्या बढ़ाने का अधिकार हो, जो इस विश्वविद्यालय की योजना कार्य रूप में परिणित करने के लिए आवश्यक उपाये काम में लावें, जिसके मन्त्री माननीय पंडित मदन मोहन मालवीय हों।

(आ) बनारस टाउन हाल की सभा में जो समिति नियुक्त हुई थी उसके

सदस्यों से प्रार्थना की जाये कि वह इस समिति के भी सदस्य हो जायें।

5. विश्वविद्यालय में एकत्र किया हुआ समस्त धन काशी के माननीय मुंशी माधोलाल के पास भेजा जाये, जो उसे 'बैंक आफ बंगाल, बनारस' में जमा करा दें। जब तक कि उपर्युक्त समिति इस सम्बन्ध में कोई और आज्ञा न दें।

उसके बाद लगभग 4 वर्ष तक इस योजना के सम्बन्ध में कोई विशेष कार्य नहीं हुआ। हिन्दू विश्वविद्यालय की चर्चा एक प्रकार से उठकर शान्त हो गयी थी, जब कि सन् 1909 में अलीगढ़ में मुस्लिम विश्वविद्यालय की चर्चा का आरम्भ होकर विचार का स्वरूप पा चुका था। इस समय 1910 में हिन्दू विश्वविद्यालय की चर्चा फिर उठ खड़ी हुई और मालवीय जी ने जाोर से काम करने का निर्णय किया।

1910 में श्रीमती एनी वीसेन्ट की 'यूनिवर्सिटी आफ इंडिया' की योजना अस्वीकार कर दी गयी। अतः मार्च-अप्रैल सन् 1911 में मालवीय जी और श्रीमती एनी वीसेन्ट ने काशी में विश्वविद्यालय को प्रतिष्ठित करने के लिए मिलकर काम करने का निश्चय किया। इसी क्रम में सन् 1913 में श्रीमती एनी वीसेन्ट ने सेंट्रल हिन्दू कालेज को बनारस हिन्दू विश्वविद्यालय का केन्द्र बनाने के उद्देश्य से सेंट्रल हिन्दू कालेज का कार्यभार मालवीय जी को सौंप दिया।[10]

मालवीय जी ने झोला उठाने से पूर्व एक करोड़ बार गायत्री का जप किया। गजेन्द्र मोक्ष का न जाने कितनी बार पाठ किया। आशा ज्योति के प्रदीप्त हो जाने पर महामना झोली उठाकर पिता का आशीर्वाद लेने के लिए पं. बृजनाथ के पास पहुँचे। पुत्र ने पिता के चरणों में सर रखकर इस कार्य के लिए आशीर्वाद माँगा। पिता ने पुलकित हृदय से अपने गृह त्यागी पुत्र को छाती से लगा लिया। कथावाचक पिता ने 50 रुपये दान भी दिये पुत्र यह दान पाकर आह्लाद और उत्साह से भर गया। तब से प्रयाग मालवीय जी का घर नहीं रहा। हिन्दू विश्वविद्यालय के लिए फकीरी धारण की और अन्त तक फकीर ही रहे। मालवीय जी अनेक बार यह दोहा कहा मरते थे—

मर जाऊँ माँगूँ नहीं, अपने तन के काज।
परमारथ के कारने, मोह न आवे लाज॥

महामना मालवीय जी बस इसी भावना से प्रेरित होकर निकल पड़े। सर्वप्रथम वह कलकत्ता पहुँचे जहाँ के कोट्याधीशों ने अत्यन्त उदारता के साथ दान दिया। वहाँ उनका जिस प्रकार स्वागत हुआ उससे उनके आशा और विश्वास को बड़ा बल मिला और उनका भिक्षा पात्र स्वर्ण से भर गया।

मालवीय जी की जिह्वा पर सरस्वती विद्यमान थी। उनकी वाणी पर कितनी देवियों ने अपने आभूषण न्यौछावर कर दिये, कितने लोगों ने अपनी दिन भर की कमाई लुटा दी।

हिन्दू और मुसलमान समान रूप से इस यज्ञ में भाग ले रहे थे। मुरादाबाद में मालवीय जी के व्याख्यान के बाद एक मुसलमान सज्जन आँखों में आँसू और हाथ में पाँच रुपये लेकर खड़े हुए और उन्हें ले जाकर मालवीय जी के चरणों में रखते हुए उन्होंने कहा मैं बहुत गरीब आदमी हूँ फिर भी इस नेक काम में पाँच रुपये देता हूँ। इस नेक सज्जन के दान से सबकी आँखें डबडबा आयीं।[11]

मालवीय जी ने सारा दान इसी रीति से नहीं लिया बल्कि उनको अनेक जगह पर पोरोहित्य करना पड़ा। गुजरात के एक बड़े सेठ से एक लाख रुपये दान पाने की आशा से मालवीय जी उससे मिलने गये। सेठ जानता था कि महामना की वाणी में जादू है वह जो माँगेंगे उसे देना पड़ेगा। इसीलिए उसने महामना से मिलने से इंकार कर दिया वह मालवीय जी के सामने ही नहीं आया। मालवीय जी उससे मिलने का मौका ढूँढ़ने लगे। सौभाग्य से उन दिनों श्राद्ध चल रहा था। बस क्या था महामना श्राद्ध कराने वाले पुरोहितों की कतार में शामिल हो गये और जब दक्षिणा देने का समय आया तब सेठ महामना को देखकर विस्मृत सा रह गया, और बहुत लज्जित हुआ। उसने कोरा चेक महामना के चरणों में रख दिया और कहा महाराज आप इच्छित धन राशि स्वयं भर लें। भारत का सर्वश्रेष्ठ ब्राह्मण दक्षिणा पाकर आगे बढ़ गया।[12]

निजाम हैदराबाद ने महामना को चन्दा देने से इंकार कर दिया। महामना हताश होने वाले व्यक्ति नहीं थे। उन्होंने हैदराबाद के कुजड़ों से चन्दा माँगना प्रारम्भ कर दिया। जब उनसे लोगों ने पूछा कुजड़ा जो धेला पैसा देंगे उनसे क्या आपकी झोली भरेगी, मालवीय जी ने कहा भाई क्या करूँ हैदराबाद का निजाम गरीब हो गया है। अतः वह मुझे चन्दा नहीं दे सकता इसलिए बूँद-बूँद से घट भर रहा हूँ।

मालवीय जी की यह बात निजाम तक पहुँची। यह सुनकर कि मालवीय प्रचार कर रहे हैं कि निजाम गरीब हो गया है, अतः गरीबों से पैसा माँग रहे हैं। वह बड़ा प्रभावित हुआ। उसने एक लाख रुपये का चेक चुपचाप महामना के पास भेज दिया भारत राष्ट्र के भिखारी का मान रह गया।

कलकत्ता में महामना की भेंट दरभंगा नरेश रामेश्वर सिंह से हुई। नरेश कलकत्ता की एक विराट सभा का सभापतित्व कर रहे थे। सभा में महामना का ओजस्वी भाषण हुआ जिससे मंच पर रुपयों की बरसात होने लगी। महामना से पहली मुलाकात में ही दरभंगा नरेश इतने प्रभावित हुए कि उन्होंने सभा के अन्त में घोषणा की कि वह हिन्दू विश्वविद्यालय के लिए पचीस लाख रुपये दान देंगे। यह घोषणा अकल्पनीय और आशातीत थी। सारी सभा जयघोष से गूँज उठी।

मुजफ्फरपुर में एक अद्‌भुत दृश्य दिखाई दिया। मालवीय जी का भाषण सुनने के बाद वहाँ एक मजदूर ने दिन भर की कमाई महामना के चरणों में रख दी। एक मेहतर ने अपनी पहनी कमीज भेंट कर दी। यह कमीज विश्वविद्यालय में आज भी

सुरक्षित है। एक भंगी ने अपना धेला या एक पैसा अर्पित कर दिया। इससे भी अधिक हृदय ग्राही दृश्य बंगाली प्रोफेसर के घर पर दिखाई दिया। प्रोफेसर महोदय एक सभा में दान देकर आये थे। मालवीय जी उनको धन्यवाद देने के लिए उनके घर आये। प्रोफेसर की सती साध्वी पत्नी ने भारत राष्ट्र के महान भिखारी को घर आया देखकर अपने दोनों स्वर्ण कंगन हिन्दू विश्वविद्यालय को भेंट कर दिये। पति महोदय ने उनका नगद मूल्य देकर कंगन वापस लेकर पत्नी को दे दिये। वह दानशील भारतीय नारी के वह दोनों कंगन भी विश्वविद्यालय के संग्रहालय में सुरक्षित हैं।

मालवीय जी की भिक्षा मंडली अमृतसर पहुँची। हिन्दू विश्वविद्यालय के संस्थापक ने एक व्रत ले रखा था कि जब तक उन्हें दिन भर की संकल्पित व निश्चित दान राशि नहीं मिलती तब तक वह अन्न जल ग्रहण नहीं करते थे। अमृतसर में मालवीय जी की भिक्षा मंडली एक दानी के घर पहुँची दिन का एक बज रहा था। सबको भूख सता रही थी। अनुभवी चतुर सेठ ने सभी के चेहरे देखकर खाने की व्यवस्था की। पर मंडली ने उसे ऐसा करने से रोक दिया। कारण पूछने पर ज्ञात हुआ कि जब तक दिन भर की संकल्पित निश्चित रकम प्राप्त नहीं होगी भिक्षा मंडली का नेता महान तपस्वी अन्न का दाना मुँह में न डालेगा। उसके भूखे रहते हुए और लोग कैसे खा सकते है? सेठ ने चेक बुक निकाली और उस दिन की संकल्पित राशि अकेले भेंट कर दी। इसके बाद पूर्ण व्रत हो जाने पर महामना की मंडली ने भोजन ग्रहण किया।

विश्वविद्यालय के लिए एकत्र करने के लिए मालवीय जी का दौरा बंगाल में मापदह और फरीदपुर में, बिहार में पटना, मुजफ्फरपुर और दरभंगा में, संयुक्त प्रान्त में जौनपुर, काशी, प्रयाग, कानपुर, इटावा, तथा पंजाब में अमृतसर और लाहौर में हुआ। इतने में ही प्रायः बीस लाख रुपये की सहायता का वचन मिल चुका था। एक प्रकार से सारे भारत में विश्वविद्यालय के आगमन की दुन्दुभी बज चुकी थी जनता के उत्साह का कोई ठिकाना न था। मनुष्यों के हृदय में एक नया भाव और नवीन आस्था की बाढ़ ही उमड़ पड़ी थी। कार्यकर्ता फूले न समाते थे। भिन्न-भिन्न नगरों की सभाओं में दानियों की प्रतिस्पर्धा देखने योग्य होती थी।[13]

मालवीय जी त्रिवेणी बन गये और हिन्दू विश्वविद्यालय पर्व बन गया। और सारे देश ने जी खोलकर इस पर्व पर धन लुटाया। जहाँ-जहाँ उनकी टोली पहुँचती वहाँ-वहाँ कई स्टेशन पहले से स्वागत प्रारम्भ हो जाता। इस प्रकार यह टोली सारे भारत में घूमती रही और धन इकट्ठा करती रही। विश्वविद्यालय के लिए उनकी अपील जन साधारण से लेकर राजा *महाराजा* तक सम्पूर्ण हिन्दू समुदाय से होती थी, और राजा-महाराजाओं से लेकर रंक तक ने इस पुनीत कार्य में दान दिया।[14]

वह निरन्तर काशी विश्वविद्यालय के भवनों का मानचित्र साथ लिए घूमते थे और जब कोई यजमान मिल जाता तो उससे यही कहते क्या भारतवासियों से

पाँच करोड़ रुपये इकट्ठा करना कठिन है? क्या ऐसे दस धनी आदमी नहीं मिलेंगे जो पाँच-पाँच लाख रुपया दे सकें? क्या ऐसे बीस धनी आदमी नहीं मिलेंगे जो तीन-तीन लाख रुपया दे सकें?[15] इस प्रकार उन्होंने पाँच करोड़ रुपये एकत्र कराने की योजना बनायी थी। इस योजना में सहयोगी थे पं. सुन्दर लाल, मालवीय जी का कार्य था धनी आदमियों से दान का वचन लेना। और सुन्दर लाल का कार्य था उसे वसूल करना। स्वयं सर सुन्दर लाल ने भी विश्वविद्यालय के लिए एक लाख रुपया दिया था। महामना ने हिन्दू विश्वविद्यालय के लिए अपना सब कुछ दाँव पर लगा दिया। 31 जनवरी 1912 को काशी विश्वविद्यालय के लिए मालवीय जी की निष्ठा और अध्यवसाय की प्रशंसा करते हुए श्रीमती वीसेन्ट ने कहा था, "मालवीय जी ने अपना समस्त सांसारिक जीवन, अपनी शक्ति, अपनी प्रबल भाषण कला यहाँ तक कि स्वयं अपने को और अपने स्वास्थ्य को इस महान काशी हिन्दू विश्वविद्यालय के लिए बलिदान कर दिया।"[16]

मालवीय जी ने जिस प्रकार काशी हिन्दू विश्वविद्यालय के लिए धन एकत्र किया वह प्रसंग बड़े ही रोचक हैं।

मालवीय जी उन दिनों बीकानेर गये हुए थे और वहाँ अपने मित्र महाराज बीकानेर के अतिथि थे उन्हें पता चला कि इन दिनों राज्य में कोई करोड़पति जैन सेठ भी आये हुए हैं। मालवीय जी को चिन्ता हुई जैन साहब से चन्दा प्राप्त करने की। उन्होंने महाराज साहब से कहा महाराज साहब ने उत्तर दिया कि उनसे मिलना व्यर्थ है। वह आपको एक पैसा नहीं देगा। मालवीय जी महाराज कब मानने वाले थे। मालवीय जी जब उनसे मिले तो उन्होंने साफ मना कर दिया तथा कहा कि वह सिर्फ जैन संस्थाओं को ही चन्दा देते हैं।

किन्तु मालवीय जी ने हार मानना तो सीखा ही नहीं था। उन्होंने जैन साहब के गुरु का पता लगवाया और उनसे मिलकर कहा कि आप सेठजी से विश्वविद्यालय में जैन धर्म का एक विभाग खुलवाने के लिए पैसा दिलवाइये। गुरु जी राजी हो गये और सेठ जी को इस कार्य के लिए दो लाख रुपये विश्वविद्यालय के लिए देने पड़े।[17] महामना के सम्बन्ध में लार्ड हार्डिंग ने कहा था कि वे संसार के सबसे महान भिखारी हैं। विश्वविद्यालय के लिए महामना सब कुछ करने को प्रस्तुत थे।

आचार्य जे.बी. कृपलानी ने अत्यन्त विस्तार के साथ वर्णन किया कि वे किस प्रकार लोगों को काशी हिन्दू विश्वविद्यालय की उपयोगिता का विश्वास दिलाते थे। वे कहते थे गाँधी जी के पश्चात वह ही भारत के सबसे बड़े भिक्षुक हैं। मैं भूल नहीं सकता कि वह किस प्रकार से लोगों को काशी हिन्दू विश्वविद्यालय के लिए दान देने के लिए प्रेरित करते रहते थे। वह जब कभी यात्रा में निकलते तो अपने साथ हिन्दू विश्वविद्यालय के भवनों के मानचित्र भी साथ लिए रहते थे, जिन्हें वह अपने साथी यात्रियों के सम्मुख फैलाकर अत्यन्त मृदुतापूर्वक समझाते थे कि किस प्रकार

इस प्रस्तावित महान विद्यापीठ में *वर्तमान* विज्ञानों के साथ-साथ हिन्दू धर्म की भी शिक्षा दी जायेगी। वह विस्तार के साथ उन्हें बताते कि मैं किस प्रकार उस प्राचीन धर्मनगरी विश्वनाथ पुरी काशी में गंगाजी के पवित्र तट पर विश्वविद्यालय बनाना चाहता हूँ, जहाँ महाराजा हरिश्चन्द्र ने धर्म के लिए अपने पुत्र और पत्नी यहाँ तक कि सर्वस्व का बलिदान कर दिया, जहाँ अनन्त काल से अनेक ऋषि, महर्षि तपस्या करते आये हैं, प्रत्येक हिन्दू अपने प्राण छोड़ने की कामना करता है, जहाँ असंख्य हिन्दुओं ने माता गंगा को अपनी अस्थि और भस्म सौंप दी है, जो अनन्तर काल से ज्ञान का केन्द्र बनती चली आयी हैं, जहाँ छात्रों को निःशुल्क शिक्षा के साथ निःशुल्क आवास और भोजन भी मिलता था, जहाँ भौतिक विज्ञान, वर्तमान कला और विज्ञानों के साथ-साथ प्राचीन विद्याएँ भी पढ़ाई जायेंगी। विद्यादान से बढ़कर कोई दूसरा दान नहीं है। और यह अपूर्व अवसर है, जबकि दानियों को उदारता के साथ दान करके भगवान शंकर का आशीर्वाद और अलभ्य पुण्य प्राप्त करना चाहिए। वह अत्यन्त सरल भाषा में यह सब बातें समझाते थे और मैंने स्वयं देखा है कि इसे सुनकर अनेक साथी यात्री विश्वविद्यालय की सहायता का वचन भी देते थे।

महात्मा गाँधी के शब्दों में मालवीय जी भारत के एक महान भिखारी थे। यही नहीं उन्होंने स्वयं भीख माँगना अपने बड़े भाई से सीखा था।[18] महामना विश्वविद्यालय की स्थापना के सम्बन्ध में जब प्रयाग पधारे तो एक अत्यन्त रोचक घटना घटित हुई प्रयाग के रहीसों तथा धनी मानी सज्जनों से विश्वविद्यालय के लिए धन एकत्र करने के उद्देश्य से उन्होंने उनकी एक सूची तैयार की और उनको एक सभा में आमन्त्रित किया। इस सभा में नगर के प्रायः सभी धनी मानी व्यक्ति पधारे और उन्होंने इस पुण्य कार्य में यथासम्भव योग प्रदान किया। किन्तु नागरिकों की इस सूची में भूलवश एक रईस का नाम शामिल नहीं किया जा सका। महामना जब सभा से लौटे तो उन्हें उनकी याद आयी। वे तुरन्त उनकी कोठी पर गये। वे रईस महोदय कुपित होकर बोले—कहिए, कैसे आना हुआ पंडित जी? विश्वविद्यालय के कार्य से आया था? महामना ने उत्तर दिया। मुझसे आपको क्या प्रयोजन? आपने अपनी सूची के अनुसार नगर के रईसों को न्योता दिया किन्तु मुझको नहीं। हाँ भाई मैं तो कोई बड़ा आदमी हूँ नहीं, कैसे मुझे बुलाते?

महामना ने मन्द मुस्कान छोड़ते हुए उत्तर दिया—आप भी क्या कहते हैं। मैं पहले ही यह समझता था कि आप रुष्ट हो जायेंगे। किन्तु वह सूची तो रईसों की थी, राजा-महाराजाओं की नहीं। आप तो मेरी दृष्टि में महाराज हैं।

बस इतना सुनते ही उक्त रईस पिघल गये और उन्होंने न केवल 25 हजार नगद दिये, अपितु विश्वविद्यालय में एक सुन्दर भवन बनवाने का भी आश्वासन दिया।

एक बार राजा बलदेवदास बिड़ला ने कहा कि वे गंगा जी में बैठकर कुछ दान करना चाहते हैं, परन्तु शर्त यह है कि गंगा जी में बैठकर कोई ब्राह्मण उसे ले।

मालवीय जी को इसकी खबर लग गयी वे तुरन्त तैयार हो गये। बिड़ला जी ने जब सुना कि मालवीय जी गंगाजी में बैठकर दान लेंगे तो अवाक् रह गये। किन्तु उनके मुँह से बात निकल चुकी थी। राजा और भिक्षुक दोनों गंगा जी में बैठे। दान लेने के लिए मालवीय जी उनके सामने आये। बिड़ला जी ने कुश लेकर मालवीय जी के हाथ में चेक रख दिया। चेक लाख से ऊपर का था। मालवीय जी ने बिड़ला जी को आशीर्वाद दिया। और उनसे मिले धन पर थोड़ा सा धन मिलाकर उसी समय गंगा जी के भीतर विश्वविद्यालय के नाम संकल्प कर दिया। उपस्थित व्यक्तियों के मुँह से निकल पड़ा साधु-साधु।

इसी प्रकार मालवीय जी ने कश्मीर के राजा से उनके राजी न होने पर भी किस प्रकार दान लिया यह घटना भी बहुत रोचक है। कश्मीर के तत्कालीन महाराजा को मालवीय जी ने पत्र लिखा कि वह काशी विश्वविद्यालय के लिए दस लाख रुपया दान दें। महाराजा स्वयं जम्मू-कश्मीर में विश्वविद्यालय की स्थापना करना चाहते थे। अतः उन्होंने अपनी असमर्थता प्रकट करते हुए टाल दिया। मालवीय जी कब चुप बैठने वाले थे? वे किसी अवसर की तलाश में लगे रहे। उन्हें मालूम हुआ कि महाराजा का यह नियम है कि रक्षा बन्धन के दिन सवेरे पहले पहल जो भी ब्राह्मण सामने पड़ जाता है, उसे वे मुँह माँगा दान देते हैं। बस फिर क्या था? रक्षा बन्धन के अवसर पर मालवीय जी कश्मीर पहुँच गये और वहाँ लोगों से मिलजुलकर ऐसी व्यवस्था कर ली कि सवेरे सबसे पहले वे ही महाराजा के सामने पड़े। सवेरे जैसे ही महाराज की सवारी निकली मालवीय जी सामने आकर आशीर्वाद का मंगल श्लोक सुनाने लगे। मालवीय जी की भव्य मूर्ति किसी से छिपी नहीं थी। महाराज ने उन्हें पहचान लिया और बोले कहिये क्या चाहते हैं? मालवीय जी मुस्कराते हुए बोले—वही दस लाख रुपये। और महाराज को यह दान देना पड़ा।

महामना ने बुद्धि कौशल से विश्वविद्यालय निर्माण की सबसे बड़ी समस्या धन की समस्या को तो हल कर दिया किन्तु उनके समक्ष दूसरी समस्या ब्रिटिश सरकार द्वारा चार्टर प्राप्त करने की थी। चार्टर के प्रश्न पर सम्पूर्ण देश में एक आन्दोलन सा उठ खड़ा हुआ। लाहौर में सिंह गर्जना करते हुए लाला लाजपत राय ने कहा—'चार्टर ऑर नो चार्टर हिन्दू यूनिवर्सिटी मस्ट एक्जिस्ट'[19] इसके बदले में महामना ने कहा कि—'चार्टर एण्ड चार्टर हिन्दू यूनिवर्सिटी मस्ट एक्जिस्ट'[20]।

चार्टर के लिए जब महामना ने वायसराय की कौंसिल के शिक्षा सदस्य सर हरकोर्ट बटलर से भेट की तो उन्होंने स्पष्ट भाषा में कहा, सरकार आपको उस समय तक चार्टर देने की बात भी नहीं सोच सकती जब तक आप विश्वविद्यालय में शिक्षा का माध्यम हिन्दी रखने की बात करते हैं। अंग्रेजी माध्यम रखिए और चार्टर लीजिए। बात को और आगे स्पष्ट करते हुए बटलर ने कहा जब तक आप अंग्रेजी में पढ़ाते हैं, तब तक हमें पता रहता है कि आप क्या पढ़ा रहे हैं और अगली पीढ़ी

क्या सोचेगी, क्या बनेगी? परन्तु जब आप अंग्रेजी छोड़कर हिन्दी में पढ़ाने लगते हैं तब हम अँधेरे में रहते हैं और आपको ठीक से जान नहीं पाते। हम ब्रिटिश साम्राज्य को खतरे में डालना नहीं चाहते।

बटलर के इस कथन के बाद मालवीय जी ने अंग्रेजी के माध्यम से शिक्षा देना स्वीकार कर लिया। बटलर ने चार्टर का आश्वासन दे दिया। उनके इस कार्य का शिवप्रसाद गुप्त जैसे उनके मित्रों ने विरोध भी किया। गुप्त जी ने तो उसे विश्वविद्यालय की मृत्यु का घोषणा पत्र तक कह दिया। महामना सुधारवादी थे और आहिस्ता-आहिस्ता कदम उठाने में विश्वास करते थे, यहाँ उन्होंने हिन्दी माध्यम के प्रश्न को परिस्थितियों के कारण सिर्फ स्थगित किया था समाप्त नहीं।

महामना के अंग्रेजी माध्यम स्वीकार कर लेने के पश्चात 22 मार्च, 1915 को सर हरकोर्ट बटलर ने इम्पीरियल लेजिस्लेटिव कौंसिल में बनारस हिन्दू यूनिवर्सिटी बिल प्रस्तुत किया। इस नये विश्वविद्यालय की विशेषताओं की चर्चा करते हुए उन्होंने कहा "आक्सफोर्ड और कैम्ब्रिज विश्वविद्यालयों की तरह यह निवासीय और शिक्षण विश्वविद्यालय होगा और इस तरह लन्दन विश्वविद्यालय के नमूने पर बने विश्वविद्यालयों से भिन्न होगा।" दूसरे इस विश्वविद्यालय में जहाँ सब जाति और सम्प्रदाय के विद्यार्थी दाखिल हो सकेंगे वहाँ हिन्दू विद्यार्थियों को हिन्दू धर्म की शिक्षा दी जायेगी तथा यहाँ हिन्दू धर्म विज्ञान की उच्चस्तरीय शिक्षा का प्रबन्ध होगा। तीसरे इसका संचालन और प्रबन्ध हिन्दू समाज और अधिकतर गैर-सरकारी सज्जनों द्वारा ही होगा। कलकत्ता विश्वविद्यालय के विधान से तुलना करते हुए बटलर साहब ने कहा—इसकी व्यवस्था निःसन्देह अधिक उदार है, और गवर्नर जनरल के विशेषाधिकार केवल आपात्कालीन हैं, जिनके आधार पर इस विश्वविद्यालय की व्यवस्था को अनुदार कहना उचित नहीं है।[21]

सर गंगाधर चिटनवीस, महाराजा मनीन्द्र चन्द्र नन्दी, श्री सुरेन्द्र नाथ बनर्जी, राय सतीनाथ बहादुर, मधुसूदन दास, मि. मानकजी दादा भाई, सर फलज भाई करीम आदि ने विधेयक का समर्थन किया। और चार्टर मिलते ही हिन्दू विश्वविद्यालय के निर्माण का रास्ता साफ हो गया।

चार्टर के पश्चात, भारत के भाग्योदय के महान सूत्रपात होने का स्वर्ण दिवस 5 फरवरी, 1916 निश्चित किया गया।[22] 5 फरवरी, 1916 को लार्ड हार्डिंग ने विश्वविद्यालय का शिलान्यास किया। इस अवसर पर बंगाल के गवर्नर, बिहार, पंजाब और संयुक्त प्रान्त के गवर्नर, महाराजा साहब कश्मीर, महाराजा साहब बीकानेर, महाराजा साहब जोधपुर, महाराजा साहब अलवर, महाराजा साहब किशनगढ़, कोटा के महाराजा सर प्रयाग सिंह, महाराजा काशीनरेश, महाराजा साहब दतिया, महाराजा झालावाड़, बंगाल के गुरुदास बनर्जी, सर रासबिहारी घोष, कलकत्ता विश्वविद्यालय के ठाकुर सर्वाधिकारी, श्रीमती एनी वीसेन्ट तथा महात्मा गाँधी जैसे अनेक गण्यमान्य

व्यक्ति उपस्थित थे।[23]

सर्वप्रथम हिन्दू विश्वविद्यालय सोसायटी के सभापति महाराजा दरभंगा नरेश ने अभिभाषण दिया जिसमें उन्होंने हिन्दू जाति के विद्याप्रेम को दर्शाया। इसके पश्चात लार्ड हार्डिंग ने अपना ओजस्वी भाषण दिया, जिसमें उन्होंने कहा–आज मेरे सम्मुख जो विशिष्ट महानुभावों का समूह विद्यमान है उससे अधिक विशिष्ट सज्जनों को सम्बोधित करने का सौभाग्य मुझे बहुत कम मिला है। क्योंकि इसमें बंगाल के प्रान्तपति, संयुक्त प्रान्त, पंजाब बिहार और उड़ीसा के उपप्रान्तपति भारतीय राजाओं का प्रशंसनीय समूह; कश्मीर, जोधपुर, वाराणसी, दतिया, बीकानेर, किशनगढ़, अलवर, झालाबाड़ और भारतीय प्रतिभा के इतने प्रशस्त चुने हुए सुमन विद्यमान हैं। ऐसी क्या बात है कि भारतवर्ष के सुदूर प्रदेशों से इतने विशिष्ट महापुरुष यहाँ पर आ एकत्र हुए है, ऐसा कौन सा आकर्षण है जो सबको इतने प्रबल रूप से प्रभावित कर रहा है? यह है हम लोगों के सम्मुख रखा हुआ सुन्दर संगमरमर का खण्ड जो अनेक संगमरमर की शिलाओं से भिन्न है जो मैंने पिछले पाँच वर्षों में अनेक स्थानों में स्थापित किये हैं। इसके प्रत्यक्ष महत्त्व के अतिरिक्त इसका बड़ा घना महत्त्व है क्योंकि इसके द्वारा भारतीय शिक्षा के इतिहास में नये युग की सृष्टि हो रही है। यह आधार शिला उस आदर्श की ओर चलने में अत्यन्त निश्चित गति का सूचक होगा जिसने भारत की कल्पना को उसकी पूर्ण गहराई तक मथ दिया है।

वायसराय ह्यर्डिंग महोदय ने आगे बोलते हुए कहा कि यह विश्वविद्यालय सम्बन्धकारी और परीक्षा वाहक वर्तमान सुविधाओं में वृद्धि करने के अतिरिक्त भी विशेष महत्त्व का सिद्ध होगा। सम्भवतः यह कहना ठीक नहीं होगा प्राचीन काल में वर्तमान विश्वविद्यालय जैसे विश्वविद्यालय नहीं थे तथापि इससे मिलता-जुलता स्वरूप उस प्राचीन काल के धुन्ध में अवश्य खोजा जा सकता है जहाँ वशिष्ठ और गौतम जैसे महान गुरुओं के पास सहस्रों छात्र पढ़ने के लिए एकत्र होते थे और वास्तव में शिक्षा की भारतीय विचारधारा यही रही है कि अनेक शिष्य गुरु के पास अत्यन्त स्नेहपूर्ण श्रद्धा के साथ केवल उनकी वाणी से निर्गत ज्ञान प्राप्त करने के लिए ही नहीं वरन धर्म के सम्बन्ध में उनका पथ प्रदर्शन और उनके आदेश तथा व्यवहार के अनुसार अपना चरित्र निर्माण करना भी चाहते थे।

सरकार की यह नीति है कि वह देश में विश्वविद्यालय स्थापित करेगी तथा शिक्षा के उत्थान के लिए प्रयत्नशील रहेगी। हिन्दू विश्वविद्यालय से सरकार का बोझ कुछ कम होगा और इसकी शिक्षा दुनिया के किसी विश्वविद्यालय से कम नहीं होगी अब भारत से विद्यार्थियों को बाहर नहीं जाना होगा।

हार्डिंग ने इस ओर भी ध्यान आकर्षित किया कि इस विश्वविद्यालय में शिक्षा धार्मिक दी जायेगी तथा साम्प्रदायकिता की शंका करनेवाले व्यक्तियों की शंकाओं को निर्मूल बताया।[24]

हार्डिंग ने इस कार्य के लिए मदन मोहन मालवीय की प्रशंसा की साथ ही यह भी कहा कि अब भारतीयों को रुकना नहीं है, चिकित्सा, कृषि क्षेत्र में और विद्यालय खोलने होंगे ताकि काशी हिन्दू विश्वविद्यालय विकासोन्मुखी हो सके और इसके छात्र जीवन के विभिन्न मार्गों पर चलकर अपने देश को उन्नति के पथ पर आगे बढ़ाने के योग्य हों।

इस सभा में महात्मा गाँधी ने, वायसराय तथा राजा-महाराजाओं पर तीव्र व्यंग्य कसे तथा अलोचना की, किन्तु सभापति महाराजा दरभंगा नरेश ने उन्हें बोलने दिया जिससे सभा में अव्यवस्था फैल गयी अन्त में मालवीय जी स्वयं उठकर खड़े हुए जिससे अव्यवस्था शान्त हुई। इस प्रकार पतित पावनी गंगा से सुरम्य तट पर शिक्षा के मन्दिर की आधारशिला रखी गयी।

1 अप्रैल सन् 1916 को यूनिवर्सिटी एक्ट लागू कर दिया गया। मैसूर के महाराजा कृष्णराज बादियार चान्सलर, ग्वालियर के महाराजा माधवराव सिंधिया प्रो-चान्सलर तथा डाक्टर सुन्दर लाल, वाइस-चान्सलर नियुक्त किये गये।

महाराजा मैसूर और महाराजा ग्वालियर छह वर्षों तक अपने पद पर आसीन रहे। इसके बाद 30 नवम्बर सन् 1922 को बड़ौदा के महाराजा सयाजीराव गायकवाड़ चान्सलर तथा बीकानेर के महाराजा गंगा सिंह प्रो-चान्सलर निर्वाचित हुए। ये दोनों इन पदों पर 31 मार्च सन् 1929 तक आसीन रहे। इसके बाद महाराजा गंगा सिंह जी चान्सलर निर्वाचित हुए और 1 फरवरी 1943 तक वे इस पद को सुशोभित करते रहे। काशी नरेश प्रभु नारायण सिंह 31 मार्च सन् 1929 को प्रो-चान्सलर निर्वाचित हुए उनके निधन पर 30 नवम्बर सन् 1931 को जोधपुर के महाराजा उम्मेद सिंह प्रो-चान्सलर निर्वाचित हुए और वे 10 जून सन् 1947 तक इस पद पर रहे। 30 नवम्बर सन् 1931 को काशी नरेश आदित्य नारायण सिंह भी प्रो-चान्सलर निर्वाचित हुए और वे 4 अप्रैल सन् 1939 तक इस पद को सुशोभित करते रहे। उनके निधन पर सन् 1939 में दरभंगा के महाराजा कामेश्वर सिंह को प्रो-चान्सलर निर्वाचित किया गया।[25]

डॉ. सुन्दर लाल जी का 13 फरवरी सन् 1918 को निधन हो गया और उनकी जगह पर 13 अप्रैल सन् 1918 को सर पी.एस. शिवस्वामी अय्यर वाइस चान्सलर निर्वाचित हुए।

उन्होंने 8 मई, 1919 को इस्तीफा दे दिया। और मालवीय जी तीन वर्ष के लिए वाइस चान्सलर निर्वाचित हुए, पर वे बराबर चुने जाते रहे और सितम्बर सन् 1939 तक इस पद पर कार्य करते रहे। उसके बाद मालवीय जी के अनुरोध पर राधाकृष्णन ने वाइस चान्सलर का पद भार सँभाला।

कोर्ट ने मालवीय जी के गुरु महामहोपाध्याय आदित्यराम भट्टाचार्य को पहला प्रो-वाइस चान्सलर नियुक्त किया। पर उन्होंने 8 अगस्त, 1918 को इस्तीफा दे

दिया। उसके बाद कुछ समय तक मालवीय जी और ज्ञानेन्द्रनाथ चक्रवर्ती ने इस पद का भार सँभाला। अप्रैल सन् 1920 में आचार्य आनन्दशंकर बापू भाई ध्रुव प्रो-वाइस चान्सलर निर्वाचित हुए और वे बार-बार चुने जाकर सन् 1936 को राजा ज्वाला प्रसाद प्रो-वाइस चान्सलर निर्वाचित हुए और दिसम्बर 1940 तक वे काम करते रहे। तदुपरान्त मालवीय जी के आग्रह पर पंडित इकबाल नारायण गुर्टू जी ने इस भार को ग्रहण किया। राजा ज्वाला प्रसाद और डॉ. इकबाल नारायण गुर्टू के विश्वविद्यालय से पुराने सम्बन्ध थे। विश्वविद्यालय के निर्माण में राजा ज्वाला प्रसाद जी का महत्त्वपूर्ण योगदान था। वे ही विश्वविद्यालय के इक्जीक्यूटिव इंजीनियर थे और प्रो- वाइस चान्सलर बनने से पहले युक्त प्रान्त के चीफ इंजीनियर के पद को सुशोभित कर चुके थे। गुर्टू साहब का प्रयाग विश्वविद्यालय के वाइस चान्सलर की हैसियत से शिक्षा के क्षेत्र में महत्त्वपूर्ण योगदान था।

काशी हिन्दू विश्वविद्यालय निःसन्देह मालवीय जी की सबसे बड़ी कृति है। इसके निर्माण में बहुत से राजाओं, महाराजाओं, विद्वानों, जमींदारों तथा धनी मानी सज्जनों का भरपूर योगदान था। महाराजा उदयपुर, महाराजा बीकानेर, महाराजा जोधपुर, महाराजा जयपुर, महाराजा ग्वालियर, महाराजा दतिया, महाराजा इंदौर, महाराजा किशनगढ़, महाराजा कोटा, महाराजा अलवर, महाराजा बनारस, महाराजा कपूरथला, महाराजा झालावाड़, महाराजा कासिम बाजार, सर रासबिहारी घोष, ठाकुर सूरजभान सिंह, बाबू बृजेन्द्र किशोर राय, चौधरी बाबू मोती चन्द सी.आई.ई. और माननीय ठाकुर सुन्दर लाल जैसे व्यक्तियों ने विश्वविद्यालय के लिए एक लाख रुपये से ज्यादा चन्दा दिया तथा भरपूर सहयोग किया, पर मालवीय जी का साहस, उत्साह, कल्पना, लगन और तपस्या ही उसका प्रमुख आधार था। राष्ट्र सेवा के बहुत से कार्यों में फँसे रहने के कारण वे अपना सारा समय तो विश्वविद्यालय को अर्पित नहीं कर सके, पर उसके अभ्युदय की चिन्ता उन्हें जीवन की अन्तिम घड़ी तक सदा बनी रही। सन् 1920 से सन् 1939 तक तो उसके संचालन और प्रबन्ध का भार उन्हें ही मुख्यतः वहन करना पड़ा। सन् 1916 के बाद उसके प्रबन्ध और संचालन में जिन महानुभावों ने उनके साथ काम किया उनमें पंडित बलदेवराम दुबे, पं. कन्हैया लाल दवे, पं. हृदय नाथ कुंजरू का स्थान विशेष रूप से उल्लेखनीय है। पंडित इकबाल नारायण गुर्टू और मुंशी ईश्वर शरण का भी अच्छा योगदान था। कोषाध्यक्ष की हैसियत से राजा मोती चन्द का तथा इंजीनियर की हैसियत से ज्वाला प्रसाद जी का भरपूर योगदान था। महाराजा बनारस और महाराजा कुमार विजयनगरम् को ही आतिथ्य सत्कार का भार वहन करना होता था। बिड़ला परिवार का भी विश्वविद्यालय के विभिन्न विभागों के उत्थान में विशिष्ट योगदान रहा।

सन्दर्भ

1. प्रज्ञा, हीरक जन्यती अंक, पृ. 297-98
2. झा सी.पी., 'रोल ऑफ पं. मदन मोहन मालवीय इन आवर नेशनल लाइफ', 1977, पृष्ठ 144
3. पी.के. मालवीय संग्रह, फाइल सं. XX/380, राष्ट्रीय अभिलेखागार
4. वही
5. चतुर्वेदी सीताराम, पंडित मदन मोहन मालवीय, 1976, पृ. 51
6. व्यास सुनीत, मदन मोहन मालवीय (उद्धृत), पृ. 19
7. दर और सोम स्कंदन : हिस्ट्री ऑफ दी बनारस हिन्दू यूनिवर्सिटी, पृ. 51
8. चतुर्वेदी सीताराम, पं. मदन मोहन मालवीय (उद्धृत), पृ. 53
9. वही, पृ. 53-55
10. विद्यालंकार अवनीन्द्र कुमार, मालवीय जी, पृ. 21
11. महामना मालवीय जी वर्ष सेंटनरी कॉमोरेशन वोल., दिसम्बर 25, 1961, पृ. 49
12. विद्यालंकार अवनीन्द्र कुमार, मालवीय जी (उद्धृत), पृ. 57
13. गुप्त शिवप्रसाद, विश्वविद्यालय का सूत्रपात महामना मालवीय जी वर्ष सेंटनरी कॉमोरेशन वोल., दिसम्बर 25, 1961, पृ. 48
14. पी.के. मालवीय संग्रह, राष्ट्रीय अभिलेखागार, श्री ब्रह्मर्षि, एशिया का महान शिक्षा केन्द्र
15. चतुर्वेदी सीताराम, पं. मदन मोहन मालवीय (उद्धत), पृ. 58
16. वही, पृ. 59, और भी देखिए, सांस्कृतिक परिपेक्ष्य में भारतीय जीवन, पृ. 112
17. मालवीय पी.के., मालवीय जी की जीवन झलकियाँ (संपा.), 1962, पृ. 71
18. वर्मा ईश्वर प्रसाद, महामना मालवीय, पृ. 60
19. वही, पृ. 50, और भी देखिए, मालवीय जीवन झलकियाँ, शिवप्रसाद गुप्त का लेख, पृ. 164
20. प्रोसीडिंग्स गवर्नर जनरल की कौंसिल (लेजिस्लेटिव), 1915, पृ. 525
21. अभ्युदय, जनवरी 29, 1916
22. अभ्युदय, फरवरी 5, 1916
23. वही, और भी देखिए हिस्ट्री ऑफ दि बनारस हिन्दू यूनिवर्सिटी (उद्धृत), पृ. 347
24. लाल मुकुट बिहारी, महामना मदन मोहन मालवीय : जीवन और नेतृत्व, पृ. 157
25. अभ्युदय, फरवरी 5, 1916

अध्याय-5
आदर्श कुलपति

हिन्दू विश्वविद्यालय के स्वरूप की परिकल्पना में पंडित मालवीय जी की एक विशिष्ट भावना एवं योजना थी, जिसे वे साकार देखना चाहते थे। वे इस विश्वविद्यालय को ऐसा केन्द्र बनाना चाहते थे, जिससे राष्ट्र की आध्यात्मिक एवं भौतिक शक्ति के विकास में योगदान तो मिले ही, विश्व में शान्ति एवं बन्धुत्व की भावना का भी प्रचार-प्रसार होता रहे। इसके लिए उन्होंने अपना सर्वस्व अर्पित कर दिया। महामना को कुलपति बनना पसन्द था राष्ट्रपति बनना नहीं।[1]

मालवीय जी एक आदर्श कुलपति थे। क्या छात्रों के प्रति क्या अध्यापकों के प्रति और क्या कर्मचारियों के प्रति मालवीय जी का व्यवहार सदा समान होता था। उनका दृष्टिकोण और उनकी कार्यप्रणाली अपने ढंग की निराली थी। वे सभी को अपने अच्छे व्यवहार से अपने साँचे में ढाल लेते थे। उनका स्वभाव था कि वे छोटी-बड़ी सभी बातों का निरीक्षण स्वयं किया करते थे। और सभी की आवश्यकताओं की पूर्ति भी किया करते थे। यही उनकी महत्ता कही जा सकती है।[2]

कुलपति शब्द का सीधा एवं सामान्य अर्थ है कि कुल का अभिभावक। सन् 1938 में विश्वविद्यालय के कोषाध्यक्ष श्री ज्वाला प्रसाद ने कहा था हमारा विश्वविद्यालय एक संयुक्त परिवार की तरह है, जिसके प्रधान प्राधिधर्माध्यक्ष पंडित जी थे। उनके प्रति हममें उच्च सम्मान एवं आदर की भावना है।[3]

भारतीय संस्कृति की एक बहुत बड़ी विशेषता है, इसमें संयुक्त परिवार का मुखिया बरगद की वृक्ष की तरह है जो लेता तो अपनी जड़ों द्वारा है तथा उसकी समस्त शाखाओं और टहनियों का समान रूप से पोषण करता है। विश्वविद्यालय महामना का कुल, परिवार या कुटुम्ब था और वे इसके सर्वोच्च आचार्याधिकारी या मुखिया थे।

शिशुपाल वध में अनुचर या सेवक को भी परिवार का अंग बताया गया है।[4] मालवीय जी अपने निजी सेवक को भी कभी कोई कड़ा या कटु शब्द नहीं बोलते थे। यदि वह सोया होता तो उसे जगाते नहीं, स्वयं कार्य करने लगते। मालवीय जी को अपने परिवार से सहज अनुराग था, उसकी उन्हें निरन्तर चिन्ता बनी रहती थी। मानस मराल स्व. पं. शंभुनाथ चौबे ने एक दिन महामना से पूछा—महामना जब

आप सन्ध्या वंदन करते हैं, तो मन पूर्णतः एकाग्र होता है? उनका उत्तर था कभी होता है कभी नहीं। जब नहीं होता तब आप क्या करते हैं? तब मैं विश्वविद्यालय की समुन्नति के उपाय सोचने लगता हूँ।

कुलपति शब्द को महामना ने चरितार्थ किया। उनके जीवन की एक-एक साँस विश्वविद्यालय के लिए समर्पित थी। उन्होंने विश्वविद्यालय को दिया ही दिया कभी कुछ ग्रहण नहीं किया। छात्र, अध्यापक, कर्मचारी सभी के वे सचमुच पिता थे और विश्वविद्यालय की भागवत् कथाओं या छात्र-छात्राओं की किसी सभा में जब वे लोगों को बेटों और बेटियों से सम्बोधित करते तो छात्र-छात्राओं की छाती गर्व से फूल जाती और सभी जीवन में परमगौरवान्वित तथा धन्य-धन्य अनुभव करते। मालवीय जी का शुभ्र वेश, उनका हँसना, चलना, मिलना, बोलना उनका सबकुछ आदर्श था और आदर्श की प्रेरणा देता था।

छात्रों तथा कनिष्ठ अध्यापकों के बीच जिस पितृवत स्नेह के साथ मालवीय जी विचरण किया करते थे, उसे पूर्णतः व्यक्त करना असम्भव है। तथा वे उनका कल्याण, विशेष रूप से शैक्षिक आकांक्षाओं के लिए जो कुछ भी सम्भव होता था करते थे। कोई भी छात्र उनके पास से कोई सहायता प्रेरणा अथवा व्यावहारिक परामर्श लिए बिना वापस नहीं आया। वे सच्चे अर्थों में कुलपति थे, आज के वेतन भोगी दंडाधिकारी वाइस चान्सलर नहीं। कुलपति शब्द अपने इतिहास में मालवीय जी पर ही सटीक बैठा है। अभावग्रस्त छात्रों को महामना नाना प्रकार से सहायता पहुँचाते—पैसों से, वस्त्रों से, पुस्तकों से, जाड़े में कम्बलों से और सबसे अधिक अपने प्यार भरे प्रोत्साहनों से। वे प्रायः कहा करते थे तुम आर्य सन्तान हो, आर्य की तरह चलो, आर्य की तरह रहो।[5]

अपने विद्यार्थियों के प्रति उनका स्नेह अपार था। वह उन्हें पुत्रवत् मानते थे। विद्यार्थियों के लिए उनका दरबार सदैव खुला रहता था। जैसे माता का एक योग्य और बलशाली पुत्र की अपेक्षा अपने अयोग्य और कमजोर पुत्रों पर अधिक प्रेम होता है वैसे ही मालवीय जी का प्रेम अपने गरीब और कमजोर विद्यार्थियों पर अधिक रहता था। फीस न दे सकने के कारण उनके समय में कभी कोई विद्यार्थी परीक्षा में बैठने से नहीं रोका जा सका। विभागाध्यक्ष तो नियमानुसार रोक लगाते ही थे। रोक लगी नहीं कि विद्यार्थी ने मालवीय जी की शरण ली। विद्यार्थी बंगले में आकर उनके बाहर निकलने की प्रतीक्षा करता। इस पर तो कोई रोक थी नहीं। मालवीय जी बाहर निकलते और मोटर में बैठने से पहले अपने चारों ओर दृष्टि डालते यदि कोई लड़का दिख गया तो उसे बुलाते और पूछते क्या बात है बेटे? और लड़का अपनी खराब स्थिति के बारे में बताता महामना इतना सुनकर अपने सचिव को तत्काल आदेश देते उतने रुपये छात्र को दे दिये जायें या फिर उसकी दरखास्त पर लिख देते कि विद्यार्थी को परीक्षा में बैठने दिया जाये।[6]

एक बार एक विभागाध्यक्ष को मालवीय जी का यह कार्य अच्छा नही लगा। वे भी तो विश्वविद्यालय के सच्चे हितैषी थे, विद्यार्थी को पहले तो डाँटा कि मालवीय जी के पास जाकर उसने उन्हें तंग क्यों किया? विद्यार्थी ने उत्तर दिया—न जाता तो क्या अपना वर्ष खराब कर लेता? विभागाध्यक्ष और नाराज हो गये। उन्होंने विद्यार्थी से रोक हटाने से साफ मना कर दिया, मालवीय जी तो सभी के लिए लिख देते हैं। इस तरह विश्वविद्यालय कैसे चलेगा। विद्यार्थी दूसरे दिन फिर बंगले पर पहुँचा और उसने सारी कथा मालवीय जी को सुना दी। मालवीय जी ने उसे सान्त्वना दी और कहा अपनी परीक्षा की तैयारी करो मैं तुम्हारे विभागाध्यक्ष से तुम्हारी फिर सिफारिश करूँगा और मुझे आशा है वह मान जायेंगे। विद्यार्थी चला गया और मालवीय जी ने विभागाध्यक्ष को बुलाया तथा सारी बातें सुनकर अपना अन्तिम शस्त्र छोड़ा, बोले महोदय इन विद्यार्थियों के लिए ही तो यह विश्वविद्यालय मैंने बनाया है, इन्हीं के लिए तो मैंने भीख माँगी है, और माँगता रहता हूँ। आप चिन्ता न करें मैं माफ की हुई फीसों का रुपया माँगकर फिर ला दूँगा। पर विद्यार्थियों की पढ़ाई रुपयों की कमी के कारण नहीं रुकनी चाहिए कौन जाने इनमें कितने शिवाजी और राणा प्रताप छिपे हों। नहीं-नहीं इन्हें परीक्षा में बैठने की आज्ञा आपको देनी ही चाहिए। और तब विद्यार्थी बुलाया गया, कहा बेटे जब तुम परीक्षा पास करके पैसे कमाने लगोगे तब अपने फीस के रुपये विश्वविद्यालय को दे दोगे न? कौन विद्यार्थी था जो ना कहता? और उसके हाँ कहते ही उसे परीक्षा में बैठने की आज्ञा मिल गयी। और ऐसा एक दो मामलों में नहीं सैकड़ों मामलों में होता था।[7]

जहाँ मालवीय जी विद्यार्थियों को पितृवत् स्नेह देते थे वहीं विद्यार्थी भी उनके सम्मान के लिए मर मिटने के लिए तैयार रहते। पद्मकान्त मालवीय 1930 की एक घटना का उल्लेख करते हैं—सन् 1930 के आन्दोलन में विद्यार्थी संघ के प्रधानमन्त्री की हैसियत से मॉडर्न स्कूल सम्बन्धी आन्दोलन में मुझे गिरफ्तार किया गया और फैजाबाद जेल भेज दिया गया। थोड़े दिनों बाद मालवीय जी भी गिरफ्तार हुए। काशी हिन्दू विश्वविद्यालय के विद्यार्थी निकल पड़े आन्दोलन में भाग लेने के लिए उनका एक जत्था फैजाबाद जेल में भी आया। मैं जेल में अन्य राजनीतिक कैदियों से अलग एक कोठरी में स्वेच्छा से रखा गया था। एक दिन बड़ा शोरगुल मचा कुछ समझ में नहीं आया कि क्या बात है इतने में ही एक दो कांग्रेसी सज्जन आये और कहा जल्दी चलिए, हिन्दू विश्वविद्यालय के जो विद्यार्थी आये हैं उनसे बातचीत में कुछ राजनीतिक बंदियों का झगड़ा हो गया है और विद्यार्थी मारपीट तथा झगड़े पर उतारू हैं। शान्त न हुए तो झगड़ा बढ़ जायेगा। गया तो मालूम हुआ कि एक कांग्रेसी गाँधीवादी ने बातचीत में मालवीय जी के सम्बन्ध में कुछ अनुचित शब्द व्यवहार कर दिये थे जिसे सुनकर विद्यार्थी आपे से बाहर हो गये थे। अपने कुलपति की शान के विरुद्ध कुछ सुन सकना उन्हें पाप जैसा लगा और वह मारने मरने को

तैयार हो गये थे। बहुत समझाने पर महोदय द्वारा अपने शब्दों को वापस लेने पर ही विद्यार्थी शान्त हुए। ऐसी भक्ति थी विद्यार्थियों में अपने कुलपति के प्रति। वह बड़ी शान से गाते थे "हमारे मालवीय का प्राण हिन्दू विश्वविद्यालय।"[8]

एक ओर विद्यार्थी मालवीय जी के प्रति अपमान का एक शब्द नहीं सुन सकते थे वहीं दूसरी ओर मालवीय जी का विद्यार्थियों पर अपरिमित स्नेह था। जब उनके ज्येष्ठ पुत्र बीमारी की अवस्था में शय्या पर पड़े थे ठीक उसी समय एक आयुर्वेदिक छात्र भूख हड़ताल पर था। भूख हड़ताली छात्र की हालत गम्भीर हो गयी है, ऐसा सुनते ही मालवीय जी अपने मरणासन्न ज्येष्ठ पुत्र को छोड़ कर उस छात्र की हड़ताल को खत्म करने के लिए समझाने बुझाने चले गये और वैसा किया भी।[9]

महामना प्रायः छात्रावासों, महाविद्यालयों तथा प्रयोगशालाओं का आकस्मिक निरीक्षण किया करते थे। यदि किसी छात्र को कोई भी असुविधा होती तो उसे सहज ही समझ लेते। जहाँ कहीं भी देखते थे कि अच्छा कार्य किया जा रहा है वे प्रसन्न दिखलाई पड़ने लगते थे तथा खुलकर अपनी प्रसन्नता को व्यक्त किया करते थे।

मालवीय जी छात्रों के चरित्र एवं विकास कार्यों में स्वयं रुचि लेते थे प्रायः रात्रि आठ बजे के पश्चात् तो आप स्वयं दरवाजे पर खड़े रहते और यदि कोई छात्र लौटता तो उसे सद्शिक्षा देते।[10]

उनका विश्वविद्यालय के कुलपति का कार्यकाल भारत में असहयोग आन्दोलन के साथ ही था और वह मालवीय जी का वास्तविक परीक्षण काल था। वे दो परस्पर विरोधी कर्तव्यों के पालन के लिए परेशान थे—विश्वविद्यालय तथा उसके युवा छात्रों के कार्य एवं भारतीय भावी नागरिकों तथा कांग्रेस के प्रति कर्तव्य और वह भी उनकी अद्भुत प्रतिभा का ही काम था कि वे दोनों ही कर्तव्यों को आदर्श रूप में निभाने में सफल हुए। उन्होंने कांग्रेस को पूरा समय और सहयोग दिया तथा विश्वविद्यालय को सतत रहने देने में योग दिया। इस कठिन कार्य को पूर्ण करने में जो भी कदम उन्होंने उठाया, उसकी मूल में उनका प्रेरणास्रोत उनकी सच्ची देशभक्ति थी।[11] उसकी सफलता का कारण उनकी प्रेरणा की शुद्धता तथा निःस्वार्थ निष्ठा थी। प्रायः यह भुला दिया जाता है कि मालवीय जी को कुलपति के रूप में वे कार्य करने पड़ते थे जो किसी अन्य व्यक्ति को। साथ ही छात्रों की समस्याओं का समाधान भी करना पड़ता था, जो आज के छात्रों की तुलना में कम ऊधम मचाने वाले नहीं थे। शायद तत्कालीन राजनीतिक उत्तेजना ने स्थिति को अधिक नाजुक व मुश्किल बना दिया था ऐसी स्थिति में भी मालवीय जी ने कार्य का संचालन सुचारु ढंग से किया तथा वह जहाज जिसके वे स्वयं कप्तान थे का साहस एवं योग्यता से संचालन किया। आन्दोलनों के दिनों में भी उनके कार्यकाल में कक्षाओं में तथा कक्षा के बाहर अध्ययन-अध्यापन कार्य चलता रहा। इसके द्वार छात्रों के अन्दर आने के लिए अथवा बाहर जाने के लिए खुले रहते थे किन्तु विश्वविद्यालय एक दिन के लिए भी बन्द

नहीं हुआ। वह छात्रों के राजनीति में भाग लेने तथा उनके द्वारा अध्ययन स्थगित कर देने के विरुद्ध थे। उन्होंने 'अपनी किताबों को बन्द करो' के धर्म के विरुद्ध अपनी सशक्त आवाज उठाई जिसका सीधा सा अर्थ था—अपने मस्तिष्क को बन्द कर देना। इसलिए वे विश्वविद्यालय के अध्यापन कार्य को कभी बन्द करने को तैयार न हुए। प्रशासक के रूप में उनकी सफलता छात्रों पर पूर्ण नियन्त्रण पर आधारित थी। कुलपति एवं छात्रों के बीच विद्यमान मधुर सम्बन्धों के तीन अन्य कारण भी थे—प्रथम सभी की प्रत्येक अवस्था में, प्रत्येक समय उन तक सुगमतापूर्वक पहुँच, द्वितीय उनके द्वारा सभी विभागों एवं कालेजों का सतत एवं अनौपचारिक निरीक्षण तथा छात्रों से खुलकर मिलना-जुलना, तृतीय गरीब एवं निर्धन-निर्बल एवं सामाजिक रूप से अत्यन्त पिछड़े छात्रों के प्रति सच्ची हमदर्दी।

पं. मालवीय जी की दृष्टि में एक विश्वविद्यालय लोक सेवा का माध्यम होता है; हिन्दू विश्वविद्यालय भी ऐसा ही था। वे भारतीय जीवन में सदाचार का पाठ पढ़वाना चाहते थे और स्वतन्त्र चिन्तन तथा नैतिक भावनाओं का विकास करना चाहते थे। जिसके लिए उन्होंने विश्वविद्यालय को सरकारी नियन्त्रण से पूर्णतया मुक्त होना आवश्यक समझा। उन्हें यह भली-भाँति ज्ञात था कि शिक्षा और संस्कृति में गहरा मनोवैज्ञानिक सम्बन्ध है। किसी भी देश में, देश को बरबाद करने के लिए साम्राज्यवादी शक्तियों ने सर्वप्रथम उसकी संस्कृति पर हमला किया है। लॉर्ड मैकाले की शिक्षानीति उनसे छिपी नहीं थी।

अंग्रेजों की शिक्षानीति को ध्यान में रखकर ही महामना ने हिन्दू विश्वविद्यालय के शैक्षणिक जीवन के सम्पूर्ण बाह्य एवं अन्तः परिवेश को सत्ता नियन्त्रण से पूर्णतः मुक्त स्वायत्त तथा लोकतांत्रिक सिद्धान्तों पर संगठित किया था। इसी चिन्तन के अन्तर्गत उन्हें हिन्दू विश्वविद्यालय के कुलपति में अनेक विशेषताओं का होना आवश्यक बताया। पहला यह कि उसे भारतीय संस्कृति एवं इतिहास का मर्मज्ञ, आचार-विचार, वेश-भूषा, खान-पान आदि से भारतीय होना चाहिए, उसे जनता में भारतीय दिखना चाहिए। दूसरा यह कि कुलपति का पद अवैतनिक एवं सम्मानित होना चाहिए। वे ज्ञान को व्यापारिक माध्यम नहीं बनाना चाहते थे। भारतीय जीवन की यह विशेषता भी नहीं है। वे समझते थे कि वैतनिक एवं किसी भी आर्थिक स्वार्थ वाले व्यक्ति का वह प्रभाव अध्यापकों, छात्रों और जनता पर नहीं पड़ सकता जो एक शिक्षण संस्था के कुल गुरु की ओर से पड़ना चाहिए। भारतीय निष्ठा का यह मौलिक सिद्धान्त है जिसको मालवीय जी दृढ़ता से पकड़े हुए थे। वे जानते थे कि उच्चतम वेतन पाने वाला व्यक्ति आतंक तो थोड़े समय के लिए जमा सकता है, किन्तु स्थायी प्रभाव नहीं डाल सकता।[12] 28 अगस्त सन् 1939 को कुलपति के पद पर डॉ. राधाकृष्णन के नाम का समर्थन करते हुए डॉ. शान्ति स्वरूप भटनागर ने यहाँ के कुलपति में निम्नलिखित चार विशेषताओं का होना आवश्यक बताया था। जो

मालवीय जी की भावनाओं एवं विचारों के अनुरूप था—पहला यह है कि उसे हिन्दू होना चाहिए और उसमें भारतीय परम्परा एवं संस्कृति के प्रति उत्कृष्ट आस्था तथा उसका पंडित होना चाहिए, उसे भारतीय दिखना चाहिए। दूसरा यह कि उसे महान् देशभक्त होना चाहिए। तीसरा यह है कि उसे अन्तर्राष्ट्रीय ख्याति प्राप्त होना चाहिए। चौथा यह कि उसे चन्दा इकट्ठा करने में सक्षम एवं योग्य होना चाहिए।[13]

महामना के शिक्षा मन्दिर में जात-पाँत, छुआछूत आदि का बिल्कुल भी स्थान नहीं था। महामना ने हरिजन, दलित, शोषित एवं गरीब विद्यार्थियों का सदैव ध्यान रखा। विश्वविद्यालय में जात या धर्म के कारण कोई विद्यार्थी उच्च शिक्षा पाने से वंचित नहीं रहा। चौधरी गिरधारी लाल ने लिखा है—"यह मेरा सौभाग्य है कि मुझे काशी विश्वविद्यालय में लगातार चार वर्ष रहने और पढ़ने का सौभाग्य प्राप्त हुआ। उस समय महामना पं. मदन मोहन मालवीय जी कुलपति थे, मेरे जीवन को मोड़ मिला वह उसी महामना की कृपा का फल है। वह युग था जब किसी हरिजन बालक का पढ़ना उतना आसान नहीं था। विद्यालयों में बड़े-बड़े प्रतिबन्ध लगे हुए थे और उच्च शिक्षा प्राप्त करना प्रायः असम्भव ही था। किन्तु महामना के सरस्वती मन्दिर में इस छुआछूत के अभिशाप का प्रवेश नहीं था। उनके दिल में ऊँच-नीच का भेदभाव जैसे आया ही नहीं और उनका झुकाव हुआ भी तो हरिजनों की ही ओर। बस उनको मालूम भर हो जाना चाहिए कि यह बालक हरिजन है और उनकी उदारता के कपाट उनके लिए खुल जाते थे। शिक्षा शुल्क और छात्रावास शुल्क माफ तो हो ही जाता था उसके दूसरे खर्चे भी महामना अपने पास से पूरे कर दिया करते थे।"[14] सैकड़ों हरिजन नवयुवकों को आर्थिक सहायता देकर उन्हें उच्च शिक्षा दिलाई ताकि उनमें खुद्दारी की भावना जगे और वे देश के समर्थ नागरिक बनकर हरिजन सेवा के व्रत को अपना लक्ष्य बनायें। वे कहा करते थे कि जिस प्रकार एक दीपक से जलकर सैकड़ों दीपक जगमग करने लगते हैं और अन्धकार को नष्ट कर प्रकाश फैला देते हैं इसी प्रकार पढ़े-लिखे हरिजन नवयुवक अपनी इस पिछड़ी हुई जाति में व्याप्त अज्ञान रूपी अन्धकार को मिटा उसे ज्ञान की ज्योति से जगमगा देंगे। डॉ. भुवनेश्वर मिश्र माधव ने एक अत्यन्त महत्त्वपूर्ण घटना का उल्लेख किया है जिससे हरिजनों के प्रति महामना के विशाल हृदय की संवेदनाओं का पता चलता है। "सन् 1925-26 की एक घटना याद आ रही है मैं काशी विश्वविद्यालय में प्रवेश पा चुका था। द्वितीय वर्ष कला में था। जगजीवन बाबू आर.आर. टाऊन से मैट्रिक पास कर अपने भविष्य के लिए चिन्तित और परेशान थे। पूज्य मालवीय जी बिहार हिन्दू महासभा की अध्यक्षता करने छपरा पधारे और वहीं से पटना होकर आरा। आरा शहर के उत्तर में गौरक्षिणी मैदान में मालवीय जी का भाषण था। 50 हजार से कम की भीड़ न होगी। सर अली इमाम, महरूलहक आदि सभी उस सभा में विद्यमान थे। भाषण समाप्त होने के बाद जब मालवीय जी कार में बैठ चुके थे तो मैं जगजीवन बाबू को

लेकर उनके निकट पहुँचा और बतलाया कि हमारे जिले के एक चमार (उन दिनों हरिजन शब्द प्रचलित नहीं हो पाया था) का बालक मैट्रिक पास कर अपनी पढ़ाई के लिए चिन्तित एवं परेशान है। मालवीय जी ने जगजीवन बाबू को एक बार बड़े ध्यान से देखा और मुझसे बोले इन्हें अपने साथ ही हिन्दू विश्वविद्यालय ले आना जहाँ बैठकर मेरा गोविन्द (पुत्र) पढ़ता है वहीं यह भी पढ़ेंगे। जगजीवन बाबू हिन्दू विश्वविद्यालय में आये और मालवीय जी ने उनके पढ़ने-लिखने, भोजन-आवास आदि की सारी व्यवस्था अपनी ओर से कर दी।

महामना का छात्र एवं शिक्षक दोनों पर समान स्नेह था। जहाँ वह शिक्षकों की गतिविधियों पर नजर रखते थे वहीं दूसरी ओर उनकी समस्याएँ भी मालवीय जी की समस्याएँ होती थीं, तथा शिक्षकों के प्रति पूरी आत्मीयता। कृष्ण चन्द्र त्रिगुणायत उल्लेख करते हैं—"मालवीय जी के एक प्रिय अध्यापक के विरुद्ध बहुत सी शिकायतें हुईं। एक गुमनाम टाइप किया हुआ पत्र भी पहुँचा। मालवीय जी ने तहकीकात करवाई और मुझे बुलाकर कहा कि यह आपके द्वारा लिखा गया है, आपके पास स्वयं का टाइपराइटर भी है तथा आप ही ऐसी कड़ी भाषा का प्रयोग कर सकते हैं। महामना से मैंने सिर्फ इतना कहा कि आवश्यकता पर मैं कड़ी भाषा का प्रयोग कर सकता हूँ और मेरे पास अपना टाइपराइटर भी है किन्तु यदि मुझे कोई शिकायत करनी होती तो मैं निर्भीक भाव से करता और पत्र पर हस्ताक्षर कर उसकी जिम्मेवारी भी उठा लेता। कुछ समय के बाद महामना ने मुझे बुलाया और गले लगा लिया।" कुलपति और अध्यापक के बीच यह स्नेह क्या कभी भुलाया जा सकता है।

सन् 1930 की बात होगी काशी विश्वविद्यालय में साइंस कांग्रेस को आमन्त्रित किया गया। डॉ. शान्तिस्वरूप भटनागर स्वागत समिति के प्रधानमन्त्री थे तथा प्रो. के.के. माथुर सहायक। बहुत से छात्र अध्यापक इस कार्यक्रम को सफल बनाने के लिए कार्यरत थे। अधिवेशन दूसरे दिन तीन बजे आर्ट्स कॉलेज के हाल में होना था तथा यह निश्चय हुआ कि हॉल की सजावट उसी दिन सबेरे की जाये। मालवीय जी अधिवेशन शुरू होने के एक दिन पहले रात्रि आठ बजे हॉल की व्यवस्था देखने पहुँच गये। देखा कि वहाँ तो सारा काम तितर-बितर पड़ा है मन को दुःख हुआ कार्यकर्ताओं के सम्बन्ध में उन्होंने पूछताछ की किन्तु न तो वहाँ डॉ. भटनागर थे और न प्रो. माथुर और न मैं ही। वहाँ से वह मुझे ढूँढ़ते बिरला छात्रावास की तरफ चले जहाँ मैं बी ब्लाक का वार्डन था। रास्ते में प्रो. रणजीत सिंह के यह कहने पर कि यह काम दूसरे लोग कर रहे हैं, मालवीय जी को और भी बुरा लगा और कहा यह तो काम सभी का है और सभी को मिलकर इसमें हाथ बँटाना चाहिए। इसके उपरान्त वे बिड़ला छात्रावास पहुँचे जब उन्होंने यह पाया कि न तो मैं काम पर हूँ और न मकान पर तो वे मुझे आते ही मिलने के लिए विद्यार्थियों से कहकर चले गये। वहाँ से अपने बंगले पर आते हुए उन्हें डॉ. भटनागर तथा प्रो. माथुर मिले

उन्हें देखकर उन्होंने काफी फटकार लगायी। उन दोनों ने आश्वासन दिया कि काम हो जायेगा। उन्हें चिन्ता नहीं करनी चाहिए। काम रात को ही समाप्त कर देने के लिए चल पड़े, विश्वविद्यालय की बिजली रात 11 बजे तक ही रहती थी। इस कारण हमने कुछ रोशनी का प्रबन्ध किया और हम लोग इकट्ठे होकर हॉल की सफाई में लग गये। सबकुछ पोंछपाछ कर ठीक किया, दरियाँ बिछाईं, कुर्सियाँ लगाईं तथा हॉल के बाहर बरामदों आदि को सजाया। इस काम में रात के 1 बज गये। सभी उस रात को निराहार रहे। प्रातःकाल मालवीय जी फिर हॉल की तरफ व्यवस्था देखने गये। वहाँ की व्यवस्था देखकर चकित रह गये और हमलोगों को ढूँढ़ने लगे। हममें से किसी को न पाकर वे लौट गये। 11 बजे दिन को वे फिर हॉल में आये। हम लोगों को देखते ही मुस्कुराहट के साथ बोले, उन्हें मालूम नहीं था कि हमारे पास अलादीन का चिराग है अन्यथा वह पिछली रात डाँटफटकार न करते। हम लोग भी हँस पड़े।

महामना का कुलपति का कार्यकाल विवादों से परे रहा जहाँ एक ओर विद्यार्थियों तथा अध्यापकों पर पितातुल्य स्नेह रखते थे वहीं दूसरी ओर उनके चरित्र निर्माण व अनुशासन पर बल देते थे। एक वरिष्ठ अध्यापक ने अपनी एक छात्रा से अन्तरजातीय और अन्तरप्रादेशीय विवाह कर लिया, तो बाबू जी ने कहा आपने जो किया, अनुचित नहीं है किन्तु आपके मंगलमयी सुखी जीवन के लिए आशीर्वाद देते हुए मैं कहूँगा आपने विश्वविद्यालय में अच्छा उदाहरण नहीं प्रस्तुत किया। अच्छा होगा कि आप विश्वविद्यालय छोड़ दें। अध्यापक ने महामना के विचार का आदर किया और विश्वविद्यालय छोड़ दिया। महामना की लोकतांत्रिक पद्धति में पूर्ण आस्था थी। एक बार किसी समिति में विभागाध्यक्ष ने आकर अध्यापक को डाँटकर बैठ जाओ कहा। महामना जी ने इसे अनुचित समझकर विभागाध्यक्ष से माफी माँगने को कहा। उनके अस्वीकार करने पर महामना ने कहा आपके लिए इस विश्वविद्यालय में स्थान नहीं है। इसी प्रकार किसी और कर्मचारी या विद्यार्थी की अनुशासनहीनता उन्हें असह्य थी। पहले समझाने और सुधारने का प्रयास करते और सफल भी होते थे, अन्यथा समुचित दंड भी देते थे।

विद्यार्थियों को देश भक्ति की भावना और चरित्र निर्माण के साथ व्यावहारिक अनुभव के लिए 'कृतक संसद' (Mock Parliament) आदि के द्वारा राजनीतिक योजना उन्होंने बनायी थी, किन्तु वे सविनय अवज्ञा या अनुशासन भंग को उचित नहीं मानते थे क्योंकि अनुशासन भंग का अभ्यास होने पर सविनय अवज्ञा या सत्याग्रह के स्थान पर दुराग्रह की प्रवृत्ति भी उत्पन्न हो सकती है। यह स्थिति स्वतन्त्रता को स्वच्छन्दता में परिणित कर सकती है।[15]

वह न केवल आचरण की शिक्षा देते थे बल्कि सदैव आदर्श प्रस्तुत करते थे। विश्वविद्यालय में एक अध्यापिका महिला ने उनसे कहलवाया कि मैं व्याख्यान देने

के लिए आहूत हूँ, मोटर से ही सभा भवन जाऊँगी ताँगे से नहीं। उनके भेजे गये ताँगे पर मालवीय जी सभा भवन गये और अपनी मोटर उनको भेज दी। उनके इस व्यवहार से वह पानी-पानी हो गयीं। फिर ऐसा आग्रह उन्होंने कभी नहीं किया।

यद्यपि विश्वविद्यालय की आर्थिक स्थिति उस समय बहुत शोचनीय थी। किन्तु विश्वविद्यालय के अध्यापकों, कर्मचारियों और विद्यार्थियों का पारस्परिक जीवन बहुत ही सामंजस्यपूर्ण, सुखी और शान्त था, और विद्यार्थी पढ़ने के प्रति निष्ठावान् थे। पं. मालवीय जी विश्वविद्यालय के कण-कण से परिचित थे। सभी अध्यापकों व विद्यार्थियों से व्यक्तिगत रूप से परिचय प्राप्त करना चाहते थे। उनका आदर्श प्राचीन काल के कुलपतियों और आचार्यों का था जो अपने पास से भोजन और वस्त्र देकर विद्यार्थियों को ऊँची शिक्षा देकर स्नातक बनाकर देश में विद्या और सदाचार का प्रचार करने के लिए भेजा करते थे।

सन्दर्भ

1. पी.के. मालवीय संग्रह, फाइल सं. XX/380, राष्ट्रीय अभिलेखागार, नयी दिल्ली
2. व्यास सुनीत, मदन मोहन मालवीय, पृ. 28
3. प्रेस क्लिपिंग, पी.के. मालवीय संग्रह, राष्ट्रीय अभिलेखागार
4. शिशुपाल बध, 290
5. सम्मेलन पत्रिका, श्रद्धांजलि विषेशांक, पृ. 63
6. पद्मकान्त मालवीय का लेख, फाइल संख्या XX/368, राष्ट्रीय अभिलेखागार, दिनांक दिसम्बर 12, 1961
7. वही
8. वही
9. महामना मालवीय जी वर्ष सेंटनरी कॉमोरेशन वोल., दिसम्बर 25, 1961, पृ. 11
10. वर्मा ईश्वर प्रसाद, मालवीय जी के सपनों का भारत (सम्पादित), पृ. 173
11. महामना मालवीय जी वर्ष सेंटनरी कॉमोरेशन वोल., दिसम्बर 25, 1961, पृ. 204
12. सम्मेलन पत्रिका, श्रद्धांजलि विशेषांक, पृ. 56
13. दर एवं सोमस्कंदन, हिस्ट्री ऑफ बनारस हिन्दू यूनिवर्सिटी, पृ. 671-72
14. मालवीय जीवन झलकियाँ (उद्धृत), पृ. 118
15. वैद्य, यदुनन्दन उपाध्याय, सम्मेलन पत्रिका श्रद्धांजलि विशेषांक, पृ. 248

अध्याय-6

अन्य शैक्षणिक कार्य एवं पत्रकारिता

महामना बहुमुखी प्रतिभा के धनी थे, उन्होंने भारतीय राजनीति, शिक्षा, साहित्य एवं पत्रकारिता में अपनी छाप छोड़ी। सर्वाधिक चर्चित बनारस हिन्दू विश्वविद्यालय के अलावा उन्होंने अनेक छोटी-बड़ी संस्थाओं को भी जन्म दिया। राष्ट्र निर्माण में इन संस्थाओं की भूमिका भी मील का पत्थर है।

हिन्दू छात्रावास

प्रयाग का म्योर सेण्ट्रल कॉलेज उन दिनों पाश्चात्य शिक्षा का प्रमुख केन्द्र माना जाता था जिसमें उच्च कुलीन परिवारों के वे युवक अधिक आते थे जो अंग्रेजी शिक्षा से लाभ उठाकर ब्रिटिश सरकार की सेवा में ऊँचे पदों के इच्छुक थे। इस महाविद्यालय की महत्ता सन् 1887 से और बढ़ गयी जब म्योर सेण्ट्रल कॉलेज को आधार बनाकर इलाहाबाद विश्वविद्यालय की स्थापना कर दी गयी। इस प्रान्त का एक मात्र विश्वविद्यालय होने के कारण वहाँ इतनी अधिक संख्या में विद्यार्थी आने लगे कि उनके निवास का अभाव खटकने लगा। छात्रावास की कमी होने से हिन्दू विद्यार्थियों को विशेष कष्ट उठाना पड़ता। मालवीय जी ने इस कष्ट का अनुभव किया और निश्चय किया कि इलाहाबाद विश्वविद्यालय में पढ़ने के लिए आने वाले छात्रों के लिए छात्रावास बना दिया जाये उन्होंने सारे प्रान्त में घूम-घूम कर छात्रावास के लिए धन एकत्र किया। इस प्रस्ताव को प्रान्त के तत्कालीन गवर्नर एटनी मैक्डानल का समर्थन प्राप्त था इसलिए इस नवीन छात्रावास का नाम मैक्डानल हिन्दू छात्रावास पड़ा।[1] किन्तु सामान्य रूप से यह मालवीय जी का वोर्डिंग हाउस के नाम से ही प्रसिद्ध है।

मैक्डानल हिन्दू वोर्डिंग हाउस या हिन्दू छात्रावास एक मात्र उन्हीं के उद्योग का फल है। इसे बनवाने के लिए उन्होंने लगभग ढाई लाख रुपये एकत्रित किये थे। किसी कार्य में रुकना, साहस खोना तो उन्होंने सीखा ही नहीं था, उनके तप एवं प्रताप के बल से सब कार्य सुन्दरता, सफलतापूर्वक सम्पन्न हो जाया करते थे। मिट्टी को छूकर सोना कर देने की कहावत उनमें पूर्णतः चरितार्थ हो गयी थी।

मालवीय जी ने किस तरह भ्रमण कर इस छात्रावास के लिए रुपये एकत्रित

किये वह बनारस हिन्दू विश्वविद्यालय के लिए किये गये धन संग्रह से कम महत्त्वपूर्ण नहीं है। इसके लिए सुनीत व्यास ने उल्लेख किया है "प्रयाग में जब हिन्दू छात्रावास का निर्माण कार्य जारी था उसी समय मालवीय जी रायबहादुर लाला साँवलदास के पास गये और उनसे एक हजार रुपये देने को कहा जिससे उनके नाम से एक कमरा बन जाये। मालवीय जी की मधुर वाणी से वे इतने प्रभावित हुए कि बिना सोचे समझे उन्होंने एक हजार रुपये का चेक उन्हें दे दिया। बाद में उन्होंने सोचा कि इस पर कुछ विचार करना चाहिए था, किन्तु महामना की प्रभावशाली प्रार्थना से वे उनके बस में हो गये थे।[2]

हिन्दी साहित्य सम्मेलन

शैक्षणिक जगत पर मालवीय जी के अवतरित होने से पहले हिन्दी आन्दोलन की नींव पड़ चुकी थी, सर्व प्रथम राजा लक्ष्मण सिंह ने 1863 में हिन्दी आन्दोलन की नींव डाली थी और वे आजीवन इस पर दृढ़ रहे। उन्होंने फारसी-अरबी रहित शुद्ध हिन्दी की वकालत की, प्रजाहितैषी नामक अखबार निकाला जो पाँच वर्ष तक चला। आगे चलकर महर्षि दयानन्द और भारतेन्दु बाबू हरिश्चन्द्र तथा उनकी मंडली के सदस्यों ने उक्त आन्दोलन को संगठित रूप प्रदान किया।

इन महारथियों की मृत्यु के पश्चात् आन्दोलन में कुछ शिथिलता आयी किन्तु इस आन्दोलन का सूत्र पकड़कर 'काशी नागरी प्रचारिणी सभा' का गठन हुआ और शैक्षणिक क्षितिज पर मालवीय जी अवतरित हुए। इस सभा के एक वर्ष पूर्व सन् 1884 में प्रयाग में 'हिन्दी उद्धारिणी प्रतिनिधि सभा' का गठन मालवीय जी कर चुके थे, उन्होंने अनेक कार्यकर्ता बनाये, बहुतों को रचनाधर्मिता के लिए प्रेरित किया, हिन्दी पुस्तकालयों और वाचनालयों को खुलवाने में सहयोग दिया।

मालवीय जी ने राष्ट्रभाषा आन्दोलन को एक नयी दिशा प्रदान की तथा अदालतों में प्रयुक्त होने वाली फारसी लिपि की जगह देवनागरी लिपि की वकालत की। उन्होंने स्पष्ट कहा कि "यदि मान लिया जाये कि फारसी लिपि में अधिक तीव्रता से काम चलता है तो भी नागरी के गुणों को नहीं भुलाया जा सकता। शिकस्त लिखने में यदि अदालत का कुछ समय बच जाता है तो उन्हीं कागजों को पढ़ने में बहुत समय नष्ट हो जाता है और अन्त में नामों आदि के सम्बन्ध में सन्देह बाकी रह जाता है। उन्होंने आँकड़ों के आधार पर यह सिद्ध किया कि इस प्रान्त में प्राइमरी स्कूलों में हिन्दी पढ़ने वाले छात्रों की संख्या उर्दू पढ़ने वाले छात्रों से दुगुनी-तिगुनी है। तथा मालवीय जी की सभा के कार्यकर्ता प्रान्त के विभिन्न भागों से हिन्दी के पक्ष में साठ हजार हस्ताक्षर कराकर लाये। इसके पश्चात् एक प्रभावशाली प्रतिनिधि मंडल जिसमें सर सुन्दरलाल तथा अयोध्या, माँडा, आवांगढ़ और सुरसान के राजा सम्मिलित थे। उक्त ज्ञापन पत्र को लेकर 2 मार्च, 1898 ई. को युक्त प्रान्त के तत्कालीन छोटे लाल

ऐटनी पैट्रिक मैक्डानल से मिला। मैक्डानल आयरिश थे और उन दिनों आयरलैण्ड भी ब्रिटेन के अधीन था। उसकी कुछ समस्यायें भारत की कुछ समस्याओं से मिलती-जुलती थीं। एक व्यावहारिक तथा कुशल राजनीतिज्ञ मालवीय जी ने इन समस्याओं के इस साम्य का लाभ उठाया। मैक्डॉनल पर उनका पहले से प्रभाव था ही, गवर्नर ने प्रार्थना पत्र स्वीकार कर लिया।

उर्दू हितैषियों के बीच खलबली मची। मुसलमानों में भी कुछ सज्जन ऐसे थे जो हिन्दी समर्थक थे। प्रसिद्ध शायर अकबर इलाहाबादी ने उर्दू-फारसी समर्थकों के रोष को देखते हुए कहा था–

'दोस्तो! तुम कभी हिन्दी के मुखालिफ न बनो।
बाद मरने के खुलेगा कि ये थी काम की बात॥'

मालवीय जी ने नागरी लिपि की बुराई करने वालों के लिए एक दिन अरबी नजीर नागरी लिपि में लिखकर हाईकोर्ट में पढ़कर इस तरह ठीक-ठीक सुनाई कि मौलवी जामिल अली, जो एक मशहूर वकील थे, मुकदमा खत्म होने पर उनसे कोर्ट के बरामदे में मिले और हाथ पकड़कर कहा–'पंडित साहब, आज मैं नागरी अक्षरों की उम्मीदगी का कायल हो गया, लेकिन मैं 'पब्लिक' में यह नहीं कहूँगा।

अन्ततः 14 अप्रैल सन् 1900 ई. को गवर्नर ने अदालतों में फारसी लिपि के साथ नागरी लिपि के चलन की आज्ञा जारी कर दी।

इस सफलता से उत्साहित होकर सभा ने काशी नागरी प्रचारिणी सभा के प्रांगण में बड़े धूम-धाम से एक विशाल सभा का आयोजन किया। उसमें विभिन्न प्रान्तों के तीन सौ प्रतिनिधि तथा हिन्दी पत्रों के बयालीस सम्पादक उपस्थित हुए। इस त्रिदिवसीय (10,11,12 अक्टूबर 1910) सम्मेलन में अध्यक्ष पद से बोलते हुए मालवीय जी ने अपने लम्बे व्याख्यान में जनता से हिन्दी भाषा सीखने, अंग्रेजी ग्रन्थों के हिन्दी अनुवाद करने तथा सरल, सहज भाषा के प्रयोग का सुझाव दिया। उन्होंने कहा–"हिन्दी में फारसी-अरबी के बड़े-बड़े शब्दों का जैसा व्यवहार बुरा है। हिन्दी को अकारण ही संस्कृत के शब्दों से गूँथ देना भी वैसा ही बुरा है। हमारी भाषा के शब्द ऐसे हों जिससे सब प्रदेश के लोग लाभ उठा सकें। सब भाषाएँ हमारी भाषाएँ हैं पर हिन्दी अपनी बहनों में सबसे प्राचीनतम और बड़ी बहन है और माता का रूप और प्रकृति उससे बहुत मिलती है। आप भी ऐसा यत्न करें जिससे आपकी भाषा राष्ट्र भाषा बन सके।' हिन्दी वाङ्मय समृद्ध हो सके इसी उद्देश्य से उन्होंने हिन्दी साहित्य सम्मेलन की स्थापना की।[3]

सभा के इस प्रथम सम्मेलन के गर्भ से 'हिन्दी साहित्य सम्मेलन' नामक संस्था का जन्म हुआ। यह सभा की राजनीतिक शाखा थी। उद्देश्य था देशव्यापी व्यवहारों और कार्यों को सुलभ बनाने के लिए देवनागरी लिपि एवं राष्ट्रभाषा हिन्दी का प्रसार। हिन्दी को अन्तर्प्रान्तीय भाषा बनाना, सरकारी प्रबन्धों, कार्यालयों, कचहरियों

आदि में उसके प्रवेश के लिए आन्दोलन करना, विश्वविद्यालयों में उसे उच्च शिक्षा का माध्यम बनाये जाने के लिए यत्न करना तथा हिन्दी में उच्चस्तरीय परीक्षा की व्यवस्था करना आदि।[4]

भारती भवन पुस्तकालय

भारती भवन पुस्तकालय की स्थापना 1889 में उसी मोहल्ले में हुई जहाँ मालवीय जी का जन्म हुआ था। भारती भवन पुस्तकालय उस समय स्थापित हुआ जब कांग्रेस का प्रथम अधिवेशन हो चुका था तथा ब्रिटिश सरकार भारतीय सभ्यता और संस्कृति पर हमले कर रही थी। शिक्षा का माध्यम अंग्रेजी था। ऐसा कोई भी संस्थान नहीं था जहाँ हिन्दी माध्यम से शिक्षा दी जाती हो तथा हिन्दी भाषा में पुस्तकें उपलब्ध हों। भारतेन्दु हरिश्चन्द्र जैसे कुछ राष्ट्रवादी लेखक हिन्दी के उत्थान के लिए संघर्ष कर रहे थे तथा प्रगति के लिए मातृभाषा को आवश्यक बता रहे थे।[5]

यद्यपि 1864 में ब्रिटिश सरकार ने थ्रानहिल, मैनी मैमोरियल पुस्तकालय इलाहाबाद में खोला, यह पुस्तकालय यूरोपीय भाषाओं का केन्द्र था इसमें भारतीय भाषाओं की पुस्तकों को स्थान नहीं दिया जाता था।

बालकृष्ण भट्ट, लाला लाल बिहारी जैसे हिन्दी और संस्कृत के पक्षधर इस बात से बहुत दुःखी थे अतः उन्होंने भारतीय भाषाओं की एक पुस्तकालय स्थापित करने का निश्चय किया। भारती भवन पुस्तकालय का स्थापना में बृजमोहन भल्ला, रामचरण दास, जयगोबिन्द मालवीय का महत्त्वपूर्ण योगदान था।

बृजमोहन भल्ला स्वयं हिन्दी के बहुत बड़े विद्वान थे तथा उनके पास हिन्दी पुस्तकों का बहुत बड़ा संग्रह था। उन्होंने संग्रह को पुस्तकालय के लिए दान कर दिया और 47,200 रुपये का एक कोष पुस्तकालय के लिए स्थापित किया। तथा 10,000 रुपये का कोष पुस्तकालय भवन के लिए दिया। बृजमोहन भल्ला निर्मित पुस्तकालय भवन नहीं देख सके और 18 मई, 1902 में उनकी मृत्यु हो गयी।[6]

भारती भवन पुस्तकालय के भवन की आधारशिला लाला रामचरन दास ने रखी जिनका इलाहाबाद में सम्पन्न प्रतिष्ठित परिवार था। भवन की लागत 22,000 रुपये आयी जो ट्रस्ट से मिले 10,000 रुपये से ज्यादा थी जिसे उन्होंने स्वयं वहन किया। भवन का औपचारिक उद्घाटन 12 मई, 1913 को सर सुन्दर लाल की अध्यक्षता में हुए एक समारोह में हुआ, यहाँ मालवीय जी ने शिक्षा दान के सम्बन्ध में अपना ओजस्वी भाषण दिया।

बृजमोहन भल्ला, लाला रामचरण दास के अतिरिक्त जयगोबिन्द मालवीय का सहयोग भी स्मरणीय है। आप गवर्नमेंट हाई स्कूल इलाहाबाद में संस्कृत के अध्यापक थे तथा हिन्दी और संस्कृत ग्रन्थों का विशाल संग्रह आपके पास था जिसे उन्होंने भारती भवन पुस्तकालय को दान कर दिया।

भारती भवन पुस्तकालय में हिन्दी और संस्कृत भाषा के अनेक दुर्लभ ग्रन्थों का संग्रह है। भारती भवन पुस्तकालय अन्य भाषाओं की पुस्तकों को दान स्वरूप तो स्वीकार करता है किन्तु खरीदता नहीं है, यहाँ अनेक जनरल, पत्रिकाओं तथा समाचार-पत्रों का विशाल संग्रह है, तथा साथ ही यह पुस्तकालय लेखकों को लेखन कार्य के लिए प्रोत्साहित करता है।

भारती भवन पुस्तकालय का जब ट्रस्ट बना तो मालवीय जी उसके ट्रस्टी बनाये गये साथ ही उन्होंने पुस्तकालय के अध्यक्ष का पदभार सँभाला तथा आजीवन इसके अध्यक्ष रहे।

भारती भवन पुस्तकालय का पाँचवाँ वार्षिक सम्मेलन दिसम्बर 1894 में टी.सी. लेविस जो प्रोविंसियल डायरेक्टर थे की अध्यक्षता में हुआ जिसमें मालवीय जी ने हिन्दी और संस्कृत के पुस्तकालयों की आवश्यकता पर बल दिया। मालवीय जी शिक्षा साहित्य की समुन्नति के लिए उत्कृष्ट पुस्तकालयों को आवश्यक मानते थे। भारती भवन पुस्तकालय, हिन्दी साहित्य सम्मेलन पुस्तकालय और बनारस हिन्दू विश्वविद्यालय पुस्तकालय इसके जीवन्त उदाहरण हैं।

पत्रकारिता

आधुनिक भारत के इतिहास में उन्नीसवीं-बीसवीं शताब्दी का कालखण्ड नवोन्मेष का काल है। इस कालावधि में जहाँ भारतीय अस्मिता परतन्त्रता की बेड़ियों में जकड़ी थी वहीं कुछ वैचारिक शक्तियाँ देश को स्वतन्त्र एवं सम्प्रभुता सम्पन्न राष्ट्र बनाने के लिए भी प्रयासरत थीं। ऐसा ही प्रयास वैचारिक आयामों के अन्तर्गत प्रथमतः एक वर्ग ऐसा था जो भारत की खोयी हुई अस्मिता को पुनः प्राप्त व प्रगाढ़ करने के लिए ब्रितानी साम्राज्य के अधीन स्वराज्य की संकल्पना को मूर्त रूप में परिणित करना चाहता था। द्वितीयतः एक ऐसा वर्ग था जो सांस्कृतिक राष्ट्रवाद के आधार पर भारत को एक प्रभुता सम्पन्न सांस्कृतिक राष्ट्र के रूप में संगठित करते हुए भारत को स्वतन्त्र करना चाहता था। वस्तुतः यह वर्ग भारतीय राष्ट्र की एक परम्परागत अवधारणा पर बल देता था और उसी पारम्परिक संकल्पना को यथार्थ में परिवर्तित करना चाहता था। यह वर्ग भारत में सामाजिक, धार्मिक, राजनीतिक जागरण के प्रयासों को भारत की स्वतन्त्रता के रूप में परिणित करना चाहता था। भारतीय जनमानस में इस प्रकार के जातिगत उद्देश्यों को पूर्ण करने के लिए एक वैचारिक क्रान्ति का उदय हुआ। 18वीं शताब्दी के प्रारम्भ से लेकर 19वीं शताब्दी के उत्तरार्ध तक भारत में जो भी सामाजिक-धार्मिक पुनरुद्धार के जो भी विविध कार्य प्रारम्भ हुए वे वस्तुतः इस वैचारिक उद्घोष का ही परिणाम थे। 20वीं शती के प्रारम्भ में अनेक मनीषियों स्वामी दयानन्द, स्वामी विवेकानन्द, पं. मदन मोहन मालवीय, महर्षि अरविन्द, डॉ. केशव बलिराम हेडगेवार आदि ऐसे ही चिन्तक थे।

जिन्होंने अपनी वैचारिक मेधा से भारत की सुप्त अस्मिता को बौद्धिक-वैचारिक क्रियाकलापों से समाज को न सिर्फ जाग्रत करने का प्रयास किया अपितु बहुसंख्यक हिन्दू समाज का ध्यान उन कमजोरियों की ओर आकृष्ट करने का प्रयास किया जिसके फलस्वरूप भारत परतन्त्र हुआ।

पं. मदन मोहन मालवीय भी ऐसे ही मनीषी थे जिन्होंने अपने वैचारिक मन्थन से हिन्दू समाज के विविध क्षेत्रों को एक सुधारात्मक दृष्टि प्रदान की। पूर्व में उल्लेख किया जा चुका है कि पं. मदन मोहन मालवीय अप्रतिम मेधा-सम्पन्न व्यक्तित्व के धनी थे और उन्होंने अपनी इस मेधा का परिचय अपने सार्वजनिक जीवन के क्षेत्र में किया। सार्वजनिक जीवन का शायद ही ऐसा कोई क्षेत्र शेष रहा जो मालवीय जी के नीतिगत सिद्धान्तों के प्रयासों से अछूता रहा हो। यहाँ यह उल्लेख भी समीचीन होगा कि मालवीय जी का सम्पूर्ण जीवन यथार्थ में राष्ट्र समर्पित जीवन था। राष्ट्राभाव जैसे गूढ़ मननशील विषय के प्रति उनकी कथनी-करनी में कोई भेद नहीं था। यही कारण है कि उन्होंने भारत के प्राच्य ज्ञान-विज्ञान, पुरा-व्यवस्थाओं के प्रति हिन्दू समाज की उपेक्षा अर्थात् सनातन भारतीय विचार के प्रति व्युत्पन्न शिथिलता को तत्कालीन भारत की दुर्दशा के लिए उत्तरदायी माना। उन्होंने हिन्दुत्व को ही राष्ट्रीयता का पर्याय मनवाते हुए हिन्दुत्व आधारित मान्यताओं के आधार पर ही शान्ति-सम्पन्न राष्ट्र की संकल्पना को चरितार्थ करने का जीवनपर्यन्त प्रयास किया। उन्होंने समाज के विविध क्षेत्र चाहे वह स्वदेशी हो या हिन्दी (राष्ट्रभाषा), गौ-रक्षा, अस्पृश्यता, शिक्षा, पत्रकारिता जैसे अन्य सामाजिक-धार्मिक विषयों को राष्ट्रीय चेतना का मूल-केन्द्र मानते हुए इन विषयों को राष्ट्र जागरण का साधन बनाया। वस्तुतः इन विविध विषयों के पीछे मालवीय जी का निहितार्थ सांस्कृतिक राष्ट्रवाद की अवधारणा को पुष्ट करना था जिससे कि भारत की खोयी हुई अस्मिता को पुनः प्राप्त कर भारत को विश्व में पुनः सिरमौर बनाया जा सके। वस्तुतः यहाँ ध्यातव्य रहे कि मालवीय जी के सम्पूर्ण जीवन का विश्लेषणात्मक पक्ष यह है कि हिन्दुत्व ही उनके राष्ट्र अभ्युत्थान का केन्द्र था। यहाँ यह भी उल्लेख करना अपरिहार्य होगा कि महात्मा गाँधी एवं तत्कालीन अन्य नेताओं ने अपनी राजनीतिक पृष्ठभूमि का निर्माण जिन सिद्धान्तों पर किया उसकी आधारित संरचना मालवीय जी के चिन्तन का ही सुफल थी। यह बात अलग है कि मालवीय जी के सिद्धान्तों का अनुशरण का दिखावा कर इन राष्ट्र के कर्णधारों ने भारत की जनता को छलने ठगने का कार्य किया प्रकारान्तर से जिसकी परिणित भारत में विभाजन के रूप में देखने को मिलती है।

पं. मदन मोहन मालवीय ने अपने विविध राष्ट्रोत्थान कार्यों से जीवन पर्यन्त मातृ-भू की वास्तविक अर्चना की। ध्यातव्य है कि उन्होंने अपने चिन्तन से हिन्दू समाज को दृष्टि प्रदान करते हुए विविध नव प्रकल्पों के द्वारा राष्ट्रीय चेतना को जाग्रत

बनाये रखने का सराहनीय कार्य किया। जिसका परिणाम भारत को स्वतन्त्र कराना था तथा अन्तिम लक्ष्य हिन्दू मान्यताओं पर आधारित हिन्दू राष्ट्र का उत्थान करना था। मालवीय जी ने भारत की स्वतन्त्रता के लिए चल रहे समाज जागरण के प्रयासों को अपने चिन्तन से प्रभावित किया लेकिन उन्होंने हिन्दुत्व शिक्षा, पत्रकारिता जैसे वैचारिक पक्षों को अपनी अन्तिम श्वास तक वैचारिक सम्बल प्रदान किया। भारत में पत्रकारिता का इतिहास प्राचीनतम है। यद्यपि उसके स्वरूप की तुलना समसामयिक परिस्थितियों से करना न्यायसंगत नहीं होगा। आधुनिक भारत में पत्रकारिता का व्यावहारिक इतिहास 1857 ई. में प्रथम स्वतन्त्रता संग्राम के पश्चात् प्रारम्भ होता है। सन् 1857 में भारत में लगभग 525 पत्र-पत्रिकाएँ प्रकाशित होती थी। इनमें 174 अंग्रेजी भाषा में और 374 भारतीय भाषाओं में या अंग्रेजी के साथ किसी देशी भाषा में प्रकाशित होती थीं। इनमें से कुछ पत्र-पत्रिकाएँ यूरोपीय और पादरियों द्वारा ईसाई धर्म के प्रचार के लिए और कुछ यूरोपियन और एंग्लो-इंडियन व्यापारियों द्वारा किसी प्रसिद्ध यूरोपियन के सम्पादकत्व में प्रकाशित होती थीं। ध्यातव्य रहे कि इन पत्र-पत्रिकाओं का मुख्य उद्देश्य ब्रिटिश साम्राज्य की पुष्टि, भारत सरकार की नीति का समर्थन, तथा भारत निवासी, यूरोपीय और एंग्लो-इंडियन के गौरव और हितों की रक्षा और पुष्टि करता था।

इसके विपरीत तत्कालीन समय में कुछ ऐसे भी भारतीय स्तम्भकार थे जिनका उद्देश्य भारतीय हितों की रक्षा करना, देश की समस्याओं का भारतीय दृष्टिकोण से विश्लेषण, जनता के राष्ट्रों के निवारण पर आग्रह, जनता की आकांक्षाओं का समर्थन, तथा लोकतांत्रिक विचारों का प्रसार आदि था। प्रजातीय अहंकार से नियुक्ति व्यवहार, पक्षपात रहित न्याय, जनहितकारी, नीतियों का अनुशरण प्रतिनिधि संस्थाओं का विकास तथा भारत के शासन में समता और क्षमता के आधार पर भारतीय प्रजा की साझेदारी, इस युग के भारतीय पत्रकारों की माँगें थीं। यद्यपि अधिकांश भारतीय पत्रकार मध्यमवर्गीय विचारों और आकांक्षाओं का प्रतिपादन और पोषण करते थे, पर ये बातें सब पत्रों के सम्बन्ध में नहीं कही जा सकतीं। कतिपय पत्रकारों का दृष्टिकोण मूलतः परम्परावादी था और कतिपय समाजसुधार पर ही जोर देते थे। अधिकांश किसी न किसी अंश में सामाजिक और राजनीतिक दोनों प्रकार के सुधारों के पक्ष में थे।

जहाँ एक ओर ब्रिटिश शासन अथवा ईसाई मिशनरियों द्वारा प्रायोजित पत्र भारत विशेषकर हिन्दू धर्म की छवि को प्रारम्भ से ही धूमिल करने का षड्यन्त्र कर रहे थे वहीं दूसरी ओर भारतीय समाचार-पत्रों ने अंग्रेजी-पत्रों के भारत विरोधी प्रचार का समुचित उत्तर दिया और भारतीयों को विदेशी शासन की त्रुटियों से अवगत कराया। इस प्रकार के समाचार-पत्रों में 'उदन्त मार्तण्ड' नामक हिन्दी का प्रथम समाचार पत्र 9 फरवरी, 1826 को जुगल किशोर तथा मनुठाकुर के सम्पादन तथा

संरक्षण में प्रकाशित हुआ।[7] इसके अलावा संवाद कौमुदी (1822), रास्त गुफ्तार (1815), बाम्बे समाचार (1822), बंगदूत (1832), अमृत बाजार पत्रिका (1868), ट्रिब्यून (1877) आदि समाचार-पत्र भारतीय पक्ष को उजागर करने लगे थे। जैसे-जैसे भारतीय पत्रकारिता का विकास होने लगा और वह भारतीय हितों के समर्थन को अपनी विषय-वस्तु के रूप में प्रकाशित करने लगे वैसे-वैसे पत्रकारिता के सन्दर्भ में ब्रिटिश सरकार की दमन नीति भी उग्र होती गयी। नियमों को और कठोर बना दिया। सन् 1878 में लार्ड लिस ने वर्नाक्यूलर प्रेस एक्ट पारित कर भारतीय समाचार-पत्रों का गला घोंट दिया।

लार्ड कर्जन ने भी 'आफिशियल सीक्रेट एक्ट' पारित किया। इसके अनुसार समाचार-पत्र में ऑफिस की जानकारी को प्रकाशित करना वर्जित था। भारतीय पत्रकारिता को ब्रिटिश शासन काल में वही यातना सहन करनी पड़ी जो आयरलैण्ड के निवासियों को ब्रिटिश शासन काल में झेलनी पड़ी थी। इस प्रकार की दमनकारी विषमपूर्ण परिस्थितियों में भारत में प्रेस की स्वतन्त्रता को बनाये रखना अत्यन्त जटिल कार्य था। वस्तुतः भारत में प्रेस व समाचार-पत्र, पत्रिकाओं में बढ़ते प्रभाव से ब्रिटिश शासन शंकित था। निश्चित ही इन दमनकारी परिस्थितियों और ब्रिटिश शासन में अत्याचारी शासन के विरुद्ध भारतीय समाचार-पत्र जनजागृति का एक बड़ा माध्यम थे। बीसवीं सदी के प्रारम्भ में भारत में राष्ट्रीय चेतना में विकास विशेषकर राष्ट्रीय आन्दोलन की पृष्ठभूमि के निर्माण में समाचार-पत्रों का अभूतपूर्व योगदान थ। पं. मदन मोहन मालवीय वास्तविक निहितार्थ में राष्ट्रभक्त थे और वे सम्पूर्ण भारत में राष्ट्रभक्ति का संचार करने अर्थात् राष्ट्र जागरण के लिए कटिबद्ध थे। इसलिए वे राष्ट्रसेवा में अपने संकल्प की पूर्ति के लिए पत्रकारिता को सर्वोच्च साधन मानते थे।

पं. मदन मोहन मालवीय जी ने अपने शैक्षणिक जीवन के पश्चात् अध्ययन-अध्यापन को जीविकोपार्जन का साधन बनाया। मालवीय जी ने एक आदर्श शिक्षण के उत्तरदायित्व का भलीभाँति निर्वहन किया। मालवीय जी विद्यालय में अध्यापन के साथ-साथ भारती-भवन मोहल्ले के बच्चों को शिक्षा देने का कार्य करते थे। मालवीय जी राष्ट्र सेवा करने में सदैव तत्पर रहते थे। इसलिए छोटे बच्चों को शिक्षा देने में जो कमाल इन्हें हासिल था। वह कम ही अध्यापकों को हुआ करता है।[8] मालवीय जी विद्यालय में कार्यरत थे किन्तु देश की वर्तमान परिस्थितियाँ उन्हें समाज जीवन में प्रत्यक्ष कार्य करने के लिए प्रेरित कर रही थीं। मालवीय जी ने लेखन के क्षेत्र में अपना सार्वजनिक जीवन बालकृष्ण भट्ट द्वारा सम्पादित 'हिन्दी प्रदीप' में प्रकाशित लेखों द्वारा आरम्भ किया। अध्यापन वृत्ति के पूर्व एवं पश्चात् वे हिन्दी के पत्रों के लिए लेख लिखा करते थे। जिसके माध्यम से वे देश की अनपढ़ अथवा कम पढ़ी जनता को जाग्रत करना चाहते थे तथा राष्ट्रीय समस्याओं की जानकारी देने

एवं उनमें राष्ट्रीयता की भावना उत्पन्न करने के लिए प्रयत्नशील थे। मालवीय जी जब विद्यालय में कार्य करते थे, तभी उन्होंने सार्वजनिक हित के मामलों पर 'हिन्दी प्रदीप' में लिखना प्रारम्भ कर दिया था। उनका प्रथम 'पिष्टपेषण' शीर्षक लेख 'हिन्दी प्रदीप' के माध्यम से मार्च 1880 ई. के अंक में प्रकाशित हुआ।[9] यहाँ उल्लेख करना भी समीचीन होगा कि मालवीय जी ने अपनी किशोरावस्था में ही स्वयं को लेखन कार्य से जोड़ लिया था। चौदह वर्ष की आयु में मालवीय जी द्वारा रचित कविताओं को भारतेन्दु हरिश्चन्द्र ने अपनी पत्रिका में प्रकाशित किया था। मालवीय 'मकरेह' उपनाम से कविताएँ लिखा करते थे। मालवीय जी जब म्योर सेंट्रल कॉलेज में अध्ययनरत थे तभी आदित्य राय भट्टाचार्य ने मदन मोहन मालवीय के संस्कृत, साहित्य व कला प्रेम को प्रोत्साहन दिया।

सन् 1885 में मदन मोहन मालवीय के गुरु पं. आदित्यराम भट्टाचार्य ने 'इंडियन यूनियन' नामक अंग्रेजी साप्ताहिक प्रकाशित करना प्रारम्भ किया। मालवीय जी ने इसके सम्पादन का बहुत कुछ भार अपने ऊपर ले रखा था। उनके गुरु उनके भाषा ज्ञान से परिचित व प्रभावित थे। उन्हीं की प्रेरणा से 'इंडियन यूनियन' में कई लेख भी मालवीय जी के प्रकाशित हुए। यद्यपि यह मालवीय जी के पत्रकारिता सम्बन्धी रुचि का शैशवावस्था का काल था। उनका पत्रकारिता में सक्रिय रूप से योगदान 'हिन्दुस्तान' समाचार-पत्र में बतौर सम्पादक के नाते प्रारम्भ हुआ।

हिन्दुस्थान समाचार-पत्र में अपनी सहभागिता भी उन्होंने अपने मूल्यों व उच्च आदर्शों के बल पर प्राप्त की थी। पत्रकारिता के क्षेत्र में उनकी सक्रिय सहभागिता भी एक रोचक दृष्टान्त का परिणाम थी। जिसे उन्होंने अपने व्यक्तित्व की अमिट मेधा से प्राप्त किया था। मालवीय जी व उनके गुरु आदित्यराम भट्टाचार्य के संयुक्त प्रयासों से सन् 1880 में 'हिन्दू समाज' नामक संस्था का गठन हुआ जो कि प्रकारान्तर में केन्द्रीय हिन्दू समाज के रूप में परिवर्तित हुई। इस संस्था के उद्घाटन के पश्चात् ही मालवीय जी ने सक्रिय पत्रकारिता के क्षेत्र में पर्दापण किया। यही वह उत्सव था, जिसने मदन मोहन मालवीय और पत्रकारिता को एक-दूसरे का पर्याय बनने की नींव डाली।

केन्द्रीय हिन्दू समाज के इस अधिवेशन में सम्पूर्ण भारतवर्ष में चिन्तकों के साथ-साथ समाज जीवन में विविध क्षेत्रों से जुड़े लोगों ने भाग लिया। इस उत्सव में कालाकांकर के महाराज राजा रामपाल सिंह भी थे जिनकी शिक्षा-दीक्षा इंग्लैण्ड में हुयी थी। संक्षेपतः वे बाहरी आवरण में पाश्चात्य संस्कृति की प्रतिमूर्ति थे। इस उत्सव अधिवेशन के अध्यक्ष वरवाधिपति वैष्णववर श्री महावीर प्रसाद और सभापति पं. लक्ष्मीनारायण व्यास वैद्य थे। राजा रामपाल सिंह सभापति के कार्य में अनेक व्यंग्यपूर्ण हस्तक्षेप पर रहे थे। यही बात मदन मोहन मालवीय को खटक रही थी। राजा रामपाल सिंह के इस अनुचित, अशोभनीय क्रिया-कलाप से सम्मेलन में अनेक

लोग असन्तुष्ट थे। लेकिन ऊँची पद प्रतिष्ठा के कारण कोई उन्हें परामर्श देने का साहस नहीं कर सका। मदन मोहन मालवीय इस अधिवेशन की सम्पूर्ण व्यवस्था देख रहे थे। मालवीय जी के लिए राजा रामपाल सिंह का यह कृत्य असहनीय था। वे साहस और नैतिकता का परिचय देते हुए कई बार राजा रामपाल सिंह के कान में ऐसा न करने का परामर्श दे चुके थे। वे राजासाहब को रोकते थे, मगर राजासाहब जवाब में मुस्कुरा देते थे। पं. मदन मोहन मालवीय का यह परामर्श कार्य राजा रामपाल सिंह को अशोभनीय लगा। उन्होंने अधिवेशन के उपरान्त मालवीय जी के इस कृत्य पर एक कठोर आलोचनात्मक टिप्पणी अपने पत्र हिन्दुस्तान में प्रकाशित कर दी। उनका जिले का अधिवेशन पूर्ण सफल रहा मगर उसमें दो-एक लोग ढीठ थे जो कि बड़े-बड़े राजा, रईसों और वक्ताओं को व्याख्यान देते समय उनके कान में बोलने की धृष्टता करते थे। कौन जानता था कि मदन मोहन मालवीय और राजा रामपाल सिंह का यह कटु परिचय आलोचनात्मक दृष्टिकोण से भविष्य में एक युगद्रष्टा पत्रकार का आविर्भाव होगा। यद्यपि यह कटुता अल्पकालीन थी क्योंकि सन् 1886 ई. में राष्ट्रीय कांग्रेस में अधिवेशन में मदन मोहनजी ने अपने ऐतिहासिक भाषण में प्रखर बौद्धिक क्षमता का परिचय देकर अधिवेशन में सहभागी हुए श्रोताओं को उनकी विद्वत्ता को स्वीकार कर लेने के लिए बाध्य कर दिया। राजा रामपाल सिंह भी उन्हीं श्रोताओं में से एक थे। मालवीय जी के उस प्रभावी उद्बोधन ने राजा रामपाल सिंह की उनके प्रति पूर्व धारणाओं व मान्यताओं को ध्वस्त कर दिया। वैसे राजा रामपाल सिंह का बाहरी व्यक्तित्व ही पाश्चात्य था। वे अत्यन्त विशाल हृदय और उदार मन के व्यक्ति थे तथा तत्कालीन जमींदारों और जागीरदारों से सर्वथा भिन्न अत्यन्त निष्ठावान देशभक्त थे। वे उन्हीं दिनों इंग्लैण्ड से लौटे थे। वहाँ उन्होंने जिस स्वतन्त्रता की भावना का अनुभव किया था उससे अनुप्राणित होकर अपने देश में स्वतन्त्रता और उदारता के महत्त्व का प्रचार करने के लिए हिन्दी साप्ताहिक पत्र प्रारम्भ होकर करने का संकल्प किया था। वे चाहते थे कि साप्ताहिक पत्र को दैनिक कर दिया जाये और इसके लिए उन्हें योग्य व प्रतिभावान बौद्धिक क्षमता से पूर्ण व्यक्ति की आवश्यकता थी। राजा रामपाल सिंह मालवीय जी के प्रबोधन से इतने प्रभावित हुए कि प्रयाग लौटने पर उन्होंने पंडित मदन मोहन मालवीय को पुरस्कार स्वरूप 10 रुपये भेंट किये। राजा साहब की इच्छा थी कि मालवीय जी हिन्दुस्तान के सम्पादक के दायित्व का निर्वहन करें। उन्होंने मालवीय जी से कहा कि अपनी साठ रुपये की नौकरी छोड़कर 'हिन्दुस्तान' का सम्पादन करो। देश की सेवा करो और वकालत पढ़ो। मैं आपको दो सौ रुपये मासिक दिया करूँगा। मालवीय जी ने अत्यन्त संकोच के साथ इस शर्त पर हिन्दुस्तान का सम्पादक बनना स्वीकार किया कि जब राजा साहब खाते-पीते हों तो उस समय न आप मुझसे बोलें और न मुझे अपने पास बुलावें। मालवीय जी का इस दुविधा का कारण यह था कि वे आग्रही

मनसा वाचा कर्मणा ब्राह्मण थे। पूजा-पाठ नियम धर्म के प्रति उनकी नियमितता थी। इसके विपरीत राजा साहब आग्रही थे। इसलिए स्वाभाविक था कि पंडित मदन मोहन मालवीय का 'पंचपात्र' और राजा साहब का 'प्याला' एक साथ भला कैसे रह सकते थे। राजा साहब मालवीय जी के धर्मनिष्ठ जीवन से बहुत प्रभावित हुए और वे किसी भी मूल्य पर मालवीय जी को बुलाने के लिए कृत संकल्पित थे। इसलिए उन्होंने मालवीय जी की शर्त सहर्ष स्वीकार कर ली। मालवीय जी ने जुलाई मास 1887 में अध्यापक पद से त्याग-पत्र दे दिया और हिन्दुस्तान के सम्पादन का उत्तरदायित्व ग्रहण किया। एक साधारण अध्यापक जो विद्यालय में सीमित संख्या में छात्रों को पढ़ाते थे अब वह बहुत बड़ी संख्या की कक्षा को पढ़ाने सिखाने वाला सम्पादक बन गया। इस प्रकार मालवीय जी ने सक्रिय पत्रकारिता के क्षेत्र में एक ऐसी यात्रा प्रारम्भ की जो जीवनपर्यन्त उनकी अन्तिम श्वास तक चलती रही। मालवीय जी के लिए यह एक ऐसी यात्रा थी जो उनकी जीविकोपार्जन में साधन से अधिक राष्ट्र जागरण व राष्ट्र भक्ति के आदर्शों व उनकी प्राप्ति का महत्त्वपूर्ण साधन थी।

मालवीय जी के सम्पादक बनते ही 'हिन्दुस्तान' ने बहुत लोकप्रियता अर्जित की। तत्कालीन सामाजिक-आर्थिक और राजनीतिक समस्याओं पर उनके निर्भयतापूर्ण सम्पादकीय लेख और टिप्पणियाँ लोग बड़े चाव से पढ़ते थे। हिन्दुस्तान का रविवारीय संस्करण स्वयं राजा साहब के सम्पादकत्व में ही प्रकाशित होता रहा। पंडित मदन मोहन मालवीय सोमवार से शनिवार तक कालाकांकर में रहते थे और रविवार को प्रयाग में क्योंकि कालाकांकर प्रयाग से तीस मील दूरी पर था। इस समाचार-पत्र का सम्पादन योग्यता एवं विशिष्टता के साथ किया। इस तथ्य को उत्तर-पूर्वी प्रान्तीय सरकार ने भी स्वीकार किया। 1888-1889 वर्ष प्रतिवेदन में उत्तर-पूर्वीय प्रान्तीय सरकार ने उल्लेख किया है कि हिन्दुस्तान जिसकी प्रतिदिन 240 प्रतियाँ वितरित की जाती है कदाचित भाषा-समाचार-पत्रों में सर्वाधिक योग्यता से सम्पादित एवं उच्च आकांक्षाओं की ओर उन्मुख है। यह सर्वोत्तम सम्पादित पत्र के रूप में स्वीकृत किया गया।

पं. मदन मोहन मालवीय के सम्पादकीय की यह विशेषता थी कि उन्होंने अपने लेखों में जनता के हितों के विरुद्ध सरकारी नीतियों की आलोचना करने में कभी संकोच नहीं किया। उनकी आलोचना का यह अनुकरणीय गुण था कि उन्होंने कभी किसी व्यक्ति, वर्ग या संख्या के विरुद्ध किसी प्रकार के अपशब्द, व्यंग्य अथवा अशिष्ट भाषा का प्रयोग नहीं किया। उन्होंने हमेशा सम्पादकीय शालीनता, औचित्य और महत्ता का उच्च अनुकरणीय स्तर बनाये रखा। वे जिस प्रकार आलोचनाएँ, टिप्पणियाँ एवं सुझाव देते थे, वे सदा व्यावहारिक और प्रयोजनीय होते थे। उन्होंने सदा इस बात का ध्यान रखा कि उनका पक्ष किसी राजनीतिक दल अथवा समुदाय का पक्षधर न बन जाये। इसके अतिरिक्त मालवीय जी का विशेष आग्रह भाषागत शुद्धता पर

था। वे बड़े सावधान प्रूफ संशोधक थे। कभी-कभी वे प्रूफ में इतना संशोधन कर देते थे कि पूरी खबर या आलेख को फिर से कम्पोज करने पर मजबूर होना पड़ता था। वे लेखों का छपते-छपते तक संशोधन करते थे। वे मशीन पर चढ़े पत्र को भी शुद्ध किया करते थे। उनका नाम सुनकर अभ्यस्त प्रेस वाले भी काँप उठते थे। उनका मानना था कि समाचार-पत्र ही आम जन में भाषा का प्रचारक व शिक्षक है। इसलिए कोशिश होनी चाहिए कि भाषा की त्रुटियाँ न जाने पायें। क्योंकि अच्छे प्रूफ की अशुद्धियाँ बड़े अपयश की बात है। इसलिए प्रधान सम्पादक होते हुए भी वे प्रूफ को जब तक स्वयं देखकर सुधार नहीं लेते थे, तब तक उन्हें सन्तुष्टि नहीं मिलती थी। प्रसिद्ध साहित्यकार स्वर्गीय हजारी प्रसाद द्विवेदी ने भी मालवीय जी की संशोधन प्रियता की सादर सराहना की है। मालवीय जी का हिन्दी एवं अंग्रेजी पर समान अधिकार था, इसलिए उनके सम्पादकीय लेख और टिप्पणियाँ साहित्यकार सौन्दर्य के कारण भी लोकप्रिय थे। वे अपने पत्र में सदा सर्व ग्राह्य भाषा शैली को अपनाते थे। जन्म के स्थान पर जनम, आश्चर्य की जगह अचरज आदि भाषा में देशीकरण तथा सामान्य पाठकों के प्रति सहानुभूति के द्योतक हैं। हिन्दी में उन्होंने ऐसी लोक भाषा एवं सहज सरल शैली का प्रयोग किया कि हिन्दी के साहित्यकार, इतिहासकार और विद्वान 'मालवीय जी की हिन्दी' के नाम से स्मरण करते रहे हैं। उनकी शैली की यह विशेषता रही कि वह सरल सुबोध थी और उसमें बहुत अधिक संस्कृत की पंडिताऊ शब्दावली का पूर्ण अभाव रहता था।[10]

इसके अलावा मालवीय जी ने हिन्दुस्तान पत्र के माध्यम से राष्ट्र जागरण का कार्य भी किया व स्वतन्त्रता आन्दोलन में पत्र ने एक सकारात्मक वातावरण के निर्माण में महत्त्वपूर्ण भूमिका अदा की। हिन्दुस्तान पत्र ने मालवीय जी के सम्पादकत्व में कांग्रेस का पूर्ण समर्थन किया। यह स्वतन्त्रता आन्दोलन में सहायता प्रदान करता रहा। साथ ही, राष्ट्रभाषा के रूप में हिन्दी की आवाज बुलन्द करता रहा।

मालवीय जी ने भारत की तत्कालीन दुर्दशा के लिए ब्रिटिश शासन को उत्तरदायी मानते हुए अपने सम्पादकीय लेखों से ब्रिटिश नीतियों का प्रबल विरोध किया। भारत की ग्राम प्रधान संस्कृति होने के कारण मालवीय जी स्वयं सप्ताह में एक निश्चित दिन किसी ग्रामीण समस्या पर आलेख लिखा करते थे। गाँवों की समस्याओं को प्रमुखता से प्रकाशित करने और विकास समाचार को पत्र में स्थान देने का चलन इसी पत्र से मालवीय जी की सम्पादकीय नीतियों के परिणामस्वरूप हुआ।[11] हिन्दुस्तान में 'हमारे गाँव' शीर्षक से छपी उनकी स्वयं की रचना से उन्होंने भारतीय ग्रामीण क्षेत्रों की दुर्दशा को चिन्हित करते हुए ब्रिटिश शासन की नीतियों व स्वार्थ में अन्धे देशी रईसों को दीन व्यक्तियों को दुःखद स्थिति में पहुँचाने के लिए उत्तरदायी ठहराया। वे हमेशा इस प्रयास में रहते थे कि देशभक्तिपूर्ण कविताएँ ही 'हिन्दुस्तान' में प्रकाशित हों।

यहाँ यह उल्लेख करना भी सम्मत होगा कि यद्यपि पत्रकारिता का क्षेत्र मालवीय जी के लिए बिल्कुल नवीन था, लेकिन उन्होंने हिन्दुस्तान पत्र के द्वारा अपने पत्रकारिता के प्रारम्भिक चरण में स्वयं के बौद्धिक कौशल से पत्रकारिता को नूतन तकनीकि का साहित्यिक रूप प्रदान किया। पं. मालवीय जी का मानना था कि किसी पत्र की सफलता मुख्यतः उसके सम्पादक की योग्यता, विश्लेषण क्षमता, विषय-वस्तु को प्रतिपादित करने की कलात्मक शैली, निष्पक्षता एवं परिश्रम पर निर्भर करती है। हिन्दुस्तान के सम्पादकीय का उत्तरदायित्व लेते ही सम्पादकीय विभाग में पं. प्रताप नारायण मिश्र, अमृतलाल चक्रवर्ती, बाबू गोपालराम गहमरी, शशिभूषण चटर्जी, गुलाबचन्द्र चौबे, पं. शीतला प्रसाद उपाध्याय, रामलाल मिश्र और स्वयं राजा रामपाल सिंह जैसे योग्य प्रतिभावान व्यक्तियों की टोली बनायी। इन व्यक्तियों को उस समय भारत-रत्न के रूप में माना जाता था आज तक किसी और हिन्दी समाचार-पत्र में यह सम्पादकों का ऐसा सुन्दर जमाव देखने में नही आया। निश्चित ही उस कालावधि में हिन्दुस्तान पत्र सफलता के जिस चरमोत्कर्ष पर पहुँचा वह मालवीय जी के प्रयासों का ही सुफल था। मालवीय जी ने लगभग ढाई वर्षों तक निरन्तर हिन्दुस्तान पत्र का सम्पादन किया और हिन्दुस्तान को सफलता के चरमोत्कर्ष पर पहुँचा दिया। मालवीय इसी पत्र को पाकर पत्रकार बने थे और इस पत्र ने मालवीयजी को पाकर पत्रकारिता जगत में अपना प्रभाव जमाया था। मालवीय जी के अभूतपूर्व मेधा-ज्ञान, कौशल से ही यह पत्र शीघ्र ही लोक प्रसिद्धि को प्राप्त हो गया। यहाँ यह उल्लेख करना समीचीन होगा कि मालवीय जी ने अपने जिन नीतिगत आदर्शों के बल पर पत्रकारिता के क्षेत्र में प्रवेश कर अल्प समय में ही अपनी योग्यता, आदर्शों से पत्रकारिता के जिस सर्वोच्च शिखर को स्पर्श किया, वह निश्चित ही उनके जीवन व्यक्तित्व का परिचायक है। वे जिन आदर्शों को लेकर हिन्दुस्तान पत्र में सम्पादक हुए थे उन्हीं आदर्शों के चलते उन्होंने हिन्दुस्तान पत्र के सम्पादकीय दायित्व से मुक्त कर लिया। राजा रामपाल सिंह ने उस शर्त का उल्लंघन कर दिया जो मालवीय जी ने हिन्दुस्तान पत्र में सम्पादक का दायित्व सँभालने के पूर्व रखी थी। दुर्भाग्यवश एक दिन राजा रामपाल सिंह ने नशे की स्थिति में मालवीय जी को आवश्यक वार्ता के लिए बुलवाया। राजा रामपाल सिंह ने बातचीत के क्रम में मालवीय जी के गुरु पं. अयोध्यानाथ के सम्बन्ध में अनर्गल बातें कीं। मालवीय जी एकदम खिन्न हो गये। उन्होंने राजा साहब को तुरन्त अपनी शर्त का स्मरण दिलाया और स्पष्ट शब्दों में कह दिया कि आपने स्वयं यह शर्त तोड़ी है। अतः आज से मैं आपकी सेवा करने में असमर्थ हूँ। उन्होंने उसी समय हिन्दुस्तान पत्र को छोड़कर कालाकांकर से चले जाने का निश्चय किया। मालवीय जी सम्पादक पद से इस्तीफा देकर प्रयाग चले आये। उन्होंने कालाकांकर छोड़ते समय राजा साहब को जो पत्र भिजवाया वह उनके जीवन व आदर्श व्यक्तित्व का परिचायक है।

"प्रिय राजा साहब,

आज से मेरा अन्न जल आपके पास से उठ गया। आपने मुझसे जो शर्त रखी थी, वह आज टूट गयी। मैं आज रात को या कल सुबह कालाकांकर से चला जाऊँगा। आप अपने पत्र का इन्तजाम कर लीजिए। मैं आपकी उदारता और स्नेह को कभी नहीं भूलूँगा।"

यद्यपि राजा साहब ने मालवीय जी को अपने निर्णय पर पुनः विचार करने के लिए प्रेरित किया। लेकिन मालवीय जी सनातन संस्कृति से उपजे आदर्शों के अनुगामी थे। वे स्वभावतः आदर्श सिद्धान्तवाद की प्रतिमूर्ति थे। इसलिए किसी भी प्रकार का प्रलोभन व प्रबोधन उनके अटल निर्णय को बदल नहीं सका। त्याग के हवनकुण्ड में पं. मदन मोहन मालवीय की यह सबसे पहली महत्त्वपूर्ण आहुति थी। राजा साहब ने मालवीय जी को कालाकांकर में रखने की सब आशा छोड़ दी तो उन्होंने एक शर्त पर उन्हें छोड़ना स्वीकार किया कि "आप वकालत पढ़िए और मैं आपका सारा व्यय निर्वहन करूँगा।"

राजा साहब की यह उदारता और महानता थी कि वे मालवीय जी के अन्तर्मन से प्रेरित थे। 250 रुपये प्रतिमाह की निरन्तर आर्थिक सहायता देते रहे। मालवीय जी राजासाहब की इस उदारता को भी न्यायोचित नहीं मानते थे। वकालत पूर्ण करने के पश्चात् मालवीय जी ने जब एक बार राजा साहब से कहा कि वे अब उनका कोई काम नहीं करते, उनकी नौकरी भी नहीं है तब रुपया क्यों भेजा जाता है? यह सुनकर राजा साहब बिगड़ गये और कहने लगे—"नौकरी में? मालवीय जी क्या आपने मेरे व्यवहार में कोई ऐसी बात पाई है, जिससे आपके साथ नौकर का बर्ताव पाया जाता हो? आपके पास विद्या है। आप गुणों की खान हैं। आप उसके द्वारा मेरी इच्छाओं की पूर्ति करते हैं और मैं थोड़े पैसों से आपकी सहायता करता हूँ। इससे आप पर मेरा एहसान क्या है?"

पत्रकारिता की आदर्श स्थिति

पं. मदन मोहन मालवीय ने हिन्दुस्तान पत्र से पत्रकारिता के जीवन का प्रारम्भ किया था। उन्होंने अपनी विद्या, ज्ञान, कौशल से पत्रकारिता के चिन्तन-क्षितिज को एक नवीन आयाम प्रदान किया। वस्तुतः मालवीय जी के समग्र चिन्तन को यदि एक शब्द में विश्लेषित करना हो तो निःसन्देह कहा जा सकता है कि राष्ट्र सर्वोपरि अर्थात् राष्ट्रभक्ति उनके जीवन का ध्येयवाक्य था। उनका यह ध्येय-वाक्य हिन्दुत्व के अधिष्ठान में हिन्दुत्व व राष्ट्र एक-दूसरे के पर्याय प्रतीत होते हैं। मालवीय जी के इस वैचारिक अधिष्ठान को पृथक करना उनके राष्ट्र अर्थात् हिन्दुत्व रूपी चिन्तन को क्षत-विक्षत/खण्डित करने के समान होगा। यह भी कहना अतिशयोक्तिपूर्ण नहीं होगा कि मालवीय जी के शरीर रूपी केन्द्र में राष्ट्र की आत्मा का वास था और इस

आत्मशक्ति का केन्द्र हिन्दुत्व ही था। इसलिए उनके चिन्तन के समग्र पक्षों पर इस आत्मशक्ति का प्रभाव दृष्टिगोचर होता है। पं. मदन मोहन मालवीय अपनी पत्रकारिता के माध्यम से अपने लेखन-कौशल के द्वारा अपने समय में जड़ स्थिर निराश एवं पराधीन भारत को अपनी आत्मशक्ति से समृद्ध कर अभ्युदय एवं नवीनता की ओर अग्रसर करना चाहते थे। इस तथ्य को उनके द्वारा जीवनपर्यन्त लिखे गये लेखों से स्पष्ट किया जा सकता है। मालवीय जी लेखन विद्या से भारत में पुरुषार्थ, निर्भयता, स्वाभिमान का जागरण करना चाहते थे। साथ ही हमारी पुरा-प्राच्य संस्कृति की शाश्वत वाणी से भारतीय जनमानस को अवगत कराना चाहते थे। उन्होंने अपनी संस्कृति मूलक लेखनी से भारतीय समाज को जहाँ एक ओर चैतन्यता प्रदान की वहीं दूसरी ओर सिंह के समान स्वाभिमानपूर्वक जीवन व्यतीत करने का आदर्श मार्ग भी प्रशस्त किया। उनके लिए पत्रकारिता व्यवसाय न होकर बल्कि एक धर्म था जिसका कि वे राष्ट्रीय जागरण तथा राष्ट्रीय नवनिर्माण में निमित्त अप्रतिम निष्ठा के साथ पालन करते थे। उनके पत्रों का मुख्य विषय देशभक्ति, देश सेवा, राष्ट्रीयता, स्वतन्त्रता, लोकतन्त्र, स्वदेशी आदि पर चिन्तन-परक लेख, सनातन धर्म के सिद्धान्तों की युगानुरूप जनहितकारी व्याख्या, समाजसुधार, साम्प्रदायिक सद्भावना, विचार स्वातन्त्र्य, समाचार-पत्रों की स्वाधीनता, कृषि, खेल-कूद विज्ञान आदि होता था। पं. मदन मोहन मालवीय ने पत्रकारिता को राष्ट्र जागरण का साधन बनाया। उनका स्वयं का पत्र अभ्युदय राष्ट्रीय भावना से ओत-प्रोत था। अभ्युदय पत्र में प्रकाशित होने वाले राष्ट्रीयता सम्बन्धी विचारों का विश्लेषण डॉ. राजेन्द्र प्रसाद ने अपने शब्दों में करते हुए लिखा है कि "अभ्युदय के लेखों में मालवीय जी की प्रतिभा प्रकाशित है, उसमें उनके जीवन का अनुभव समाया हुआ है। देश की स्थिति के अनुसार उस समय उन्होंने राष्ट्रीयता का जो सन्देश दिया। उससे आज भी हम लाभ ले सकते हैं। एक सच्चे ब्राह्मण के रूप में उन्होंने जो उपदेश दिया उनमें भारतीय आत्मा और संस्कृति बसती है।

पं. मदन मोहन मालवीय ने पत्रकारिता के क्षेत्र को भी अपने दार्शनिक व वैचारिक चिन्तन से परिष्कृत व प्रभावित किया। वस्तुतः मालवीय जी ने जिस समय पत्रकारिता को अपने संघर्ष का माध्यम बनाया, वह तत्कालीन समय की माँग के अनुरूप था। यह वह समयावधि थी जब भारत परतन्त्रता की बेड़ियों में जकड़ा था। इसके अलावा हिन्दू समाज अनेक वैचारिक झंझावातों से होकर गुजर रहा था। यद्यपि इस समयावधि में भारत में पत्रकारिता का विकास भी प्रगति पर था। पं. मदन मोहन मालवीय सिर्फ जीवन एवं परिस्थितियों में ही नवीनता के आकांक्षी नहीं थे। एक बहुमुखी प्रतिभा सम्पन्न अनुभवी पत्रकार के रूप में उन्होंने पत्रकारिता-क्षेत्र में भी अपनी विद्वत्ता से एक नयी शैली का अन्वेषण किया। मालवीय जी ने पत्रकारिता को जनसामान्य की आवाज बनाते हुए जनमानस को वैचारिक, सामाजिक, राजनीतिक

संघर्ष के लिए तैयार किया। उन्होंने पत्रकारिता को भारत की स्वतन्त्रता को प्राप्त करने का माध्यम बनाया। उन्होंने अपनी सम्पादकीय के माध्यम से ब्रिटिश शासन की दमनकारी नीतियों पर अपनी सधी व तीखी लेखन शैली से प्रहार किया। साथ ही देश की जनता को विदेशी शासन के दुष्प्रभावों से परिचित कराया। मालवीय जी ने पत्रकारिता के क्षेत्र में नवीन तकनीक व प्रयोगों को प्रारम्भ कर पत्रकारिता को एक नवीन दिशा देने का प्रयास किया।

मदन मोहन मालवीय जी ने पत्रकारिता में उच्च वैचारिक आदर्शों की स्थापना का सराहनीय प्रयास किया। उन्होंने जिन पत्र-पत्रिकाओं का संस्थापन, संचालन और सम्पादन किया उनकी विशिष्ट बातों के विश्लेषण करने से मालवीय जी का पत्रकारिता सम्बन्धी वैचारिक चिन्तन स्वतः ही स्पष्ट होने लगता है। उनकी पत्रकारिता तथा सम्पादन कला में प्रगति के विकास का अध्ययन करने के लिए आवश्यक है कि उन्होंने जिस क्रम में पत्रों का संस्थापन, सम्पादन और प्रकाशन किया, उसी से उसको विश्लेषित किया जाये।

1. पत्र किस परिस्थिति और उद्देश्य से प्रकाशित हुआ?
2. सम्पादकीय नीति का निर्वाह किस सीमा तक और कब तक होता रहा?
3. पत्र में तत्कालीन समाज और उसकी आवश्यकताओं का चित्रण अंकन कहाँ तक हुआ?
4. पत्र के माध्यम से किस कोटि का और किस रुचि का साहित्य सामने आया?
5. तत्कालीन पत्रकारों, साहित्यिकों तथा विद्वानों का पत्र को कितना सहयोग मिला।
6. पत्र का देश और समाज पर तात्कालिक और स्थायी प्रभाव किस प्रकार का रहा?

महामना मालवीय जी द्वारा संस्थापित अथवा सम्पादित प्रमुख छह पत्रों की पूरी फाइल गहन अध्ययन और मनन से उपर्युक्त तथ्यों का विवेचन और विश्लेषण किया जा सकता है। इससे न केवल भारतीय पत्रकारिता व इतिहास शृंखलाबद्ध और व्यवस्थित होगा, अपितु उन परिस्थितियों का पता लगेगा जिनमें हमारे सम्पादकों और पत्रकारों ने अनन्य निष्ठा, आत्म त्याग और आत्म बलिदान से देश एवं समाज के प्रति अपने कर्त्तव्यों का पालन किया। उस समय पत्रकारिता केवल जीविकोपार्जन का साधन नहीं थी, अपितु देश-सेवा का अत्यन्त श्रेष्ठ एवं श्रेयस्कर साधन थी। मालवीय जी ने अपने पत्रकारिता जीवन में इन तथ्यों व इनमें अन्तर्निहित उद्देश्यों को प्राप्त करने की पूर्ण चेष्टा की। उन्होंने पत्रकारिता को वास्तविक निहितार्थों में राष्ट्र-जीवन के साथ सम्बन्धित करने का प्रयास किया। मालवीय जी ने पत्रकारिता में न सिर्फ आदर्शों की स्थापना की वरन् परतन्त्रता की इस कालावधि में प्रेस की

स्वतन्त्रता व उसके अस्तित्व के लिए व्यापक संघर्ष किया।

सामान्यतः यह धारणा रही है कि सम्पादन कला और भाषण देने की कला दोनों एक ही व्यक्ति में नहीं होतीं। किन्तु पत्रकारिता के आचार्य एवं नियामक महामना मालवीय जी इसके अपवाद थे। उनकी लेखनी प्रभावशाली थी। हिन्दुस्तान, अभ्युदय, सनातन धर्म में प्रकाशित उनके लेख सामयिक होते हुए भी साहित्य की स्थायी सम्पत्ति हैं। उन लेखों में अध्ययन से ज्ञात होगा कि उनमें भारतीय संस्कृति, धर्म और सभ्यता सम्बन्धी अगाध ज्ञान-राशि निहित है। हिन्दी पत्रकारिता के क्षेत्र में उन्होंने एक पथ-प्रदर्शक की भाँति आदर्श मार्ग की स्थापना की तथा सम्पादन कला की ऐसी ज्योति जगाई जिसके शुभ प्रकाश में कई दशकों तक हिन्दी पत्रकारिता अपने प्रशस्त पथ पर बहती रही। मालवीय जी ने अपना पत्रकारिता का जीवन दैनिक हिन्दुस्तान से प्रारम्भ किया था। उन्होंने इस समाचार-पत्र को राष्ट्रभाषा हिन्दी के उन्नायक के रूप में प्रतिस्थापित करने का अतुलनीय कार्य किया। यद्यपि हिन्दी भाषा तथा देवनागरी लिपि का सबल समर्थन इस पत्र के द्वारा अन्त तक होता रहा। राष्ट्रभाषा हिन्दी के प्रसार को अग्रसर करने तथा राष्ट्रीय विचारधारा का प्रचार करने में इस पत्र का योगदान स्मरणीय रहेगा। यहाँ उल्लेख करना विषयानुरूप होगा कि मालवीय जी ने न केवल हिन्दी पत्रकारिता पर अपना अमिट प्रभाव अंकित किया अपितु राष्ट्रभाषा उन्नायन तथा संवर्धन व आदर्श के लिए भारतीय पत्रकारिता आपकी चिरऋणी रहेगी। मालवीय जी ने हिन्दी की प्रगति के साथ-साथ अंग्रेजी भाषा के भी अनेक पत्रों का सम्पादन और संचालन किया। भाषागत विद्वत्ता मालवीय जी की अद्वितीय क्षमता का परिचायक है साथ ही इससे यह भी स्पष्ट होता है कि मालवीय जी भाषागत ज्ञान की युग व समसामयिक आवश्यकताओं से भली-भाँति अवगत थे। उन्होंने युग की आवश्यकताओं को अत्यन्त दूरदर्शितापूर्वक देखा और समझा था।

पत्रकारिता के प्रारम्भिक जीवन में मालवीय जी का चिन्तन व उद्देश्य भारत की समस्याओं को ब्रिटिश शासन तक पहुँचाना और ब्रिटिश शासन की नीतियाँ से जन सामान्य को अवगत कराना था। मालवीय जी अपने सम्पादकीय में ऐसा कोई विषय रखना नहीं चाहते थे जिससे कि प्रेस की स्वतन्त्रता बाधित हो। वे सरल, सुबोध, भाषा में लेख लिखने के पक्षपाती थे। साथ ही, ऐसे लेखों को प्रोत्साहन देते थे, जिनसे सरकारी नीतियों व कानून का उल्लंघन नहीं होता था। राजकीय नीति की आलोचना के अवसर पर वे कठोर कर्मवेधी शब्दों का प्रयोग कभी भी पसन्द नहीं करते थे। वस्तुतः पत्रकारिता के प्रारम्भिक दिनों में उन्होंने जनता की चिट्ठी सरकार के नाम, सरकार की चिट्ठी जनता के नाम जैसी वैचारिक संकल्पना को पत्रकारिता के माध्यम से साकार करने का प्रयत्न किया। वस्तुतः मालवीय जी के पत्रकारिता के प्रारम्भिक दिनों में सरकार व जनता से परस्पर जीवन्त सम्बन्धों का आधारभूत माध्यम पत्रकारिता ही थी। इस समयावधि में मालवीय जी का उद्देश्य पूर्णरूपेण एक

आत्म-विस्मृत समाज को जाग्रत कर शान्ति सम्पन्न बनाना था। क्योंकि मालवीय जी का मानना था कि सामाजिक, धार्मिक, आर्थिक सुधारों व समाज की विस्मृत हुई चेतना के अभाव में भारत को स्वतन्त्र नहीं कराया जा सकता। समाज सुधार का प्रबल आन्दोलन भी इस पत्र के माध्यम से किया गया था। यद्यपि यह पत्र ब्रिटिश शासन की नीतियों की भी आलोचना करता था। उस समय ऐसी निर्भीक नीति किसी अन्य दैनिक पत्र में नहीं थी।

पं. मदन मोहन मालवीय का दृष्टिकोण था कि पत्रकारिता में पत्रकार का चरित्र आदर्श मान-मर्यादा पूर्ण होना चाहिए। उसमें देशभक्ति कूट-कूटकर भरी हो और वे सत्य पालन में जनता का मार्ग दर्शन करे। निःसन्देह ही पत्रकार समाज की धुरी होता है और समाचार-पत्रों में प्रकाशित उसके विचारों तथा समाचारों का प्रत्यक्ष प्रभाव जनमानस पर पड़ता है। मालवीय जी का मत था कि पत्र का उद्देश्य केवल समाचार का प्रसार मात्र ही नहीं, अपितु उसे सम्पूर्ण सौष्ठव के साथ सरल सर्वबोध्य भाषा में प्रस्तुत करना भी है। उनकी मान्यता थी कि पत्र का यह धर्म होना चाहिए कि वह बिना भय और पक्षपात के पाठकों को समुचित रूप से उपदेश दे, प्रशिक्षित करे और उनका पथ-प्रदर्शन करे। वह जिस पत्र का सम्पादन करते उसकी नीति से न तो स्वयं विपथ होते और न दूसरों को विपथ होने देते। इसलिए मालवीय जी ने अपनी लेखन-वक्तव्य व प्रकाशन शैली को अत्यन्त निर्भीक और निष्पक्ष बनाये रखा। देश के सार्वजनिक जीवन में जहाँ कहीं भी असामाजिक अथवा अकल्याणकारी तत्त्व दृष्टिगत होते, आपकी लेखनी उनके परिष्कार के लिए पूर्ण क्षमता से प्रहार करती थी। मालवीय जी ने अपने पत्रकारिता चिन्तन में राष्ट्रीय हितों को सदैव सर्वोच्चता प्रदान की। देश की स्वाधीनता का विषय आपके पत्रकारिता में चिन्तन का लक्ष्य था। राष्ट्रीय आन्दोलन के साथ-साथ राष्ट्रीय हितों व राष्ट्र अस्मिता से सम्बन्धित विषय स्वदेशी का प्रचार-प्रसार, गौ-रक्षा, राष्ट्रभाषा, सामाजिक एवं धार्मिक जागृति पर मालवीय जी विशेष बल दिया करते थे। उनकी पत्रकारिता का आदर्श, सहिष्णुता, सद्‌भावना, समाचार-पत्रों की स्वतन्त्रता तथा सामाजिक सुधार था। मालवीय जी के द्वारा प्रकाशित 'अभ्युदय' का प्रकाशन तो भारत की स्वराज्य प्राप्ति के हेतु को ही ध्यान में रखकर किया था। अभ्युदय ने प्रारम्भ से ही स्वतन्त्रता संग्राम की अगुवाई को ही लक्ष्य बना रखा था। इसमें तत्कालीन राजनीतिक घटनाओं व आन्दोलनों से जुड़ी खबरों को प्रमुखता के साथ प्रकाशित किया जाता था। 'अभ्युदय' पर मालवीय जी के विचारों व संस्कारों का पूरा प्रभाव दिखाई देता था।[12]

पं. मदन मोहन मालवीय ने पत्रकारिता को धर्म माना। वे समाचार-पत्र की विषय-सामग्री का सूक्ष्मता से अवबोध करते थे। पत्र प्रकाशन में निर्धारित मापदण्डों के अतिरिक्त कुछ भी प्रकाशित करना उनके लिए असहनीय था। वे ऐसी किसी भी विषय-सामग्री जिसमें भारतीय संस्कृति की अस्मिता के धूमिल होने की सम्भावना

होती थी प्रखर विरोध करते थे। एक बार उनके द्वारा स्थापित अभ्युदय पत्र के सम्पादक पं. कृष्णकान्त मालवीय ने 'अभ्युदय' में विधवाओं की समस्या पर एक अग्रलेख लिखा था जो पंडित मदन मोहन मालवीय को पसन्द नहीं आया क्योंकि उन्हें उसमें कई बातें अपने सिद्धान्तों के विपरीत दिखाई पड़ीं। उन्होंने इस सन्दर्भ में सम्पादक कृष्णकान्त को एक पत्र लिखा था। पंडित मदन मोहन मालवीय भारतीय धर्म संस्कृति, परम्परा के सजग प्रहरी थे। उन्होंने पत्रकारिता के सन्दर्भ में भी इसी सजगता का परिचय दिया। पं. मदन मोहन मालवीय ने 'अभ्युदय' के माध्यम से अपनी वैचारिक मनीषा को सर्वत्र प्रसारित करने का एक सफल उद्यम किया। वे अपनी व्यस्तता के पश्चात् भी अभ्युदय व अन्य पत्रों पर अपनी दृष्टि रखते थे। वास्तव में मालवीय जी के 'अभ्युदय' की प्रथम सम्पादकीय से ही उनके उद्देश्यों और आदर्शों पर प्रकाश डाला जा सकता है। 1907 में लिखी गयी यह सम्पादकीय मालवीय जी की पत्रकारिता सम्बन्धी नीतियों, आदर्शों, विचार और आकांक्षाओं को समग्रता से व्याख्यायित करती है। 'अभ्युदय' का अर्थ है सब ओर से उदय–ऊपर उठना। देश के अभ्युदय का अर्थ है देश का, अर्थात् देश के निवासियों का सब ओर से उदय। स्थायी सुख-सम्पत्ति और प्रभाव उसके चिह्न और परिणाम हैं। सुख धन से होता है। धन धर्म से, सदाचार से, विद्या और बुद्धि की वृद्धि से होता है। विद्या और बुद्धि धर्म के आवश्यक अंग हैं। मनु भगवान् के समय से तत्वदर्शी इस विषय से एकमत है। इसलिए विद्या और बुद्धि की वृद्धि करना हमारा परम कर्तव्य है। बिना उसके धर्म पूरा नहीं हो सकता, बिना उसके धन नहीं हो सकता, बिना उसके सुख नहीं हो सकता।[13]

देश के थोड़े से मनुष्यों को सुख प्राप्त होने से देश का अभ्युदय नहीं कहा जा सकता। जब देश के सब सामर्थ्यवान् और पाप से बचे मनुष्यों को सुख प्राप्त हो और वह सुख देश में स्थायी हो, क्षणिक न हो और प्रभाव के साथ युक्त हो, तभी उस देश के विषय में कहा जा सकता है, कि उसका अभ्युदय हुआ है। सुख स्थायी तभी हो सकता है, जब वह धर्म से उत्पन्न हो और धर्म से रचित हो। अधर्म से उत्पन्न सुख अथवा अधर्म से रक्षित सुख जैसा अन्याय या अत्याचार से, चोरी व बरजोरी से पाये हुए धन का सुख, अपने से ही निर्बल या असहायों पर न्याय-विरुद्ध अधिकार के व्यवहार से उत्पन्न सुख, धर्म वा नीति के विरुद्ध विषय-भोग का सुख स्थायी नहीं होता है और परिणाम उसका विष से भी अधिक कड़वा होता है। इसलिए अभ्युदय से प्रथम धर्म, द्वितीय बिना धर्म के विरोध के उपार्जित धन और तृतीय धर्म और अर्थ के विरोध बिना प्राप्त होने वाला काम, अर्थात् विषय-सुख आवश्यक है। इन्हीं तीन को प्राचीन आचार्यों ने त्रिवर्ग कहा है। प्रभाव की इसलिए आवश्यकता है कि हम अपने सुख की वृद्धि और रक्षा कर सकें और उस पर और लोग आघात करने का साहस न करें, यदि करें तो हम अपनी-अपनी बुद्धि, वीर्य और उत्साह से अपने

को उस चोट से बचा सकें। यह धर्म और धन से होता है। जिन उपायों से हमारे देश-वस्तु त्रिवर्ग का साधन कर सकें, जिन उपायों से वे सुखी और सम्पन्न, धनवान् और धर्मवान्, बलवान् और प्रतापवान् हों, उन उपायों के जन्म, स्थिति और वृद्धि में सहायक होना इस पत्र का उद्देश्य है। अभ्युदय इसका नाम इसलिए रखा गया है कि जैसे यह ईप्सित अर्थ का प्रकाश करता है, वैसे दूसरा शब्द नहीं करता।

हमारी अभिलाषा मन्द नहीं है। पृथ्वी-मंडल पर जितने पर्वत हैं, उनमें सबसे ऊँचा पर्वत नगाधिराज हिमालय है। उसका सबसे ऊँचा धवल शिखर पृथ्वी के सब पर्वतों की धवल चोटियों के ऊपर आकाश को शोभित करता है। हमारी प्रार्थना और अभिलाषा है और परमेश्वर इसको पूरी करेगा कि हमारे देश का अभ्युदय पृथ्वी के किसी और देश के अभ्युदय से किसी अंश में कम न रहे, वह चढ़ा-बढ़ा रहे, जैसा कि हिमगिरि के शिखर और पर्वतों के शिखरों से चढ़े-बढ़े हैं। हमारा देश नूतन अभिज्ञात, ऐसा देश जिसका कल पता लगा हो, नहीं है। इसके वासी अमेरिका के पश्चिमीय हिन्द के नाम से प्रसिद्ध देश के निवासियों के समान सभ्यता-विहीन नहीं हैं। हमारा देश प्राचीन है और उस समय में सभ्यता के शिखर को चूम चुका है, जब कई और देशों के लोग जंगलों में नंगे घूमते थे व असभ्य रीति से अपना जीवन बिताते थे। कालचक्र की गति में पड़ हम बहुत नीचे गिर गये हैं, किन्तु अब जब हमको फिर चेतना हुई है और अपने योग्य दशा में पहुँचने की इच्छा हुई है तो हम अपने प्राचीन पुनीत आर्य कुल और अपने पूर्वजों की उन्नत दशा के विचार से अपने अन्य देशों के भाइयों की वर्तमान उन्नति की दशा के विचार से तथा सबसे ऊपर अपने परम कल्याण के विचार से किसी ऐसे अभ्युदय से सन्तुष्ट नहीं हो सकते, जो ऊँची से ऊँची उन्नति की दशा से कुछ भी नीचा हो। हम अमेरिका और इंग्लैण्ड, फ्रांस, जर्मनी, जापान, ग्रीस, इटली आदि देश की उन्नति का इतिहास पढ़ते हैं।

पुस्तकों के द्वारा और समाचार-पत्रों के द्वारा तथा कहीं-कहीं अपने नेत्रों से हम लोग देख रहे हैं कि हमारे इन देशों के बसने वाले भाई नित्य-नित्य उन्नति के सोपान पर ऊपर चढ़ते चले जाते हैं। जितना ही ये हमसे ऊपर चढ़ गये हैं उतना ही ये हमको नीचे छोड़ते चले जाते हैं। अपने पुरुषार्थ और अपनी उन्नति से वे हमको लजा रहे हैं और बड़ी प्रबल रीति से हमको उपदेश कर रहे हैं कि हम अपनी गिरी दशा से उद्धार करें। ऐसी दशा में यह सम्भव नहीं है कि हम अपनी वर्तमान दशा से सन्तुष्ट रहें। हमारे हृदय के भीतर से भी हमको कोई शक्ति प्रेरणा कर रही है कि जो उन्नति उस भाग्यवान् देशों ने की है, उसी उन्नति के लिए हम यत्न करें।

उसी उन्नति की हमको अभिलाषा है। इतना ही नहीं, उससे कुछ अधिक भी चाहते हैं। देशों में केवल धन की उन्नति होने से कुछ दोष भी उत्पन्न हुए हैं। हम चाहते हैं कि जिस प्रकार चीनी की चाशनी में दूध की छींटें डालकर उसके मैल को काटते हैं और उसको पवित्र करते हैं, उसी प्रकार केवल धन की उन्नति के दोषों

से अपने देश-बाँधवों को बचाने और उनको मनुष्यत्व के पूरे महत्त्व को पहुँचाने के लिए उनकी सबसे उत्कृष्ट आध्यात्मिक उन्नति भी हो, जिसके द्वारा वे और-और जातियों को भी आध्यात्मिक उन्नति के पथ में अपने साथ लेकर समस्त संसार का असीम उपकार करें। अमेरिका, इंग्लैण्ड, फ्रांस, जापान, जर्मनी में मनुष्यों को अपने पुरुषत्व की ऊँची से ऊँची अवस्था को पहुँचाने के लिए बहुत अवसर और सुभीते हैं। उनको उन देशों में अपने पुरुषत्व के अनेक गुणों को पूरा प्रकाश करने और देश की सेवा करने का पूरा अवसर है। ये स्वच्छन्द हैं और अपनी मर्यादा के अनुसार अपने ऊपर शासन करते हुए अपने देश और जाति का वैभव तथा गौरव बढ़ाते हैं। हम चाहते हैं कि हमारे देश-बन्धु हमारे इंग्लैण्ड-निवासी भाइयों के बराबर स्वाधीनता का सुख अनुभव करें और अपने देश में आप शासन करें। वस्तुतः हमारा पूर्ण अभ्युदय तभी होगा, जब हमको उतनी ही स्वाधीनता और सामर्थ्य प्राप्त होगी, जितनी हमारे उन देशों के भाइयों को है।

समुद्र के किसी टापू पर लहरों से फेंका हुआ असहाय, अकेला, तनहीन, बलहीन मनुष्य, जो हिमालय के ऊँचे शिखर पर पहुँचने का मनोरथ करे, तो उसका मनोरथ उपहास के योग्य नहीं मालूम होगा, जितना हमारा अपनी वर्तमान दशा में ऊपर लिखे मनोरथों का प्रकाश करना, किन्तु जैसा हमको विश्वास है कि ईश्वर है, वैसा ही इसको यह निश्चय है कि हमारे ये मनोरथ पूरे हो सकते हैं और एक दिन पूरे होंगे। केवल एक शर्त है कि हम मिथ्या अभिमान को छोड़कर शुद्ध धर्म की बुद्धि से धैर्य के साथ अपने कर्त्तव्य को करें।

देश के अभ्युदय की अभिलाषा में देश-हितैषी सब एकमत हैं, परन्तु उसके सिद्ध करने के क्या उपाय हैं और देश, काल, अवस्था के विचार से हमको किन उपायों का अवलम्बन करना चाहिए, इसमें कुछ मतभेद हैं।

किन उपायों से देश को अभ्युदय प्राप्त होगा, उसके विचार के प्रारम्भ में हमको एक बात स्पष्ट रीति से समझ लेनी उचित है। प्रत्येक देश या जाति का अभ्युदय मूल में उसकी प्रजा के आत्म-पौरुष पर निर्भर है। कोई राजा व शासन किसी देश की प्रजा को अभ्युदित नहीं कर सकता, जब तक उस देश की प्रजा अपने पौरुष को पूर्ण रीति से काम में न लावें। किन्तु राजा व शासन प्रजा को अपना अभ्युदय-सम्पादन करने में बहुत सहायता भी दे सकता है और उनके मार्ग में बहुत विघ्न भी डाल सकता है। हमारे मनोरथ बड़े ऊँचे हैं। उनका पूरा करना अत्यन्त दुष्कर कार्य है और बहुत समय माँगता है। इसमें सफलता के लिए आवश्यक है कि जितनी शक्तियाँ इस देश में वर्तमान हैं, उन सबसे जहाँ तक मिल सके, धन्यवादपूर्वक सहायता लें। अविवेक या दुराग्रह से, पक्षपात व मूर्ख-अभिमान से, यदि हम किसी ऐसी शक्ति को अपने इस पुनीत मनोरथ के पूरा करने में सहायक बनाने में चूकते हैं व निष्कारण अपनी विरोधिनी बनाते हैं, तो हम उस अंश में देश के प्रति अपराधी हैं।

इस समय इस देश में दो बड़ी शक्तियाँ हैं। एक बड़े प्रबन्ध से बँधी, प्रबल, विस्तृत, गवर्नमेंट की शक्ति, जो देश का सौ करोड़ के लगभग कर वसूल करती है और उसका देश-सम्बन्धी कार्यों में व्यय करती है तथा देश की एक सीमा से दूसरी सीमा तक अपने बनाये नियमों से प्रजा पर शासन करती है। दूसरी शक्ति प्रजा की है, जिसकी सत्ता को सोचकर हम आशावान हैं जो हमारे हृदय के बलवान् होने का कारण हैं, किन्तु जिसका हम अधिक-से-अधिक वर्णन करें तो उसे अभी माँ की गोद से उतरे हुए बालक की शक्ति से अधिक नहीं कह सकते। जो अब भी भूख-प्यास मिटाने और अपने को शीत-घाम से बचाने की भी सामर्थ्य नहीं रखता। हमारी सर्व प्रार्थना और सब यत्न इस बात के लिए हैं और होने चाहिए कि वह शक्ति दिन-दिन बढ़े। ईश्वर करे, यह बढ़े! किन्तु इस भाव के साथ हमको यह नहीं मान लेना चाहिए कि वह दूसरी बड़ी शक्ति अवश्य ही महारे इन मनोरथों में बाधक और विरोधिनी है। यदि हम निष्पक्ष विचार से देखेंगे तो वर्तमान अवस्था और विरोधिनी है। यदि हम निष्पक्ष विचार से देखेंगे तो वर्तमान अवस्था में उसको हम बहुत अंशों से हमारे अभ्युदय की सामग्री एकत्र करने के लिए आवश्यक और सहायक पायेंगे और यदि हम बिना अपनी ऊँची अभिलाषा को मन्द किये तथा बिना देशभक्त सज्जनों को उचित स्वतन्त्रता को छोड़े अपनी ओर से गवर्नमेंट के प्रति मित्रभाव से वर लेंगे तो हम गवर्नमेंट को अपनी उन्नति और अभ्युदय में अब से अधिक सहकारी बना सकेंगे। यह हमारा दृढ़ विश्वास है, परन्तु मान भी लिया जाये कि गवर्नमेंट हमारे इन मनोरथों के पूरा करने में सहायक नहीं होगी, तो भी हमारा यह धर्म है कि हम निष्कारण ऐसी बातें न करें, जिनसे गवर्नमेंट का और हमारा विरोध बढ़े। वह हमारे अभ्युदय में सहायक नहीं होगा। यदि हमारा कर्त्तव्य करने में गवर्नमेंट हमसे विरोध माने भी, तो हम केवल उस पर खेद-प्रकाश करेंगे। गवर्नमेंट के अविवेक से हम अपने कर्त्तव्य के करने में शिथिल न होंगे। इसलिए अपने देश की उन्नति और अभ्युदय के उपायों को सोचने और प्रकाश करने में हमारा यह यत्न रहेगा कि गवर्नमेंट और प्रजा इन दोनों की शक्तियों को जहाँ तक अनुकूल और नियुक्त कर सकें, करें। हमको विश्वास है कि इस मार्ग में दृढ़तापूर्वक चलते हुए हम अपने देश की उत्तम सेवा कर सकेंगे।

मालवीय जी की पत्रकारिता भी उनके धर्मनिष्ठ जीवन व व्यक्तित्व से प्रभावित थी। अपने सार्वजनिक कार्य-क्षेत्र में हिन्दुत्व आधारित रीति नीति का अनुशरण किया। वे हिन्दू समाज की निरन्तर पतनीय होती दशा से व्यथित थे और इन्हीं परिस्थितियों में उस हिन्दू समाज को सम्बल प्रदान करने के लिए वैचारिक शक्ति की आवश्यकता थी तब मालवीय जी ने हिन्दू समाज को आत्मनिष्ठ व वैचारिक रूप से शक्ति सम्पन्न बनाने के उद्देश्य से 10 जुलाई, 1933 ई. को गुरु पूर्णिमा के पवित्र दिन साप्ताहिक 'सनातन धर्म' का प्रकाशन आरम्भ किया।[14] मालवीय जी ने

अपने इस साप्ताहिक पत्र में अपने चिन्तन की विराट संकल्पना को चरितार्थ करने का सार्थक प्रयास किया। उनका मानना था कि जैसे शरीर रक्षा के लिए भोजन आवश्यक है उसी प्रकार मनुष्य को आध्यात्मिक भोजन की भी आवश्यकता होती है। मालवीय का दृढ़ विश्वास था कि सनातन धर्म पृथ्वी पर सबसे पुराना और पुनीत धर्म है। वे अपने इस विश्वासरूपी आग्रह को जन-जन तक सर्वव्यापी करना चाहते थे। सनातन धर्म 1947 तक हिन्दू संस्कृति के वैचारिक अधिष्ठान के रूप में हिन्दू समाज को जाग्रत करता रहा। मालवीय जी ने सनातन धर्म का प्रकाशन करते हुए लिखा, "मेरा विश्वास है कि हिन्दू जाति की रक्षा और उन्नति का मूल साधन उसकी धार्मिक शिला है और इसलिए मैं हृदय से चाहता हूँ कि इस विषय पर समस्त सनातन धर्मानुयायी नेताओं का ध्यान आकर्षित हो और हम सब लोग मिलकर इस पुनीत धर्म की रक्षा और प्रचार का सन्तोषजनक प्रबन्ध करें। यह 'सनातन धर्म' समाचार-पत्र सनातन धर्म जगत में उस धर्म का ज्ञान और सच्चे स्वरूप का प्रचार करने और उसके द्वारा न केवल सनातन धर्मियों की परन्तु सारे जगत् की सेवा करने के अभिप्राय से प्रकाशित किया जा रहा है। यह खेद की बात है कि इस समय सनातनधर्मी जगत् में कुछ विषयों, विशेषकर, अंत्यजोद्धार के विषय में बहुत मतभेद हो रहा है। प्रार्थनापूर्वक इस पत्र का प्रयत्न होगा कि वह इस मतभेद को दूर करे और समस्त धर्मानुयायियों की जिनमें अंत्यज भी हैं, धार्मिक शिक्षा और उन्नति के लिए उचित उपाय किये जायें। जैसा मुझे सनातन धर्म की सत्यता और उदारता में विश्वास है, वैसा ही मुझे यह दृढ़ विश्वास है कि भगवान् विश्वनाथ के आग्रह से यह हमारी ऊँची कामना सफल होगी।"

मालवीय जी सनातन धर्म पत्र के द्वारा एक और हिन्दू धर्म में समयानुरूप प्रचलन में आयी कुरीतियों से समाज को अवगत कराकर उसके पुनरुत्थान का कार्य कर रहे थे तो वहीं दूसरी ओर अंग्रेजों व मिशनरी के द्वारा प्रायोजित पाश्चात्य संस्कृति के दुष्चक्र से अपनी संस्कृति व परम्परा को धार्मिक जागरण के माध्यम से बचाने के लिए प्रयासरत थे। सनातन धर्म पत्र में धार्मिक विचारों के साथ-साथ साहित्य, कला, विज्ञान, दर्शन, राजनीति, इतिहास, अर्थशास्त्र, समाजशास्त्र जैसे विषयों पर भी लेख प्रकाशित होते थे। इसके अतिरिक्त गौ-रक्षा, हिन्दू पर्वोत्सव, हिन्दू मानबिन्दुओं आदि सामाजिक एवं धार्मिक विषयों पर भी लेख रहते थे। वस्तुतः यह समाचार-पत्र नहीं विचार-पत्र था। इससे भी कहीं बढ़कर एक मिशन था।

पं. मदन मोहन मालवीय जी पत्रकारिता को एक कला मानते थे और उसके वैज्ञानिक स्वरूप को महत्ता प्रदान करते थे। समाचार-पत्रों के समाचार, आलेखों व उसकी विषयवस्तु में जन सामान्य की सोच बढ़ाने के लिए उन्होंने पत्रकारिता में प्रयोग किये। उन्होंने राष्ट्रोत्थान मूलक सम्पादकीय नीति के विविध स्वरूपों के साथ-साथ पत्रों की विषय सामग्री, भाषा, मर्यादा, स्वतन्त्रता, लेखकों का पारिश्रमिक,

विज्ञान आदि के विषयों में महत्त्वपूर्ण निर्देश दिये। हिन्दुस्तान, अभ्युदय तथा सनातन धर्म में उनके लेखों में अध्ययन, मनन में हमें स्वस्थ और आदर्श पत्रकारिता स्पष्ट दिखाई देती है। समाचार-पत्रों पाठ्य-सामग्री के रूप में तत्कालीन समस्याओं से सम्बन्धी विषय-वस्तु तथा वैचारिक प्रबोधन का तादात्म्य पाठकों के साथ स्थापित किया। उस विषय-सामग्री को रुचिकर बनाने के लिए जिससे कि देश-समाज की ठीक दिशा सुनिश्चित हो सके। इसके लिए मालवीय जी ने 'अभ्युदय' में पत्रकारों के लिए प्रशिक्षण व विकास के लिए एक योजना परामर्श प्रकाशित किया। यह सुझाव पत्रकारिता में मालवीय जी के गहन चिन्तन एवं दूरदृष्टि का परिचायक है। मालवीय जी अपनी इस योजना से पाठ्यसामग्री को प्रतिदिन के अनुरूष विकेन्द्रित करना चाहते थे। उनका अभिमत था कि दैनिक पत्र का प्रत्येक दिन के लिए कोई न कोई विशेष विषय नियत कर देना चाहिए। सोमवार को आप साहित्य पर लिखते हैं, तो मंगलवार को ग्राम संगठन पर लिखिए, बुधवार को शारीरिक उन्नति पर लिखते हैं तो बृहस्पति को शिक्षा पर लिखिए। निश्चित क्रम के अनुसार हमें दिन बाँट लेने चाहिए। नियत दिन पर उस विषय पर अवश्य लिखना चाहिए। इस प्रकार हम पाठक को अपनी रुचि के अनुसार मसाला मिल जायेगा। यदि ढंग से परिश्रम के साथ पत्र का सम्पादन और संगठन किया जाये तो ग्राहक संख्या भी बढ़ेगी और जनता का विशेष उपकार भी होगा। ध्यातव्य है कि उस समय पत्रकारिता केवल जीविकोपार्जन का साधन था। वरन् देश सेवा का अत्यन्त श्रेष्ठ एवं श्रेयस्कर माध्यम भी था। निश्चित ही बीसवीं शताब्दी के प्रारम्भिक चरण में महामना मालवीय जी का यह निर्देश देश के समस्त पत्रकारों तथा सम्पादकों के लिए मानवीय ही नहीं अनुकरणीय है। पूर्व में उल्लेखित है कि पत्रकारिता को लेकर मालवीय जी का दृष्टिकोण वैचारिक साध्य का था न कि व्यावसायिक साधन का। इसलिए मालवीय जी का लक्ष्य यह रहता था कि अधिक से अधिक सामग्री पाठकों तक पहुँचे जिससे कि भारत की स्वतन्त्रता के पक्ष में जन-जागृति का संचार हो सके।

पं. मदन मोहन मालवीय समाचार-पत्रों में विज्ञापन प्रकाशित करने के विरोध में थे विशेषकर ऐसे विज्ञापन जिनका समाज पर प्रतिकूल प्रभाव होता था। उन्होंने साप्ताहिक सनातन धर्म में तीन वर्ष तक किसी प्रकार कोई विज्ञापन प्रकाशित नहीं होने दिया। अभ्युदय में या तो विज्ञापन होते ही नहीं थे या बहुत थोड़े होते थे। मद्रासी घड़ियाँ, अनंग प्रभा, नेशन्नल सेविंग सर्टिफिकेट इत्यादि के विज्ञापन दिखाई देते हैं। दूसरा विज्ञापन देने वाले भी कम ही थे। पं. मदन मोहन मालवीय समाचार-पत्रों में लिखने वाले लेखकों के उचित पारिश्रमिक और उनके हित व कल्याण को लेकर भी जागरूक थे। इसलिए बीसवीं शती के प्रथम दशक में हिन्दी पत्रों में लिखने वाले लेखकों के पारिश्रमिक का प्रश्न भी मदन मोहन मालवीय ने उठाया और इस सम्बन्ध में एक नीतिगत सिद्धान्त निश्चित करने के लिए आचार्य ावीर प्रसाद

द्विवेदी से परामर्श किया।

यद्यपि अभी यह साहस और अनावश्यक साहस मालूम होगा तथापि मेरी यह इच्छा है कि 'अभ्युदय' में लेखकों को कुछ भेंट करने का क्रम जारी करें। ऐसे लेखक अभी बहुत कम हैं जिनके लेखों के लिए कुछ भेंट करना मुनासिब होगा। किन्तु 'स्वल्पारंभा-क्षेमकराः' इस न्याय से मैं समझता हूँ कि उन लेखों के लिए जो आपके वैदिक काल की स्त्रियों के समान आदर सहित पत्र में छापे जायें, कुछ पत्र-पुष्प अर्पण किया जाये। कृपाकर इस विषय में अपनी सम्मति लिखिए। मेरा विचार है अभी सवा रुपया कालम में प्रारम्भ किया जाये, और ज्यों-ज्यों अर्थ-सम्बन्धी अवस्था अच्छी होती जाये, त्यों-त्यों भेंट का रेट बढ़ाया जाये। इससे किसी योग्य मित्र को कुछ ख़याल करने के लायक आय वृद्धि तो होगी नहीं किन्तु इससे एक ऐसा क्रम प्रारम्भ हो जायेगा कि जिससे जो मित्र पत्र के बनाने और बढ़ाने में सहायक होंगे, वे आगे चलकर देशहित और मातृभाषा के हित साधन के सन्तोष के अतिरिक्त, पत्र के लाभ से कुछ आर्थिक लाभ उठाने का भी सन्तोष अनुभव करेंगे। मुझे आशा और विश्वास है कि यदि आप दो-तीन और मित्र जिनको मैं लिख रहा हूँ, पत्र को पूरी सहायता देंगे तो अचिरकाल में इसके आठ-दस हजार ग्राहक हो जावेंगे।

विशेष आपको लिखना आवश्यक नहीं। मैं आशा और विश्वास करता हूँ कि जिस भाव से मैं इस पत्र को लिख रहा हूँ, उसी भाव से आप इसको विचारेंगे और प्रति सप्ताह एक या दो लेख से सहायता करेंगे। मैंने विधवा विवाह का भाग इसलिए निकाल दिया था कि उसमें आपका मत नहीं प्रकाशित था और उससे लेख सर्वजन प्रिय न रहता। मैं आशा करता हूँ आप इससे अप्रसन्न न हुए होंगे।

बाबू मिश्रीलाल के लेख के विषय में कल लिखूँगा।

पं. मदन मोहन मालवीय के जीवन्त व्यक्तित्व की यह विशेषता है कि उन्होंने सार्वजनिक जीवन के जिस क्षेत्र में प्रतिनिधित्व किया वहाँ पूर्ण निष्ठा, लग्न, परिश्रम, समर्पण व सेवा के भाव से उस क्षेत्र में विद्यमान चुनौतियों का सामना किया। सार्वजनिक जीवन के क्षेत्र में मालवीय जी ने अपने व्यक्तित्व की अमिट छाप छोड़ी। यही नहीं वे जिस कार्य को हाथ में लेते थे, उस कार्य में वे मील का पत्थर सिद्ध होते थे। यह बात उनके पत्रकारिता सम्बन्धी जीवन के सन्दर्भ में भी युक्तिसंगत प्रतीत होती है। उन्होंने पत्रकारिता के क्षेत्र में भी त्याग, समर्पण एवं सहयोग का एक अद्वितीय आदर्श प्रस्तुत किया। पं. मदन मोहन मालवीय जीवन के प्रत्येक क्षेत्र में वृहत् दृष्टिकोण रखते थे। यह उनके हृदय की विशालता ही थी कि उन्होंने न सिर्फ स्वयं के समाचार-पत्रों का प्रकाशन किया बल्कि उन्हें सफलता के सर्वोच्च शिखर तक पहुँचाया अपितु समसामयिक अन्य समाचार-पत्रों-पत्रिकाओं को भी स्थापित करने में यथाशक्ति सामर्थ्य सहयोग किया। सबसे बड़ी उपलब्धि है कि उन्होंने अपने आदर्शों के कार्य में स्वयं के व परिवार के हितों की भी चिन्ता नहीं की। उन्होंने

अनेक ऐसे अवसरों पर जिसमें समाज व राष्ट्र का हित छिपा होता था अपना सर्वस्व दाँव पर लगा दिया। वे त्याग व समर्पण की वास्तविक प्रतिमूर्ति थे।

मालवीय जी ने पत्रकारिता के क्षेत्र में 1909 में 'लीडर' अंग्रेजी समाचार-पत्र प्रारम्भ किया तो मालवीय जी ही उसके प्रथम सम्पादक थे तथा पं. मोतीलाल नेहरू संचालक मंडल के प्रथम अध्यक्ष थे।[15] लीडर के प्रति मालवीय जी हमेशा ही संवेदनशील रहा करते थे। प्रारम्भ होने के डेढ़ वर्ष पश्चात् लीडर को घाटा होने लगा। मालवीय जी उन दिनों हिन्दू विश्वविद्यालय की योजना को मूर्तरूप देने में व्यस्त थे। 'लीडर' के उन दिनों के संचालकों ने घाटे की स्थिति से मालवीय जी को अवगत कराया तो उन्होंने तत्काल कहा में लीडर को मरने नहीं दूँगा। और सचमुच उनकी तत्काल सहायता के कारण 'लीडर' अकाल मृत्यु से बच गया। मालवीय जी तत्काल अपनी धर्मपत्नी के पास पहुँचे और बोले—"यह मत समझो कि तुम्हारे चार ही पुत्र हैं, यह दैनिक लीडर तुम्हारा पाँचवाँ पुत्र है। अर्थ हीनता के कारण यह बड़े संकट में पड़ गया है। क्या मैं पिता के रूप में उसे मृत्यु के मुख में जाते देख सकता हूँ? अपने पति के वचन सुनकर उनकी पत्नी रो पड़ी। उन्होंने अपने सब गहने और पैंतीस सौ रुपये दे दिये। और इस प्रकार लीडर को जीवन दान मिला।

मदन मोहन मालवीय जी उदारमना थे और इसलिए उन्होंने तत्कालीन पत्रकारिता के क्षेत्र में प्रकाशित होने वाले समाचार-पत्रों को भी यथासामर्थ्य सहयोग प्रदान किया। मालवीय जी की पत्रकारिता का उद्देश्य निज भाषा समाज और देश के उत्थान से जुड़ा था। वे पत्रकारिता के माध्यम से स्वतन्त्रता आन्दोलन के लिए वैचारिक संघर्ष करने को कटिबद्ध थे और दूसरों को भी ऐसा करने की प्रेरणा देते और उनकी सहायता करते। यही कारण है कि मालवीय जी स्वयं के पत्र-पत्रिकाओं के प्रकाशन व सम्पादन के साथ-साथ दूसरे पत्र-पत्रिकाओं को भी लेखकीय, पत्रकारीय एवं आर्थिक मदद पहुँचाया करते थे। उन्होंने हिन्दुस्तान रिव्यू (1893), इंडियन पीपुल (1903), स्वराज्य(1907) महारथी, विश्वबन्धु, माडर्न रिव्यू को किसी न किसी रूप में सहयोग प्रदान किया।

महामना मदन मोहन मालवीय के पत्रकारिता चिन्तन व आदर्श की अभिव्यक्ति उनके कार्यों में प्रणीत थी। मालवीय जी को पत्रकारिता के प्रति प्रेम आदर्श 'स्वराज्य' उर्दू पत्र (1907) के लिए किये गये उनके कार्यों से स्पष्ट होता है। 1907 में प्रयाग (इलाहाबाद) से भारत माता सोसायटी द्वारा 'हिन्दुस्तान के हम हैं, हिन्दुस्तान हमारा है' ध्येय-वाक्य के साथ प्रारम्भ हुए इस समाचार-पत्र को शीघ्र ही ब्रिटिश शासन के कोपभाजन का शिकार होना पड़ा। सन् 1909 में स्वराज्य के आठ सम्पादकों पर राजद्रोह का मुकदमा चलाया गया। ऐसी स्थिति में मालवीयजी ने ही उसे आर्थिक एवं मानवीय सहायता उपलब्ध करायी। मालवीय जी ने न केवल पत्र प्रकाशन के लिए आर्थिक सहायता दी बल्कि जेल गये सम्पादकों के परिवारों के भरण-पोषण के

उत्तरदायित्व का निर्वहन किया। यही नहीं, पुरुषोत्तम दास टंडन को इन सम्पादकों की ओर से मुकदमा लड़ने को भी प्रेरित किया। यह मुकदमे अभिव्यक्ति की स्वतन्त्रता की लड़ाई के दुर्लभ उदाहरण के रूप में इतिहास में दर्ज है। मालवीय जी के बहुत से मित्रों को उर्दू साप्ताहिक पत्र के सम्पादकों के प्रति स्वराज्य प्रेम पर आपत्ति थी। वे चाहते थे कि मालवीय जी उर्दू साप्ताहिक और उसके सम्पादकों की कोई सहायता न करें, लेकिन मालवीय जी ने विशाल उदारता, मानवता का परिचय देते हुए कहा कि "मैंने जो कुछ किया है वह इस देश में प्रेस की स्वतन्त्रता दृढ़ करने के लिए किया है। यदि मैं ऐसा न करता तो मैं विचार-स्वातन्त्र्य समाप्त करने के दोष का भागी होता। जहाँ तक इन युवकों की सहायता की बात है, मैं कैसे न करता? क्या कोई पिता अपने पुत्रों को केवल मतभेद के कारण छोड़ता है और विशेषतः ऐसे पुत्रों को जिनकी देशभक्ति चमचमाते हुए स्वर्ण के समान समुज्ज्वल है? मैं यह पाप अपने सिर नहीं लेना चाहता कि द्रोणाचार्य के समान अभिमन्यु-हत्या का दोषभागी बनूँ।" वस्तुतः यह विचार मालवीय जी के उस विशाल हृदय की विराट अभिव्यक्ति है जिसमें राष्ट्र-भक्ति के दर्शन होते हैं।

पं. मदन मोहन मालवीय ने प्रेस व अभिव्यक्ति की स्वतन्त्रता के लिए पत्रकारिता के संगठनात्मक स्वरूप की आवश्यकता पर भी बल दिया। मालवीय जी ने पत्रकार-पत्रकारिता के उन्नयन व संवर्धन के लिए तथा सुरक्षा के लिए कुछ नवीन प्रयोग किये। पूर्व में उल्लेखित किया जा चुका है कि मालवीय जी ने पत्रकारिता का स्तर सुधारने के लिए व उसे समाज और देशानुकूल बनाने के लिए भारत के श्रेष्ठ पत्रकारों व लेखकों को एक संगठन प्रक्रिया में आबद्ध करने का प्रयत्न किया। मालवीय जी दैनिक हिन्दुस्तान में सम्पादक रहते हुए सह-सम्पादकों, लेखकों और कवियों को उस समाचार-पत्र के माध्यम से शासन की समाचार-पत्र विरोधी नीतियों को समाज जागरण व राष्ट्र जागरण के कार्यों के लिए सबसे बड़ी बाधा मानते थे। इसके अलावा मालवीय जी पत्रकारिता को देश सेवा का तथा साथ ही भारतीय संस्कृति-सभ्यता से सम्बन्धित विभिन्न पहलुओं के प्रसार अर्थात् समाज जागरण के माध्यम के रूप में लेते थे। इसलिए उन्होंने योग्य पत्रकारों, लेखकों, कवियों को प्रोत्साहन देने का कार्य किया। जिससे श्रेष्ठ पाठ्य-सामग्री जन सामान्य तक पहुँच सके। इसके लिए आवश्यक था कि प्रेस की स्वतन्त्रता बाधित न हो। वस्तुतः मालवीय जी का उद्देश्य पत्रकारों को ब्रिटिश शासन के विरोध तथा भारत की स्वतन्त्रता के लिए एक संगठन सूत्र में आबद्ध करना था। उन्होंने समाचार-पत्रों की स्वतन्त्रता के लिए 'अभ्युदय' (1907) पत्र का प्रकाशन किया। अभ्युदय के प्रारम्भिक समय में ब्रिटिश सरकार का भयानक दमन-चक्र चल रहा था। सन् 1907 में पंजाब में एक प्रसिद्ध दैनिक पत्र पंजाबी की सम्पादक-संचालक पर सरकार ने मुकदमा चलाया। सम्पादक श्री अठवले की पैरवी लाला लाजपत राय कर रहे थे। इस पर पंडित मदन मोहन मालवीय ने

'अभ्युदय' के सम्पादकीय लेख में सरकारी दमन-चक्र की निन्दा करते हुए सम्पादक के कार्य की प्रशंसा करते हुए लिखा कि ऐसी सरकारी नीतियों से समाचार-पत्रों की स्वतन्त्रता पर आघात होता है, "श्री अठवले ने अपने सम्पादकीय लेख से एक महत्त्वपूर्ण सार्वजनिक मामले के ऊपर सरकार और जनता दोनों का ध्यान आकर्षित किया है। यदि ऐसे मुकदमों में सम्पादक को सजा हुई तो समाचार-पत्रों की स्वाधीनता को बड़ी बाधा पहुँचेगी। सन्तोष इस बात से है कि 'पंजाबी' के सम्पादक अठवले ने अपने कर्त्तव्य पालन में हर प्रकार का साहस और दृढ़ता दिखाई।"

पं. मदन मोहन मालवीय ने समाचार-पत्रों की सुरक्षा के लिए ठोस कदम उठाते हुए अप्रैल 1908 में प्रयाग में राजा रामपाल सिंह के सभापतित्व में "अखिल भारतीय सम्पादक सम्मेलन" का आयोजन किया। मालवीय जी इस सम्मेलन में स्वागताध्यक्ष बनाये गये। इस सम्मेलन में मालवीय जी ने कहा, "विदेशी सरकार अपनी दमन नीति को अत्यधिक व्यापक बनाने के लिए 'प्रेस-एक्ट' और 'न्यूज-एक्ट' बनाने जा रही है। इससे देश में समाचार-पत्रों की स्वाधीनता समाप्त हो जायेगी। यदि भारतीय समाचार-पत्र के सम्पादकों और पत्रकारों ने दृढ़ता के साथ समाचार-पत्रों की स्वाधीनता के हनन का मुकाबला नहीं किया तो भारतीय समाचार-पत्रों का भविष्य खतरे में पड़ जायेगा। इस प्रकार पंडित मदन मोहन मालवीय ने एक ओर तो सभी पत्रों और पत्रकारों को सावधान एवं संगठित किया वहीं दूसरी ओर यह विश्वास प्रकट किया कि केवल हिन्दी में ही नहीं, अंग्रेजी पत्रों के माध्यम से भी इस दिशा में महत्त्वपूर्ण कार्य किया जा सकता है।

पं. मदन मोहन मालवीय जी ने सिर्फ समाचार-पत्रों के माध्यम से ही समाचार-पत्रों की स्वतन्त्रता के लिए संघर्ष नहीं किया अपितु भारतीय विधान कौन्सिल के सदस्य की हैसियत से भी विधान-मंडल में प्रेस की स्वतन्त्रता का समर्थन किया। सन् 1910 में सरकार ने प्रेस एक्ट विधेयक प्रस्तुत कर प्रेस की स्वतन्त्रता को प्रतिबन्धित करने सम्बन्धी षड्यन्त्र रचा। ध्यातव्य है कि गोपालकृष्ण गोखले ब्रिटिश सरकार में इस विधेयक के समर्थन में थे तो वहीं मालवीय जी इस विधेयक को किसी भी स्थिति में पारित नहीं होने देना चाहते थे।

गोखले साहब ने परिस्थिति की गम्भीरता की ओर मालवीय जी का ध्यान आकृष्ट करते हुए सलाह दी कि वे कौन्सिल में प्रेस विधेयक का विरोध न करें। इस प्रकार मालवीय जी ने गजेन्द्रमोक्ष का पाठ करने के बाद गोखले साहब को सूचित किया कि वे अपनी अन्तरात्मा के अनुकुल अपने कर्त्तव्य का निर्वाह करेंगे, चाहे उसके कारण उनके सम्बन्ध में सरकार की कुछ भी धारणा बन जाये। 8 फरवरी, 1910 को मालवीय जी ने प्रेस विधेयक का डट कर विरोध करते हुए कहा कि यह विधान गैर-जरूरी है, क्योंकि प्रचलित फौजदारी दण्डविधान द्वारा ही समाचार-पत्रों के राजद्रोहात्मक लेखों के विरुद्ध उचित कार्यवाही की जा सकती है। उन्होंने यह

भी कहा कि भारतीय समाचार-पत्रों का व्यवहार काफी सन्तुलित रहा है। सन् 1906 और 1907 में कुछ समाचार-पत्रों ने विरोध पूर्ण कटु वचनों का प्रयोग जरूर किया था। पर इसका मूल कारण लार्ड कर्जन की नीति तथा सरकारी कर्मचारियों के व्यवहार तथा उनके द्वारा अपशब्दों का प्रयोग था। इसके पश्चात् दशा में काफी सुधार हुआ है। लगभग दो वर्ष हुए वाइसराय ने स्वयं स्वीकार किया कि इस देश के अनेक पत्र अपना कार्य संचालन उत्तम रीति से कर रहे हैं, और उनमें से बहुत कम राजद्रोही हैं। उन्होंने कहा, "देश के करीब आठ सौ समाचार-पत्रों में से केवल छह पत्रों द्वारा किसी एक अपराध को दुहराने से यह सिद्ध नहीं होता कि वर्तमान व्यवस्था में राजद्रोह को या राजद्रोह फैलाने में प्रयत्न को सजा देने का कोई प्रबन्ध नहीं है और उसे दबाने के लिए सब समाचार-पत्रों की स्वतन्त्रता का अपहरण करना, उन पर विशेष प्रतिबन्ध लगाना आवश्यक है। समाज में कुछ लोग अपराधी होते ही हैं, अर्थात् अपनी स्वतन्त्रता दुरुपयोग करते ही हैं। इसका अर्थ यह नहीं है कि इस कारण सबके विरुद्ध कोई कार्यवाही की जाये, और निर्दोषी को भी सताया जाये। सब नये समाचार-पत्रों को जमानत देने के लिए बाध्य करना किसी भी तरह न्यासंगत नहीं है। अपराध करने से पहले ही नये समाचार-पत्रों के सभी भावी सम्पादकों और संचालकों को राजद्रोही मानकर उनसे भविष्य में सद्व्यवहार के लिए जमानत तलब करना कैसे न्यायोचित समझा जा सकता है।" साथ ही उन्होंने यह भी कहा कि न्यायालयों में अधिकारों को प्रशासनिक अधिकारियों को सुपुर्द करना सर्वथा अनुचित है। प्रान्तीय सरकारें भी गलती कर सकती हैं और करती रही हैं। उन्होंने कहा कि प्रस्तावित विधेयक तो लार्ड लिटन के वर्नाकुलर एक्ट से भी कठोर है। जहाँ सन् 1878 का अधिनियम प्रान्तीय सरकार को प्रारम्भ में चेतावनी देने का अधिकार दे देता है। मालवीय जी का कहना था कि जनता के हृदय में इस बात का भ्रम पैदा हो गया है कि न्याययुक्त आलोचना का अधिकार जिससे जनता का हर प्रकार से लाभ है, उससे छीना जा रहा है, और इसलिए यदि यह बिल पास हो गया तो देश में एक नये असन्तोष का प्रसार होगा।

अन्त में मालवीय जी ने सरकार से अनुरोध किया कि इस विधेयक को वापस ले लिया जाये और यदि यह सम्भव न हो तो पुनः विचार के लिए इसे स्थगित कर दिया जाये। मालवीय जी के राजनीतिक एवं सार्वजनिक जीवन में उनके सजग पत्रकार का स्वरूप सदैव दिखाई दिया।

सन्दर्भ

1. महामना मालवीय जी वर्ष सेंटनरी कॉमोरेशन, वॉल्यूम, दिसम्बर 25, 1961, पृ. 106
2. व्यास सुनीत, मदन मोहन मालवीय, पृ. 19
3. साप्ताहिक भारत, दिसम्बर 25, 1961, पी.के. मालवीय संग्रह, राष्ट्रीय अभिलेखागार

4. शर्मा देवेन्द्र कुमार, हिन्दी साहित्य का विकास : ऐतिहासिक दृष्टिकोण (प्रयाग, 1900-1950), वाणी प्रकाशन, 2014, पृ. 177
5. परमानन्द, महामना मदन मोहन मालवीय, 1985, वॉल्यूम-1, पृ. 77
6. सरस्वती, मई-जून, 1902
7. मिश्र कृष्ण बिहारी, हिन्दी पत्रकारिता (प्रथम संस्करण), 1968, पृ. 68
8. मिश्र रामगोविन्द, पं. मदन मोहन मालवीय का जीवन चरित, पृ. 24
9. हिन्दी प्रदीप, 1884, पृ. 13-22
10. साप्ताहिक हिन्दुस्तान, पृ. 5
11. नागरी प्रचारिणी पत्रिका (मालवीय विशेषांक), वर्ष 1965
12. देखें, अभ्युदय, राष्ट्रीय अभिलेखागार
13. देखें, अभ्युदय, 1907 के अंक, राष्ट्रीय अभिलेखागार
14. सनातन धर्म, जुलाई 10, 1933
15. लीडर, 1909, प्रेस क्लिपिंग्स, पी.के. मालवीय संग्रह, राष्ट्रीय अभिलेखागार

शब्दार्थ

1.	रत्नगर्भा	:	रत्न अर्थात् बहुमूल्य धातुओं को उत्पन्न करने वाली।
2.	भारद्वाज ऋषि	:	हिन्दू धर्मशास्त्रों में उल्लिखित प्रसिद्ध ऋषि जिनके आश्रम पर भगवान श्री राम का आगमन हुआ था। भारद्वाज ऋषि का आश्रम इलाहाबाद में आज भी है।
3.	वाङ्मय	:	भाषा।
4.	सर्वेभवन्तु सुखिनः	:	सभी व्यक्ति सुखी हों।
5.	प्रादुर्भाव	:	जन्म।
6.	व्यास	:	महर्षि वेदव्यास, जिन्होंने महाभारत को बोला और गणेश जी ने उसे लिखा। इसी आधार पर उच्च कोटि के वक्ता को व्यास की उपाधि दी जाती है।
7.	चबूतरा	:	घर के बाहर बैठने का स्थान।
8.	आना	:	रुपये का हिस्सा जो उस समय प्रचलित था।
9.	अभिज्ञान शाकुन्तलम्	:	कालिदास द्वारा लिखित प्रसिद्ध नाटक
10.	वारुणी	:	शराब, मदिरा।
11.	प्रयाग	:	वर्तमान इलाहाबाद।
12.	चोगा	:	एक प्रकार का वस्त्र।
13.	कॉफ्रेन्स	:	सम्मेलन।
14.	पथप्रदर्शक	:	मार्ग दिखाने वाला।
15.	साविद्यया विमुक्तये	:	शिक्षा वह है जो मुक्ति के लिए हो।
16.	निष्णात	:	विद्वान।
17.	सृष्टि	:	निर्माण।
18.	गायत्री	:	वैदिक मन्त्र।
19.	श्राद्ध	:	पूर्वजों की आत्मशान्ति हेतु किया जाने वाला धार्मिक अनुष्ठान।

20.	परमारथ	:	दूसरों के कार्य के लिए।
21.	मेहतर	:	अछूत समझी जाने वाली जाति चांडाल या भंगी।
22.	मुखालिफ	:	विरोधी।
23.	पब्लिक	:	जनता।
24.	भागवत	:	श्रीकृष्ण से सम्बन्धित धार्मिक ग्रन्थ।
25.	गुरु	:	शिक्षक।
26.	कथावाचक	:	वह व्यक्ति जो धार्मिक कहानियों को कहता है।
27.	सनातन धर्म	:	प्राचीन हिन्दू धर्म।
28.	अविच्छिन्न	:	निरन्तर।

सन्दर्भ सूची

साक्षात्कार

1. न्यायमूर्ति गिरधर मालवीय
2. प्रोफेसर सी.पी. झा, इतिहास विभाग, इ.वि.वि.
3. प्रोफेसर एस.सी. द्विवेदी, अंग्रेजी विभाग, इ.वि.वि.
4. प्रोफेसर लेह रीनोल्ड

सन्दर्भ ग्रन्थ

1. अक्कड़ वी.जे. : मालवीय जी, वोरा कम्पनी, बॉम्बे
2. अरगल आर. : म्यूनिसिपल गवर्नमेंट इन इंडिया, 1954
3. बेसन जी.डी. : हाउ इंडिया ब्राउट फॉर फ्रीडम, अदयार, 1915
4. विरला जी.डी. : इन द शेडो ऑफ द महात्मा अ पर्सनल मेमोयर, ओरियंट लोगमैन्स, 1953
5. सुन्दर वी.ए. : बनारस हिन्दू विश्वविद्यालय, 1936
6. गुप्ता एस.एल. : पं. मदन मोहन मालवीय : अ सोशियो पॉलिटिकल स्टडी, 1977
7. झा सी.पी. : रॉल ऑफ पं. मदन मोहन मालवीय इन अवर नेशनल लाइफ, 1977
8. दर एवं सोमस्कन्दन : हिस्ट्री ऑफ द बनारस हिन्दू विश्वविद्यालय, 1966
9. परमानन्द : महामना मदन मोहन मालवीय, भाग-1, 1985
10. परमानन्द : महामना मदन मोहन मालवीय, भाग-2, 1985

11. देसाई ए.आर. : सोशल बैकग्राउंड ऑफ इंडियन नेशनल्जिम, बॉम्बे, 1954

12. शिव गजरानी : पं. मदन मोहन मालवीय

13. सिंह नन्दलाल (संपा.) : महामना मालवीय जी वर्ष सेंटनरी कॉमेमोरेशन वोल., दिसम्बर 25, 1961

14. सीतारमैया पी.बी. : हिस्ट्री ऑफ द इंडियन नेशनल कांग्रेस, भाग-1, 1885-1935, 1946

15. शर्मा आई.के.पी. : लाइफ स्क्रेच ऑफ मालवीय, 1961

16. शर्मा देवेन्द्र कुमार : हिन्दी साहित्य का विकास : ऐतिहासिक दृष्टिकोण (प्रयाग 1900-1950), 2014

17. लाल मुकुट बिहारी : महामना मदन मोहन मालवीय : जीवन और नेतृत्व, 1978

18. विद्यालंकार अवनीन्द्र कुमार : मालवीय जी, 1971

19. चतुर्वेदी सीताराम : पं. मदन मोहन मालवीय, 1970

20. त्रिपाठी आर.एन. : तीस दिन मालवीय जी के साथ, 1942

21. वर्मा ईश्वर प्रसाद : मालवीय जी के सपनों का भारत, 1967

22. तिवारी उमेशदत्त : भारत भूषण महामना पं. मदन मोहन मालवीय, 1988

23. व्यास सुनीत : मदन मोहन मालवीय, 1964

24. शर्मा फतेह चन्द 'आराधक' : युगपुरुष मालवीय जी

25. मालवीय पी.के. : मालवीय जी की जीवन झलकियाँ, 1962

26. मालवीय पी.के. : मालवीय जी के लेख, 1962

27. आचार्य पद्म नारायण : हमारे कुलपति मालवीय जी, 1973

28. जैन कौशल प्रसाद : हिन्दू राष्ट्र के पितामह पं. मदन मोहन मालवीय, 1946

29. तिवारी एम.एल. : देशभक्त मालवीय, प्रकाशक हिन्दी साहित्य मन्दिर, बनारस, 1962

30. राजेन्द्र प्रसाद : आत्मकथा, पटना, 1947

31. व्यास बृजमोहन : महामना मालवीय, साधना सदन, इलाहाबाद, 1964

32. शरण वासुदेव : पं. मदन मोहन मालवीय जी के लेख और भाषण (भाग-1,2)

33. शुक्ल वृ.वि. : मदन मोहन मालवीय

34. रीनोल्ड लेह : हिन्दू एजुकेशन : अर्ली ईयर्स ऑफ बनारस हिन्दू यूनिवर्सिटी, 2005

34. गाँधी मोहनदास कर्मचन्द : आत्मकथा, अहमदाबाद, 1967

अभिलेखीय सामग्री

1. M.M. Malaviya speach, January 1925, P.K. Malaviya collection NAI.
2. A letter from Madan Mohan Malaviya to P.K. Malaviya Dated Jan. 15, 1937.
3. A letter from Rajendra Prasad to Sarjoo, writing about Madan Mohan Malaviya's contribution to Hindi and Abhyudaya.
4. A letter from Satyakam to P.K. Malaviya Dated Nov. 17, 1953.
5. Press clyping, Radio program on the occassion of Madan Mohan Malaviya centenary. P.K. Malaviya collection. NAI.
6. A letter from Martanda Uppadhaya to P.K. Malaviya New Delhi, dated July 31, 1957.
7. A letter from Shivdhar Pandey to P.K. Malaviya dated Nov. 3, 1960
8. A big education centre in Asia : Banaras Hindu University established by Madan Mohan Malaviya, Bharat, dated Jan. 5, 1956.
9. The main qualities of Madan Mohan Malaviya, Patrika, Dated Jan. 5, 1956
10. Celebration of M.M. Malaviya Ji's 98th Jayanti press clyping dated Dec.25, 1958. P.K. Malaviya collection NAI.
11. Madan Mohan Malaviya as a journalist press clyping dated Dec. 7, 1959. P.K. Malaviya collection NAI.
12. Madan Mohan Malaviya and Mahatma Gandhi, an Article by P.K. Malaviya, Bharati, Dated Aug. 8, 1961.
13. Birth Centenary Celebration of Madan Mohan Malaviya begins B.R. Rao (governor of U.P.) dated Aug. 12, 1961.
14. Madan Mohan Malaviya Birth Centenary Celebration, Bharat, dated Aug. 13, 1961.

15. Madan Mohan Malaviya and his politics, Article by P.K. Malaviya, dated Aug. 13, 1961.

16. Distinct Politics of Madan Mohan Malaviya by P.K. Malaviya, Bharat, dated Sep. 4, 1961.

17. Madan Mohan Malaviya centenary celebration at Prayag, Bharat, dated Oct. 24, 1961.

18. Pt. Nehru Lecture in Mahamana Centenary celebration, Dated Sep. 2, 1961.

19. J.L. Nehru Tribute to Madan Mohan Malaviya, dated Dec. 11, 1961.

20. Banaras Hindu University, The greatest moment of Madan Mohan Malaviya, by Dr. RadhaKrishnan.

21. Malaviya ji Upasak of Hindu, Hindi, Hindustan an Article by Feteh Chand Sharma 'Aradhak' Veer Arjun, dated Dec. 24, 1961.

22. Aaj Sepcial issue on Malaviya centenary celebration, dated Dec. 24, 1961.

23. Political work of Madan Mohan Malaviya, Dainik Hindustan, Dated Dec. 25, 1961.

24. Malaviya, by Kamal Kant Verma, Chief Justice of Allahabad High Court, press clyping, Dec. 26, 1961.

25. Banaras Hindu University may be named other Madhan Mohan Malaviya, press clyping, Dec. 29, 1961.

26. Malaviya and Banaras Hindu University, Bharat, dated Dec. 30, 1961.

27. Madan Mohan Malaviya life in a flash, press clyping, Dec. 1961.

28. Tribute to Malaviya, A Poem by Saligram Sharma, press clyping, dated Dec. 1961.

29. Mahamana Malaviya ji by Brij Mohan Vyas Press Clyping, dated Dec. 1961.

30. Honourble tribute to Madan Mohan Malaviya by Sampurnanand, Surendra nath Benerji, Amar Nath Jha, and Sachhidanand Sinha, Dec. 1961.

31. Importance of the foundation day of B.H.U. and role of Malaviya ji, Leader, dated Feb. 4, 1916.

32. Teaching of Malaviya ji, Press clyping, dated Dec. 1961.

33. Madan Mohan Malaviya is a Nationalist leader press clyping, Dec. 1961.

34. The MAHAMANA, a poem of Madan Mohan Malaviya by Shivdhar Pandey, Dec. 1961.

35. Reminiscenses of late Malaviya ji an Article by Shivkumar Shukla, weekly Hindustan, Dec. 1961

36. Pandit Madan Mohan Malaviya, an article by J.B. Kriplani, press clypings, Dec. 1961.

37. Malaviya was the symbol of Indian culture and civilization, Press clypings, dated Jan. 2, 1962.

38. Madan Mohan Malaviya centenary celebration in Agra, Press clypings, dated Jan. 2, 1962.

39. Madan Mohan Malaviya centenary celebration Allahabad, dated Jan. 4, 1962.

40. University of the statue of Malaviya ji by Padam Kant Malaviya at rewa village, date Jan. 8, 1962.

41. Malaviya centenary celebration in Bombay University, by N.H. Bhagwati, Leader feb. 25, 1962.

42. Review of the book "Malaviya Jivan Jhalkiya" ed. P.K. Malaviya, Bharat, dated Dec. 2, 1962.

43. Review of the book "Malaviya Jivan Jhalkiya" ed. P.K. Malaviya, Saraswati, dated Dec. 2, 1962.

44. An incident from Malaviya's life by P.K. Malaviya, dated Oct. 1963.

45. Review of the book "Malaviya Jivan Jhalkiya" by P.K. Malaviya, Hindustan, dated Feb. 1963.

46. An encident from Malaviya's life by P.K. Malaviya, dated Oct. 1963.

47. Biography of Madan Mohan Malaviya, (Faimly Chapter) P.K. Malaviya collection N.A.I.

48. Biography of Madan Mohan Malaviya (Malaviya and his guru) P.K. Malaviya collection N.A.I.

49. Biography of Madan Mohan Malaviya (Malaviya and Hindi) P.K. Malaviya collection N.A.I.

50. Biography of Madan Mohan Malaviya (Vice chancellor Malaviya ji) P.K. Malaviya collection N.A.I.

51. Biography of Madan Mohan Malaviya (Modern Vyas) P.K. Malaviya collection N.A.I.

52. Biography of Madan Mohan Malaviya (Malaviya ji and National Movement) P.K. Malaviya collection N.A.I.
53. Biography of Madan Mohan Malaviya (Malaviya ji and Banaras Hindu University) P.K. Malaviya collection N.A.I.
54. A letter from B.D. Chaturvedi to G.D. Birla, Firojabad, dated 1926.
55. A letter from M.M. Malaviya to P.K. Malaviya Banaras, Jan. 15, 1937.
56. A letter from M.M. Malaviya to P.K. Malaviya Culcutta, June. 5, 1937.
57. A letter from M.M. Malaviya to P.K. Malaviya Banaras, June. 24, 1941.
58. A letter from M.M. Malaviya to P.K. Malaviya New Delhi, March 28, 1956.
59. Homage to Madan Mohan Malaviya by news papers, press clyping, Dec. 26, 1956.
60. A letter from Bipin Chandra to P.K. Malaviya, Allahabad, dated Jan. 8, 1957.
61. A letter from Gobind Malaviya to P.K. Malaviya, New Delhi, Dec. 12, 1961.
62. A letter from P.K. Malaviya to Hargovind Singh (Education minister of U.P. Government) Allahabad, dated Sep. 10, 1953.
63. A letter from P.K. Malaviya to Pt. Jawahar Lal Nehru, Allahabad, Dated Aug. 23, 1961.
64. A letter from P.K. Malaviya to N.H. Bhagwati Allahabad, Dated Oct. 16, 1961.
65. A letter from P.K. Malaviya to N.H. Bhagwati Allahabad, Dated Nov. 13, 1961.
66. He gave new awaking to spiritual glory of India, Lecture of Madan Mohan Malaviya by R.R. Rao, Governor of U.P.
67. Organisation of Malaviya centenary exhibition, press clypings, Dec. 6, 1961.
68. Tribute to M.M. Malaviya by the citizen societies of Banarasi, Aaj, Dec. 26, 1961.
69. Abstract of the proceedings of the legislative Council for the united Provinces of Agra & Oudh, March, 30. 1907.
70. Abstract of the proceedings of the legislative Council for the united Provinces of Agra & Oudh, April, 7, 1908.
71. Proceedings of Imperial Legislative council vol. LV Feb. 22, 1917.
72. Proceedings of Imperial Legislative council vol. LIX March. 16, 1911.
73. Report on the North West provinces and Oudh for the year ending March 31, 1889.
74. Report on the North West provinces and Oudh for the year ending

March 31,1890.
75. Proceedings of Imperial Legislative council vol. XLIX March. 16, 1911.
76. Proceedings of Imperial Legislative council vol. LV, Feb. 28, 1917.
77. Abstract of the proceedings of the legislative Council for the united Provinces of Agra & Oudh, March 30, 1907.
78. Report of the Indian Industrial commission, 1916-18
79. Proceedings of Imperial Legislative council, vol. L, March 1912.
80. Proceedings of Imperial Legislative council, vol. LV, Feb 28, 1917.

पत्र-पत्रिकाएँ

अंग्रेजी पत्र-पत्रिकाएँ

1. Central Hindu College Magazine 1946 (under B.H.U.)
2. B.H.U. gazette 1961-62
3. Journals of the Banaras Hindu University, 1930.
4. The Hindustan review, 1905-1907.
5. The Indian review, 1916-1919.
6. Imperial Gazetteer of U.P. Allahabad, 1911 vol. XXIII,
7. Imperial Gazetteer of India, Vol. I, 2nd Ed. by W.W. Hunter, 1885 vol, 1886.
8. Advance 1930-31
9. Amrit Bazar Patrika 1918, 1938, 1958
10. The Hindustan Times 1930-37
11. The Leader 1914, 1916-22, 1960, 1962
12. New India 1916-1926 (Weekly)
13. Young India 1920-24, 1926, 1930-32
14. Northern India Patrika 1961

हिन्दी पत्र-पत्रिकाएँ

1. सम्मेलन पत्रिका श्रद्धांजलि विशेषांक
2. सरस्वती 1902-1912
3. प्रज्ञा, हीरक जयंती अंक, 1961
4. आज 1920-46, 1961
5. अभ्युदय 1907-27
6. भारत जीवन 1884-1907
7. दैनिक भारत मित्र 1912-21

8. हिन्दी नवजीवन 1929-1931
9. हिन्दी प्रदीप 1880-1884
10. साप्ताहिक भारत 1960-61
11. साप्ताहिक हिन्दुस्तान 1961
12. वीर अर्जुन 1961

अनुक्रमणिका

□□